教育部高等学校旅游管理类专业教学指导委员会规划教材

旅游学概论

LÜYOUXUE GAILUN（第2版）

◎主　编　田　里

◎副主编　杨　懿　王　桀

重庆大学出版社

内容简介

"旅游学概论"作为旅游管理类专业首门核心课程,确立了旅游管理类专业的知识构架,界定了旅游管理类专业的知识范围,启示了旅游管理类专业的知识方向,为读者展示了旅游管理类专业的知识全貌。本书按照旅游活动主体(旅游消费者)、旅游活动客体(旅游目的地)、旅游活动介体(旅游接待业)"三大支柱",旅游系统构成和旅游业态发展"两大概述",旅游发展简史和旅游发展影响"两大综论"展开,由此形成核心知识(旅游者、旅游地、旅游业)、延伸知识(旅游系统、旅游业态)和关联知识(旅游简史、旅游影响)的知识体系。

本书旨在为教师提供一个系统的知识框架,为学生提供一部简洁的旅游知识教科书,为感兴趣的读者提供一份清晰的知识版图,是高等学校旅游管理类专业核心课程"旅游学概论"的首选教材之一。

图书在版编目(CIP)数据

旅游学概论 / 田里主编. -- 2 版. -- 重庆:重庆
大学出版社,2025.4. --(教育部高等学校旅游管理类
专业教学指导委员会规划教材). -- ISBN 978-7-5689
-4700-8

Ⅰ.①F590

中国国家版本馆 CIP 数据核字第 20251176H4 号

教育部高等学校旅游管理类专业教学指导委员会规划教材

旅游学概论(第 2 版)

主 编 田 里

副主编 杨 懿 王 桀

责任编辑:谢冰一 马 宁 版式设计:谢冰一

责任校对:谢 芳   责任印制:张 策

*

重庆大学出版社出版发行

出版人:陈晓阳

社址:重庆市沙坪坝区大学城西路 21 号

邮编:401331

电话:(023)88617190 88617185(中小学)

传真:(023)88617186 88617166

网址:http://www.cqup.com.cn

邮箱:fxk@ cqup.com.cn(营销中心)

全国新华书店经销

重庆正文印务有限公司印刷

*

开本:787mm×1092mm 1/16 印张:15.5 字数:374千

2019 年 8 月第 1 版 2025 年 4 月第 2 版 2025 年 4 月第 4 次印刷

印数:8001-11000

ISBN 978-7-5689-4700-8 定价:39.00 元

编委会

总序

一、出版背景

教材出版肩负着吸纳时代精神、传承知识体系、展望发展趋势的重任。本套旅游教材出版依托当今发展的时代背景。

一是落实立德树人这一根本任务，着力培养德智体美劳全面发展的中国特色社会主义事业合格建设者和可靠接班人。以习近平新时代中国特色社会主义思想为指导，以理想信念教育为核心，以社会主义核心价值观为引领，以全面提高学生综合能力为关键，努力提升教材思想性、科学性、时代性，让教材体现国家意志。

二是世界旅游产业发展强劲。旅游业已经发展成为全球经济中产业规模最大、发展势头最强劲的产业，其产业的关联带动作用受到全球众多国家或地区的高度重视，促使众多国家或地区将旅游业作为当地经济的支柱产业、先导产业、龙头产业，展示出充满活力的发展前景。

三是我国旅游教育日趋成熟。2012年，教育部将旅游管理类本科专业列为独立一级专业，下设旅游管理、酒店管理、会展经济与管理3个二级专业。来自文化和旅游部人事司的统计，截至2023年年底，全国开设旅游管理类本科的院校有600余所。根据教育部关于公布普通高等学校本科专业备案和审批结果的通知进行汇总，2004年至今，开设旅游管理专业点215个，酒店管理专业点281个，会展经济与管理专业点147个，旅游管理与服务教育专业点51个。旅游管理类教育的蓬勃发展，对旅游教材提出了新要求。

四是创新创业成为时代的主旋律。创新创业成为当今社会经济发展的新动力，以思想观念更新、制度体制优化、技术方法创新、管理模式变革、资源重组整合、内外兼收并蓄等为特征的时代发展，需要旅游教材不断体现社会经济发展的轨迹，不断吸纳时代进步的智慧精华。

二、知识体系

本套旅游教材作为教育部高等学校旅游管理类专业教学指导委员会（以下简称"教指委"）的规划教材，体现并反映了本届"教指委"的责任和使命。

一是反映旅游管理知识体系渐趋独立的趋势。经过30多年的发展积累，旅游管理学科在依托地理学、经济学、管理学、历史学、文化学等学科发展基础上,其知识的宽度与厚度在不断增加,旅游管理知识逐渐摆脱早期依附其他学科而不断显示其知识体系成长的独立性。

二是构筑旅游管理核心知识体系。旅游活动无论作为空间上的运行体系,还是经济上的产业体系,抑或是社会生活的组成部分,其本质都是旅游者、旅游目的地、旅游接待业三者的交互活动,旅游知识体系应该而且必须反映这种活动的性质与特征,这是建立旅游知识体系的根基。

三是构建旅游管理类专业核心课程。作为高等院校的一个专业类别,旅游管理类专业需要有自身的核心课程,以旅游学概论、旅游目的地管理、旅游消费者行为、旅游接待业作为旅游管理大类专业核心课程,旅游管理、酒店管理、会展经济与管理3个专业再确立3门核心课程,由此构成旅游管理类"4+3"的核心课程体系。确定专业核心课程,既是其他管理类专业成功且可行的做法,也是旅游管理类专业走向成熟的标志。

三、教材特点

本套教材由"教指委"组织策划和编写出版,自2015年启动至今历时9年,汇聚了全国一批知名旅游院校的专家教授。本套教材体现出以下特点:

一是准确反映国家教学质量标准的要求。《旅游管理类教学质量国家标准》既是旅游管理类本科专业的设置标准,也是旅游管理类本科专业的建设标准,还是旅游管理类本科专业的评估标准。其重点内容是确立了旅游管理类专业"4+3"核心课程体系。"4"即旅游学概论、旅游目的地管理、旅游消费者行为、旅游接待业;"3"即旅游管理专业(旅游经济学、旅游规划与开发、旅游法)、酒店管理专业(酒店管理概论、酒店运营管理、酒店客户管理)、会展经济与管理专业(会展概论、会展策划与管理、会展营销)的核心课程。

二是汇聚全国知名旅游院校的专家教授。本套教材作者由"教指委"近20名委员牵头,全国旅游教育界知名专家和教授,以及旅游业界专业人士合力编写。作者队伍专业背景深厚,教学经验丰富,研究成果丰硕,教材编写质量可靠,通过邀请优秀知名专家和教授担纲编写,以保证教材的水平和质量。

三是"互联网+"的技术支撑。本套教材依托"互联网+",采用线上线下两个层面,在内容中广泛应用二维码技术关联扩展教学资源,如导入知识拓展、听力音频、视频、案例等内容,以弥补教材固化的缺陷。同时,也启动了将各门课程搬到数字资源教学平台的工作,实现网上备课与教学、在线即测即评,以及配套老师上课所需的教学计划书、教学PPT、案例、试题、实训实践题,以及教学串讲视频等,以增强教材的生动性和立体性。

本套教材在组织策划和编写出版过程中,得到了"教指委"各位委员、业内专家、业界精英以及重庆大学出版社的广泛支持与积极参与,在此一并表示衷心的感谢!希望本套教材能够满足旅游管理教育发展新形势下的新要求,为中国旅游教育及教材建设开拓创新贡献力量。

教育部高等学校旅游管理类专业教学指导委员会
2024年1月

第 2 版 前言

　　"旅游学概论"课程作为旅游管理类专业首门核心课程,对旅游管理类专业的知识体系理解、思维方式塑造、学科特征认知等都具有关键性影响。重庆大学出版社出版的《旅游学概论》教材自2019年出版以来,以清晰的知识体系、流畅的表达方式、新颖的案例素材等特点,受到广大师生好评和学术界认同,值此进行再版修订。

　　《旅游学概论》再版体现了新文科建设的四大理念。一是构建自主知识体系,形成三大支撑体(旅游者、旅游地、旅游业)、两大发展态(旅游系统构成、旅游发展业态)、两个延伸层(旅游发展渊源、旅游发展影响)的知识体系;二是实现多维度学科融汇,以运营管理为基础(管理学),融汇了行为学(旅游者)、地理学(旅游地)、历史学(发展简史)、经济学(发展影响)等学科知识;三是汲取科技发展成就,展现了人工智能、数字经济、信息技术、5G技术等现代科学技术在旅游领域的应用;四是服务国家发展战略,以发展成就、智慧旅游、出境旅游、发展影响等案例事实,展示中国旅游业改革开放以来取得的巨大成就。

　　《旅游学概论》再版进行了三个方面的修订。一是概念界定和表述,根据知识图谱建设进展对主要知识点进行严格界定和精准表述;二是部分内容和数据的更新,结合全球旅游业发展调整了部分教材内容和数据;三是语言文字表达的准确性梳理,对全书各个章节进行了逐字逐句的审读和校对。

　　《旅游学概论》再版是团队成员合作的成果,参与此次修订成员如下:第1章旅游发展简史,刘亮;第2章旅游系统构成,孟帅康;第3章旅游消费者,隋普海;第4章旅游目的地,武泽尧;第5章旅游接待业,闫子豪;第6章旅游业态发展,刘俊洋;第7章旅游发展影响,木妍蓉。衷心感谢各位参与者的贡献和付出。

田　里

2024 年 2 月 2 日

第1版前言

由教育部高等学校旅游管理类专业教学指导委员会编制、教育部颁布的《普通高等学校本科旅游管理类专业教学质量国家标准》规定,旅游管理类专业核心课程规范为"4+3"模式,即大类4门核心课程(旅游学概论、旅游消费者行为、旅游目的地管理、旅游接待业)+各专业3门核心课程(旅游管理专业:旅游经济学、旅游规划与开发、旅游法规。酒店管理专业:酒店管理概论、酒店运营管理、酒店客户管理。会展经济与管理专业:会展概论、会展营销、会展策划与管理。旅游管理与服务教育专业:教育学、心理学、教学方法论),以规范全国旅游管理类专业的核心课程设置。旅游学概论作为首门课程需要确立旅游管理类专业的知识构架,界定旅游管理类专业的知识范围,启示旅游管理类专业的知识方向,为读者展示旅游管理类专业的知识全貌。故此,旅游学概论将忠实体现以下编写宗旨:

1.梳理旅游知识构架。旅游学概论按照"三大支柱、两大概述、两大综论"展开旅游知识体系。三大支柱,即旅游活动主体(旅游消费者)、旅游活动客体(旅游目的地)、旅游活动介体(旅游接待业);两大概述,即旅游系统构成、旅游业态发展;两大综论,即旅游发展简史、旅游发展影响。由此形成核心知识(旅游者、旅游地、旅游业)、延伸知识(旅游系统、旅游业态)、关联知识(旅游简史、旅游影响)的知识构架体系。

2.建立概念命题系统。旅游学概论按照"多级层次、若干单元"建立旅游知识的概念命题逻辑。一层次4个知识单元:旅游简史、旅游系统、旅游业态、旅游影响。二层次3个知识单元:旅游者、旅游地、旅游业。三层次(如旅游地)3个知识单元:旅游景观、旅游设施、旅游服务。四层次(如旅游景观)2个知识单元:自然旅游景观、人文旅游景观。成熟的知识系统均应该由核心概念、基本命题组成其知识的内在逻辑,这既是知识沉淀走向成熟的标志,也是知识系统抽象演绎的结晶。

3.形成研究方法取向。本书按照"不同对象研究方法不同"的原则确立思维方法取向。在旅游三大支柱中,旅游消费者更倾向于"行为科学"的研究方法,旅游目的地则倾向于"空间经济"的研究方法,旅游接待业更适合"企业管理"的研究方法。以此启发读者从不同的学科方法中汲取养分,深入探讨特定领域的问题,以形成旅游学科自身的方法论和分析工具,提高旅游学科的学科地位,提升旅游学科的研究水平。

4.建立读者知识扫描系统。无论是初学者还是资深学者,都希望通过阅读快速建立知识体系,学术争鸣和交锋讨论都需要共同的概念语境,学习一门学科和知识也需要约定俗成的共识性概念,达成知识框架、规范概念命题、建立共识知识,这是旅游学人的责任与担当,在经过近20年的实践洗礼和探索沉淀后,"旅游学概论"应该给出一个简洁、明晰、严谨的旅游知识系统,这正是本书所追求的。

5.总结知识沉淀的结晶。随着旅游产业实践经验的不断积累,旅游学术界人士探索的知识沉淀,旅游院校教师课堂传授心得的经验结晶,旅游学科的知识轮廓越来越清晰;老师们孜孜不倦地备课讲授、课堂上同学们充满困惑的疑问、学术论坛上缺乏共同概念语境的争鸣,等等,都让笔者感觉有责任去做一番梳理,这也是我们编写此本《旅游学概论》的初衷。

此本《旅游学概论》是学术团队合作的成果。团队首席教授田里负责构思框架、确定知识点、拟定大纲、审定章节内容;钟宏伟、彭芸撰写第1章,旅游发展简史;吴信值、隋普海撰写第2章,旅游系统构成;杨懿、刘小迪撰写第3章,旅游消费者;张鹏杨、孟帅康撰写第4章,旅游目的地;王桀、贾晨昕撰写第5章,旅游接待业;马玉、时蓓蓓撰写第6章,旅游业态发展;唐夕汐、刘亮撰写第7章,旅游发展影响。本书是在汲取李天元、保继刚、马勇、吴必虎等专家教授编著的《旅游学概论》及相关书籍基础上撰写的,也阅读参考了大量国内外期刊论文,这在页下脚注、参考文献中均予注明。本书中关于旅游接待业、旅游业态发展章节尚属初次论及,不尽满意与存有瑕疵在所难免,还待同行专家们不吝赐教为感。期待本书出版,能为教师们提供一个系统的知识框架,能为学生们提供一部简洁的旅游知识教科书,能为感兴趣者提供一份清晰的知识版图。

田 里

2019 年 6 月 8 日

目 录

第1章
旅游发展简史

【学习目标】

1.掌握旅游发展4个阶段的特征与划分的依据。

2.认识各个历史阶段旅游活动的主要形式。

3.了解不同阶段的标志性事件和标志性人物。

【知识要点】

1.史前旅游渊源,以生存迁徙为总体特征,旅游形式主要有氏族迁移、黄帝遨游、舜帝经商、腓尼基人航海等。

2.古代旅行活动,以个体旅行为总体特征,旅游形式主要有商业旅行、宗教旅行、政治旅行、帝王巡游、享乐旅行、士人漫游、探险旅行等。

3.近代旅游兴起,以消遣旅游为总体特征,旅游兴起的主要标志是出现了交通运输业、旅行社业、饭店业、旅游目的地等。

4.现代旅游发展,以大众旅游为总体特征,大众旅游的主要标志是涌现出现代交通运输、现代旅游接待、旅游组织机构、现代旅游形式(奖励旅游、自驾旅游、会展旅游、遗产旅游、主题公园、游轮旅游、高铁旅游等)。

生产力水平决定了不同历史时期旅游活动的目的、形式、空间范围和出行规模。本章根据旅游活动出行目的和出行规模,将自古以来的旅游发展历史依次划分为"史前旅游渊源""古代旅行活动""近代旅游兴起""现代旅游发展"4个阶段。"史前旅游渊源"是指原始社会的人类旅行活动;"古代旅行活动"是指奴隶社会和封建社会的人类旅行活动;从19世纪40年代到第二次世界大战结束是"近代旅游兴起"阶段;而1945年至今则可以被看作"现代旅游发展"阶段。前后相继的4个阶段体现出人类旅游活动从最初以求生为目的的"生存迁徙"过渡到以商贸为主的"个体旅行",再由工业革命推动,发展为近代"消遣旅游",并最终进入"大众旅游"阶段的演进过程。

1.1 史前旅游渊源

1.1.1 原始社会人类迁徙

1)时代背景

人类旅游的渊源可以追溯至原始社会。在原始社会早期和中期,由于生产力水平低下,原始人类一生中的闲暇时间很少,缺乏开展旅行活动所需的时间条件。美国学者约翰·麦克哈勒在1972年出版的《世界的事实和趋势》一书中提到,原始人类一生中的自由时间仅为整个生命历程的16.6%①。然而,同样是由于生产力水平的低下,原始人类需要依靠天然食物生存,且抵御侵害的能力较弱。迫于寻找食物和躲避侵害的压力,人们常常从一地迁徙到另一地,寻找适合生存的地点。因为没有较为固定的居住地,离开原有居住地后通常也不再回来,所以人类早期的旅行活动是一种生存迁徙。迁徙是一种人口移动,也是人类最古老的活动之一。由于迁徙的特点是迁徙者不再返回原居住地,因此它既有别于近现代旅游,也有别于古代旅行。而人类旅游活动的萌芽则应该追溯到原始社会末期的旅行需求产生。

2)氏族迁移

原始社会中前期,依靠简单采集、播种和狩猎的原始经济形态无法支撑原始人类在一个地方长期生活。随着时间的推移,居住地可供采食的植物、可供猎取的动物日渐减少,田地逐渐贫瘠。加上猛兽、林火、地震、山洪等自然灾害时有发生,原始氏族不得不举族迁徙,以便谋求新的生存环境。古史记载了我国历史上两次著名的氏族迁徙。第一次是炎黄氏族的平原大迁移。黄帝一族(自称"姬姓")原本定居在陕西北部的姬水沿岸(渭水支流,或指今武功县漆水河,或指今黄陵县沮河),之后沿洛水南下,东渡黄河,进入山西;炎帝一族(自称"姜姓")原本定居于陕西西南部的姜水沿岸(渭水支流,或指今宝鸡岐山古岐水,或指今宝鸡清姜河),之后沿渭水东下,顺黄河南岸,进入河南。另一次是周氏族的平原小迁移。周族始祖后稷为寻求更好的农耕环境,率领族人从出生地迁往有邰(今陕西武功县)。氏族迁移是被迫的人口迁徙,具有明显的求生目的。可见,早在远古时期,中国就存在着以生存为主要目的的人类迁徙活动。

3)黄帝遨游

黄帝是华夏民族的始祖,也是位一生好入名山遨游的人物。相传,他曾往东到达过海

---

① 吴铎.社会学[M].北京:高等教育出版社,1992:233.

滨,登上过泰山和丸山;向西到达崆峒山,登上了鸡头山;往南到了长江流域,登上过熊山和湘山;在北方击败和驱逐了少数民族荤粥到达釜山,并在那里与几个部落的首领会盟订约①。华山、首山、太室、泰山、东莱是黄帝经常游历的五座山②;昆仑山、槐江山、青要山则是黄帝最喜欢的三座山③。黄帝在遨游过程中也产生了和旅游相关的文化。相传,他去恒山游玩时,在海边偶然见到名为"白泽"的神兽,该兽能通人话,对天地间的鬼神怪物了如指掌。于是黄帝令人记下"白泽"所说的 11 520 种怪物,并绘成图。这张图后来被黄帝雕铸在黄帝宝鼎上,是中国旅游史上最早的旅游博物图。虽然黄帝遨游群山的传说故事中难免掺杂先民幻想和虚构的成分,但也是原始人类对旅行经历进行的艺术化总结,反映出少数人类非被迫性的旅行需求开始萌芽。因此,黄帝也可以看作中华民族旅游活动和旅游文化的先驱之一。

1.1.2　人类旅行需求产生

1) 社会大分工

距今一万年前的原始社会,随着农业和畜牧业的分离,形成了人类历史上第一次社会大分工。到了原始社会后期,随着生产力发展,制陶、建筑、纺织、编织等技术开始出现并逐渐成为专门的行业,这样一来,手工业就从农业中分离出来,形成了人类第二次社会大分工。到了原始社会末期,人类进入父系氏族公社时代以后,生产力水平得到进一步提高。生产力水平提高又导致了人类社会的剩余产品出现和交换需求的增加,商业交换活动也因此逐渐变得频繁。此时,从事产品交换的商业从农牧业和手工业中分离出来,实现了人类第三次社会大分工。商人们往返各地从事着商业贸易活动,客观上也推动了人类社会的旅行活动从被动和被迫的生存迁徙阶段向一个自发主动的新阶段过渡。在原始社会的末期和奴隶社会的形成时期,无论是东方中国还是西方都出现了商业旅行的萌芽。

2) 舜帝经商

在中国古代传说中,舜帝姓姚名重华,号称舜,冀州(今山西运城)人。尧帝在位 70 年,以禅让的方式传位给舜,舜执政则不少于 76 年,是中华民族始祖——五帝之一。舜是孝与德的化身,舜以孝治天下,赢得万世景仰。同时,舜也是中国古代商人和商业旅行活动的代表。尧帝时代,社会分工逐渐出现。相传舜继位前,曾在历山耕种,在雷泽捕鱼,在黄河边做陶器,还在寿丘制作各种家用器物,并拿到负夏的市场上去销售,他通过从事商业活动使自己的氏族富裕起来。作为"三皇五帝"中唯一有从商经历的帝王,舜也因此被称为"中华商祖"。

---

①　《史记·五帝本纪》:东至于海,登丸山,及岱宗。西至于空桐,登鸡头。南至于江,登熊、湘。北逐荤粥,合符釜山。

②　《史记·孝武本纪》:中国华山、首山、太室、泰山、东莱,此五山黄帝之所常游,与神会。

③　《山海经·西山经》:昆仑之丘,是实惟帝之下都。槐江之山,实惟帝之平圃。《山海经·中山经》:青要之山,实惟帝之密都。

3）腓尼基人航海

公元前 3 000 年前后，地中海和红海地区的腓尼基人开始了最早的海上旅行。腓尼基人是一个在沿地中海东部狭窄的海岸平原定居的民族。由于他们原本的居住地夹在山和海之间，容易人满为患，迫使他们向外探索，他们也把自己看作航海的民族。在对外贸易和探索的过程中，腓尼基人制造出一种狭长的帆船。这种船长约 20 米，船首凸出向前，这种设计有利于迎风破浪和御敌。凭借着先进的海上交通工具和灵活的生意手段，他们向西越过直布罗陀海峡，北至波罗的海沿岸，东达波斯湾和印度，比达·伽马早 2 000 多年完成了环绕非洲的航行。腓尼基人还在地中海沿岸建立了古代世界最庞大的贸易和航海网络。在希腊人之前，腓尼基人的水手和商人控制着古代地中海世界大部分的商业航行。此外，因为从事商业，腓尼基人学会了埃及字母，并把它传播到了西方世界，对后来的西方语言文化产生了深远的影响。

1.2 古代旅行活动

1.2.1 古代旅行概述

1）时代背景

古代社会的旅行是指奴隶社会和封建社会的旅行活动。进入奴隶社会后，随着生产工具进步，剩余产品增加，商业得以从农业、畜牧业和手工业中分离。商业的发展促使商人们四处奔走从事商品交换，客观上推动了古代旅行活动的发展。此外，随着生产力的不断提高，各个行业之间、体力脑力劳动之间有了进一步分工，促进了宗教、科学和艺术领域的发展。以贸易、宗教、探险、政治等为目的的旅行活动也纷纷出现，尤其是宗教旅行得到了较大的发展。尽管奴隶和封建社会的旅行活动已不再是被迫的生存迁徙，但这一时期的旅行人数较少，仅限于贵族和少数特权阶级，旅行活动的空间范围也受限于交通工具，只有极少数人跨越国界和大洲开展长途旅行。因此，古代社会的旅行活动总体上处在个体旅行阶段。

2）旅游形式

在奴隶社会和封建社会，开展以贸易交换为目的的"商业旅行"是主要的旅游形式，其次则是以朝拜、寻仙、取经、布道为目的"宗教旅行"，能参加具有消遣性质的旅行活动的只限于贵族统治阶级。同时，这一阶段东方和西方社会还出现了政治旅行、探险旅行、帝王巡游、士人漫游等多种形式的旅行活动。但是，由于这一阶段的社会生产力发展尚未引起交通工具的重大变革，人们的出行只能依靠步行、骑马、风帆船等人力、畜力和自然力交通方式。这就决定了旅游活动的范围较小，很难产生现代社会这样的大范围国际、洲际旅游。只有极少数人会自发地用毕生精力前往世界各地进行长途旅行。

1.2.2　商业旅行

1) 王亥易货

王亥是夏代著名的大商贾,商氏族第七代先祖。因为他善于管理、精于畜牧,部落的牛羊成群,于是开始与外族进行易货贸易。在长期的易货活动中,王亥发明了牛车,经常用牛车拉着货物旅行到其他部落以物换物。相传,王亥曾驾着牛车,赶着牛羊,离开自己的家乡河南商丘,到有易(今河北易县)做牛羊生意①,后世把他所开辟的这条商道称为"牛羊之路"。后来,王亥在有易被人谋害,因此引发了我国历史上第一次与商业有关的战争——"牛羊战争"。并且,由于在"牛羊战争"中大获全胜,商族势力逐渐强盛,最终成为东方的一个大国。到了商代,九州通商,经商成为一种风气。王亥发明牛车作为交通工具,提高了商业旅行活动的效率,同时,以王亥为代表的商族人的易货活动是我国商业旅行的先驱。

2) 丝绸之路

广义的丝绸之路分为陆上丝绸之路和海上丝绸之路,狭义的丝绸之路仅指陆上丝绸之路。陆上丝绸之路起源于西汉,汉武帝派张骞出使西域开辟了以长安(今西安)为起点,经甘肃、新疆,到中亚、西亚,连接地中海各国的陆上通道。1877 年,德国地质地理学家李希霍芬在《中国——亲身旅行的成果和以之为依据的研究》一书中,把从公元前 114 年至公元前127 年间,中国与中亚、中国与印度间以丝绸贸易为媒介的这条西域交通道路命名为"丝绸之路"。自丝绸之路开通以来,这条连接古代东西方文明的纽带就发挥着巨大的文化与经济交流作用,将位于欧亚大陆最东端的中国和最西端的罗马经由中亚、印度和西亚联结成一个整体。包括马可·波罗在内的商人正是沿着丝绸之路往返开展大范围的商业旅行活动。

3)《苏莱曼游记》

阿拉伯帝国时期,著名旅行家苏莱曼曾到中国、印度等地经商。唐宣宗大中五年(851年)回国后,将其在东方的见闻转述他人,后由一不知名的作者写成《苏莱曼游记》。全书分为两卷。卷 1 共 73 节,分为 2 个部分,叙述了从波斯湾经印度洋和马六甲海峡到中国沿途航线上所见的港湾、岛屿、居民、风物等自然社会情况,以及印度和中国城市的官制、司法、税收、物产、交易、交通、军事、婚姻和宗教信仰等状况。卷 2 分为 3 部分,分别记述了中国唐代黄巢叛乱的情况;穆斯林晋见中国皇帝时的情形;爪哇城的故事、中国见闻续记、印度见闻数则、印度诸王的传说等专题。该书先于《马可·波罗游记》4 个多世纪问世,记述了苏莱曼在东方旅行期间的见闻。这本游记也是阿拉伯人最早记载中国和印度沿海情况的文献。书中记述了从阿曼到中国所经过的海洋、岛屿和当时阿拉伯商人聚居地广州的风土人情,包括中国人的饮茶习惯,也是阿拉伯文献第一次有关茶叶的记载。

---

① 《山海经·大荒东经》:王亥托于有易、河伯仆牛。有易杀王亥,取仆牛。

4) 马可·波罗旅行

马可·波罗(1254—1324 年)生于意大利威尼斯的一个商人家庭,是世界著名的商人和旅行家。他 17 岁时就随父亲、叔叔沿古丝绸之路,经西亚的两河流域,越过伊朗高原和帕米尔高原,历时 4 年到达元代的上都(今内蒙古正蓝旗闪电河北岸)。在中国,他得到了元世祖忽必烈的信任,在宫廷任职 17 年,后于 1295 年回到威尼斯。在东方的 17 年中,他曾到过新疆、甘肃和内蒙古的许多城市,并出访印度尼西亚、菲律宾、缅甸、越南和伊朗等国。经他口述,他在东方(尤其是中国)的见闻被作家鲁斯梯谦记录并写成《马可·波罗游记》。书中虽然是以中国为重点,但也介绍了在中亚、西亚和东南亚等地区许多国家的见闻。此书后来在欧洲广为流传,激起了欧洲人对东方的热烈向往,对新航路的开辟起到了推动作用。此外,西方地理学家还根据书中的描述,绘制了早期的"世界地图"。

1.2.3 宗教旅行

1) 奥林匹亚庆典

公元前 8 世纪,古希腊氏族社会逐步瓦解,建立起了 200 多个城邦,城邦制的奴隶社会逐渐形成。希腊奴隶制城邦的繁荣发展,产生了大量的宗教旅行者。当时,奥林匹斯山是希腊人的宗教圣地之一。奥林匹斯的宙斯神庙每 4 年要举行一次祭祀宙斯神的盛大活动,当时有四大祭祀庆典,其中以祭祀万神之王宙斯神的奥林匹克庆典规模最大,延续时间最长。祭祀庆典吸引了大量朝圣者参加。随着奥林匹亚宗教节庆成为希腊最负盛名的庆典,从公元前 776 年开始,节庆期间也会举办包括赛跑、赛车、角斗等项目的体育竞技会。奴隶社会的古希腊,战争连年不断,为了取胜,各个城邦都利用体育锻炼来培养身强力壮的武士,体育运动就在这种情况下发展起来,逐渐形成了有组织的运动竞赛。人们从四面八方赶来,一睹心中偶像的风采。同时,参加竞技会是人们欢聚和忘掉战争阴影的重要途径之一,后来这项宗教旅行活动就延续下去并发展成为今天的奥林匹克运动会。

2) 伊本·白图塔旅行

伊本·白图塔于 1302 年出生在摩洛哥城市丹吉尔,他是中世纪阿拉伯帝国的旅行家,同时又是一位史学家、地理学家和神学家。在他 20 岁时,伊本·白图塔出发去中东麦加朝圣,这次朝圣之旅也使他产生了远行的兴趣和志向。此后,伊本·白图塔用了 30 多年的时间,行程 12 万千米,游历了亚洲、非洲和欧洲的 44 个国家,并以德里苏丹特使的名义访问过中国。旅行归国后,伊本·白图塔把自己的旅途经历和所见所闻口述出来,由摩洛哥苏丹的秘书记录成《伊本·白图塔游记》一书。该书也成为了解东方文化的宝贵历史资料。

3) 于阗取经

朱士行原籍颍川(今河南禹州),是三国时期的汉族僧人。自西汉张骞出使西域后,东西方交流的渠道被打开,佛教经典通过丝绸之路从印度传播到中国。但早期传到中国的汉译佛教经典译文内容多有歧义,无法准确表达其内涵和要义。于是,朱士行决定亲自西行取回佛教经典原本。魏甘露五年(260年),朱士行一行从雍州(今陕西省西安市长安区西北)启程,穿过河西走廊,经敦煌向西南进发。他们渡流沙,过戈壁,最终到达昆仑山北麓著名的古城于阗。于阗与佛教名城迦湿弥罗毗邻,佛风极盛。朱士行在于阗首先着手学习当地语言文字,掌握语言文字之后,他搜集了重要的佛籍经典,还用当地语言撰写了长达90章、60余万字的佛教理论著述。朱士行行程约6 000千米,历时20余年,寻得真经,之后派弟子弗如檀将得到的佛经送回祖国,自己则在于阗去世。朱士行是中国第一位西行取经求法的僧人,自他之后,如法显、玄奘等中国虔诚求法者纷纷向西。

4)玄奘西游

玄奘(600—664年),又称"三藏法师",俗姓陈,名祎,洛州缑氏(今河南偃师区陈河村)人,是小说《西游记》中唐僧的原型。唐朝太宗时期,玄奘有感于国内佛学各派众说纷纭,各种佛学经典的表述也有出入,于是决心西行求法。太宗贞观元年(627年),玄奘从长安出发,踏上了前往印度取经的旅程。玄奘一路涉流沙、越雪岭,克服各种艰难险阻,终于到达印度境内。当时的印度列国众多,玄奘从北印度的滥波国(喀布尔河北岸)开始,一直旅行到伐刺拏国(今巴基斯坦班努)结束,周游了中印度、东印度、南印度、西印度的82个国家。每到一处,玄奘都潜心问法,虔诚取经,深入研究印度佛教,朝拜各国佛门的名胜古迹。太宗贞观十九年(645年),玄奘用时19年,行程2.5万多千米,经过138个国家,携带657部经卷和大大小小的佛像返回长安。应太宗要求,玄奘仅用1年时间就写出了著名的《大唐西域记》。书中详细记载了今天的印度、阿富汗、巴基斯坦、尼泊尔和孟加拉国等138个国家的风土人情和政治、经济、文化状况和风土人情,是研究西域历史,特别是印度历史的宝贵资料。

1.2.4 政治旅行

1)孔子周游列国

春秋战国时期,孔子(公元前552—前479年)为了恢复周朝的礼制和王道而周游列国,进行政治游说。孔子的第一次游说发生在他35岁时,当时鲁国内乱,孔子入齐国向齐景公宣传"君君臣臣,父父子子"和"政在节财"等儒家理念,但未受齐国重用,遂从齐国返回了鲁国。56岁时,孔子开始了他的第二次游说,这次游说历时14年,到孔子70岁时才结束。14年间,孔子游说七国,不辞辛劳,向诸侯宣扬"仁政爱民"的思想。孔子之后,墨翟、孟轲、苏秦、张仪等游说之士层出不穷。政治游说产生于百家争鸣的春秋战国时期,同时也催生了通过开展政治旅行来进行游说的东周诸子。

2)张骞出使西域

张骞(公元前164—前114年),汉中成固(今陕西城固)人。汉武帝建元元年(公元前140年),汉武帝想要联合大月氏夹击匈奴,因路途凶险,武帝采用招募的方式聘任使节前往,青年官员张骞挺身而出。武帝建元三年(公元前138年),年仅26岁的张骞带领100多人的外交使团,请匈奴人甘父做向导,从长安出发,前往大月氏。张骞一行刚出甘肃陇西,就在河西走廊被匈奴俘虏,被扣留了10年,后侥幸逃脱,仍不忘使命,抵达大月氏。然而此时的大月氏已不愿与匈奴开战。张骞又渡过妫水,游历了大夏蓝氏城(今阿富汗瓦齐拉巴德),在第二年启程回国,途中再次被匈奴人扣留了1年多。元朔三年(公元前126年),张骞返回长安,往返行程3万余里。张骞出使西域,实地勘察了连接东西方的交通要道,开辟了以长安(今西安)为起点,经甘肃、新疆到达中亚、西亚,连接地中海各国的陆上通道"丝绸之路",中国文化通过"丝绸之路"向外传播,促进了中西方文化的交流。

3) 郑和下西洋

明朝郑和(1371—1434年),本姓马,小名三保,是中国著名的航海家和外交家。自永乐三年(1405年)到宣德八年(1433年),郑和奉命率领上万人先后7次下西洋。永乐三年(1405年),郑和率官兵27 800余人,船只62艘,第一次下西洋。船队从苏州刘家港(今浏河入江处)出发,行经占城国(今越南南部)、爪哇、苏门答腊等地,先后在满剌加国(今马六甲)、古里国(今印度喀拉拉邦科泽科德)、居港(今属印度尼西亚)通过赠礼刻碑来宣扬国威。永乐五年(1407年)农历九月初二,郑和返回京城南京。此后,郑和船队又先后6次下西洋,并访问了东南亚、非洲以及印度洋、波斯湾、阿拉伯海和红海沿岸30多个国家和地区,与这些国家建立起政治、经济和文化方面的联系。在航海过程中,郑和调查物产、探究地理,获取了大量信息。他的随行文人根据旅行中的经历撰写了3部重要的旅游著作《瀛涯胜览》《西洋番国志》和《星槎胜览》。

1.2.5 帝王巡游

1) 周天子巡守

先秦的"天子巡守"①开启了帝王巡游的先河,最著名的巡守天子是周穆王姬满。他吸取了周昭王南征死于汉水的教训,搁置了周楚争端,把稳定国家、招安异族的重点放在北方、西方和东方。他率领军队,到东方、西方和北方进行巡守,考察国土,视察诸侯。周穆王的巡守东至江淮,西出陕甘,北上河套,旅程之长、范围之广,是西周其他天子不可比拟的。春秋战国时期的文人根据周穆王的历史故事、西王母的传说和时人已掌握的地理知识,精心编写出了《穆天子传》。该书以颇为浪漫的笔触记述了周穆王巡游的经历。比如他不远万里,北绝流沙,抵达昆仑,在瑶池会见了西王母;还游览了春山、文山、九阿,并流连于黄帝的行宫和夏启的故居。《穆天子传》使周穆王的游迹得以闻名于后世,是先秦最具代表性的游记文学作品。

2) 始皇封禅

秦始皇是中国封建社会帝王巡游的重要代表,在其称帝的12年(公元前221—前210

---

① 《孟子·梁惠王(下)》:"天子适诸侯曰巡守。"

年)内,他开展了5次大规模的全国巡游,并且在第二次巡游过程中开创了封禅典礼,确立了到名山祭祀的制度。秦始皇称帝的第三年(公元前219年),开展了第二次全国巡游,来到山东。秦始皇先登上邹峄山(今山东邹县东南),立下了第一块歌颂自己的刻石,并在邹峄山下召集儒生、博士70余人商议封禅典礼。随后,秦始皇登上泰山,立下第二块刻石,并举行了设坛祭天的"封"礼,向上天报告其成功。接着,秦始皇登上泰山附近的梁父山(今山东新泰境内),立下第三块刻石,举行设坛祭地的"禅"礼,向大地报告其成功。封禅制度自此形成。封禅的实质是统治阶级巩固皇权、粉饰太平、颂扬功德的一种手段。我国历代有72位君王曾到泰山进行过封禅和祭祀,历代丰富的封禅和祭祀活动也提升了泰山的历史和文化底蕴。

3) 凯撒远征

朱利乌斯·凯撒(公元前100—前44年)出身于罗马的贵族家庭,历任财务官、祭司长、大法官、执政官、监察官、独裁官等职。凯撒是一位文治武功兼备的征服者,也是罗马共和国时期最著名的统治者。他远征不列颠、高卢、西班牙,把它们变成罗马最西端的行省,又在内战中打败了庞贝,吞并了埃及和叙利亚,使罗马的疆域得到空前的扩大。凯撒经常在他征服的地区巡视旅行,体察民情并传播罗马文化。他在战争之余写下的《高卢战记》中就记载了他在巡游过程中,人们在市场和神庙中陈设祭席,装饰城门、道路等凯撒可能经过的地方,还带着孩子跑来欢迎他的到来。

1.2.6 享乐旅行

1) 天子游猎

产生于奴隶社会的天子游猎是中国历史上最早的享乐旅行。狩猎是原始社会的谋生方式,也是氏族男子所必备的技能。到了奴隶社会,狩猎活动被游乐化,成为天子和诸侯的享乐旅行活动,因此被叫作"游猎"。古史记载,夏朝第二代君主、夏后启的儿子太康沉迷游猎,在洛水游猎长达100天,导致夏都斟寻(今山东潍坊)被穷氏后羿占领,太康亡命,史称"太康失国"。商代游猎的热度更超夏代,据统计,甲骨文中关于商代帝王游猎的记载达186条之多。西周天子游猎更是寻常,还对游猎有了一些制度性的规定:专门开辟游猎场所;规定游乐场所的规格为"天子百里,诸侯四十里";设置专管游猎场所和游猎事务的官职"驺虞";规定四季行猎各有方式和目标,即春曰搜,夏曰苗,秋曰狝,冬曰狩。《墨子·明鬼》对周宣王游猎有所记载,称其"车数万乘",规模十分浩大。

2) 帝王享乐

罗马帝国时期,由于对外征服获得了大量的财富,罗马帝国世风渐趋奢靡,统治者对奢华和声色的偏爱与日俱增,出现了一些沉湎于声色旅行的皇帝。例如,皇帝盖尤斯以残暴怪异和荒淫无度著称。为了海上游玩,他建造了一艘寻欢作乐的游船,船上有柱廊、客厅、浴室、花园、果树,船尾用宝石镶嵌。他还有一个兴趣就是宣布自己是天神,因此把神庙里天神们的头像换成自己的头像,并亲自坐在各处的神庙宝座上接受人们的参拜。另一位皇帝尼禄自称艺术家,他喜爱音乐,并经常旅行到帝国各地为观众们演出。公元66年,他离开罗马去希腊做旅行表演。在希腊他以歌唱家、竖琴演奏家、演员及运动员等身份参与各种赛事,并在回到罗马后向人们展示了他在希腊获得的1 000多件奖品。

1.2.7 士人漫游

1) 屈原流放

屈原(公元前340—前277年)出生于楚国丹阳(今湖北宜昌),姓芈,屈氏,名平,是战国时期楚国诗人、政治家。他因受人谗毁,先后三次被流放。楚怀王二十五年(公元前294年)的秋天,屈原首次被流放,他离开楚都郢都(今湖北荆州),北渡汉水,到达汉北。楚顷襄王十三年(公元前286年)春天,屈原再次被流放,这一次流放时间更长。屈原离开郢都,取道夏水,经由夏首(今湖北荆州东南),前往陵阳(今安徽青阳县境)。几年后,他从陵阳溯江,在鄂渚(今湖北武昌)改走陆路南下湖南,来到了沅水(今称沅江)岸边的小镇方林。接着,又走水路到了湘西南溆浦(今湖南溆浦)一带的莽莽群山。停留一阵后,屈原乘船到达长沙汨罗江。在汨罗江边,屈原闻知秦兵破楚,复兴无望,遂怀沙自沉,结束了痛苦的流放生涯。流放是一种政治处罚,赶出都城远逐他乡,但有人身自由。屈原在流放期间深入民间,切身感受到了社会弊端、民生苦难,也领略了南方楚国绚丽多姿的山水,创作出了《九歌》《天问》《离骚》等伟大的文学作品。

2) 兰亭集会

魏晋南北朝时期,出于政局混乱、政治抱负难以实现等原因,以王羲之为代表的众多名士产生了消极遁世的想法,并走上了寄情山水的漫游之路。王羲之(321—379年),字逸少,是东晋杰出的书法大师和热心的山水游客。他在会稽兰亭组织过著名的兰亭集会。兰亭在今浙江绍兴市西南,地名兰渚,亭名兰亭。因其"有崇山峻岭,茂林修竹,又有清流激湍,映带左右",景致极美,深受王羲之喜爱。晋穆帝永和九年(353年)农历三月初三,"天朗气清,惠风和畅",当时身为会稽太守的王羲之和谢胜、孙绰、李充、许询、支遁等41位官员、名士齐聚会稽兰亭,举行传统的"修禊"①之礼。席间,名士们饮酒赋诗、流觞曲水,王羲之更即兴挥毫,写下了赫赫有名的《兰亭集序》。魏晋南北朝是中国士人漫游的兴盛期,士人们在漫游过程中留下了以《兰亭集序》为代表的大量脍炙人口的文学作品,将中国旅游文化推向了历史上第一个辉煌。

3) 李白漫游

唐代中前期,经济繁荣、文化开放、社会安定。这些要素促进了士人漫游的兴盛。李白是唐代士人漫游的代表人物之一。李白(701—762年),字太白,号青莲居士,有"诗仙"的美

---

① 修禊为中国传统风俗,农历三月上旬的巳日(魏以后固定为农历三月三日),到水边嬉戏,以消除不祥。

誉。他生于中亚碎叶城(时属唐朝条支都督府,今吉尔吉斯斯坦楚河州),从小家庭富裕。5岁时他随父返回四川,定居四川绵州彰明县青莲乡(今四川绵阳境内)。他20岁时即游遍巴蜀。25岁离开四川顺长江而下,到江南各地游历,经三峡到湖北、湖南、江苏、浙江等地。35岁又经洛阳到太原。天宝元年李白到泰山游历,后南下浙江会稽,不久之后又到达都城长安。此后在长安为官3年,因得罪高力士而被迫谪迁,离开长安前往开封游历。此后,李白又因政治动乱避居庐山,流放夜郎。漫游在李白的生活中占据了极其重要的地位。旅行游览的经历为他提供了丰富的写作题材和灵感。他一生留下了大量脍炙人口的诗歌文化遗产,对浪漫主义文学的产生和发展起了重要推动作用。

1.2.8　探险旅行

1) 希罗多德旅行

希罗多德(公元前484—前425年)生于小亚细亚,是古希腊著名的历史学家、人类学家和旅行家。从大约30岁起,他开始了大范围的旅行活动,还从事过长途物品贩卖。每到一地,希罗多德就到历史古迹和名胜处考察游览,了解风土人情,他喜爱听当地人讲述民间传说和历史故事,并将其记录下来。公元前445年前后,希罗多德来到了希腊的政治、经济和文化中心雅典。在那里,他积极参加各种集会和政治文化活动,并结识了政治家伯里克力、悲剧家索福克勒斯等人。希罗多德曾向南多次到达埃及,向北沿顿河谷地到达俄罗斯草原,向东到达黑海、伊斯特河(多瑙河)河口,向西沿地中海沿岸,远达意大利南部,并在那里度过后半生。他著有《希腊波斯战争史》一书,该书虽主要叙述希波战争,但也介绍了旅行中所到各地的地理、山水和民族风情,因此也是重要的古代旅行作品。

2) 哥伦布航海

意大利著名航海家、地理大发现的先驱哥伦布(1451—1506年)生于意大利热那亚,后移居葡萄牙和西班牙。15世纪的欧洲正值大航海时代,各国纷纷通过建立贸易航线和殖民地来扩大财富。哥伦布相信大地球形说,认为从欧洲西航可以到达东方的印度和中国。1485年他被西班牙国王任命为海军上将、大总管、总督,并于1492年率3条船、90名水手,航行70天,发现巴哈马群岛、古巴、海地,于1493年返回西班牙。之后,哥伦布又于1493年、1498年和1502年3次航行,他发现了多米尼加、波多黎各、牙买加和特立尼达等岛以及秘鲁、墨西哥等中美洲地区;他发现和利用了大西洋低纬度吹东风,较高纬度吹西风的风向变化,证明了大地球形说的正确性。当哥伦布在帕里亚湾南岸首次登上美洲大陆时,因误认为所到之处是印度,故称当地居民为"印第安人"。哥伦布曾经想沿洪都拉斯和巴拿马地峡继续向西环球一周,但未能成功。哥伦布航行发现美洲大陆,促使西方冒险家纷纷涌向新大陆。

3) 麦哲伦环球旅行

斐迪南·麦哲伦(1840—1521年)于1480年出生于葡萄牙北部波尔图一个没落的骑

士家庭。10 岁时他的父亲将他送进王宫服役,并担任王后的侍童。1496 年,他被编入国家航海事务所,1505 年参加了葡萄牙第一任驻印度总督阿尔梅达的远征队。先后跟随远征队到过东部非洲、印度和马六甲等地探险和进行殖民活动。这段经历使他积累了丰富的航海经验。哥伦布去世后,西班牙国王委派麦哲伦组织船队和 265 名水手完成了第一次环球旅行。他们于 1519 年出发,1520 年到达美洲南端,又于 1521 年到达菲律宾,在太平洋航行的 110 天中,没有遇到大的风暴,因此麦哲伦把他驶过的这片大洋称为"太平洋"。由于干预土著人纠纷,麦哲伦与 7 名船员被打死。后来,在副手狄加诺的指挥下,仅剩的 18 名船员于 1522 年回到西班牙。他们通过航海实践证明了地球是圆的,并开辟了环球旅行的航线。

4) 徐霞客游历

徐霞客(1587—1641 年)名弘祖,号霞客,出生在江苏江阴的一个知识分子家庭,是明代杰出的旅行家和地理学家。他的父亲淡泊名利,一生不愿为官,喜欢游览山水景观。受到家庭文化的熏陶,他幼年好学,博览群书,尤其钟情于地经图志,少年时即立下了"大丈夫当朝碧海而暮苍梧"的旅行志向。自 22 岁起,徐霞客开始了长达 34 年的旅行和考察,足迹遍及大半个中国。每到一地,他必先考察地形、地质、水文状况等。在漫长的旅程中,徐霞客历经艰险,经常攀登在高山险谷之间,也曾多次遭遇强盗并钱尽粮绝。但不管身体多累,条件如何恶劣,徐霞客坚持每天写日记,记录下自己的旅途经历、途中见闻和考察心得,最终给世人留下了 60 余万字的《徐霞客游记》。他也因此被后世称为"游圣"。《徐霞客游记》一书具有重要的地理学、地质学、植物学和旅游资源学的价值,堪称中国旅游史上的里程碑之一,其首篇《游天台山日记》开篇之日即 5 月 19 日被定为"中国旅游日"。

5)《水经注》

中国古代地理名著《水经注》的作者是北魏晚期著名地理学家郦道元。郦道元(466—527 年),字善长,幽州范阳郡涿县(今河北涿州市)人,热爱山水,先后在多地担任过官职。他发现东汉桑钦所著《水经》中多有错误不实,或过于简略,遂决定亲自走访考察,为《水经》作注,完善不详,修正不实。为了获得真实的地理信息,郦道元不畏艰险,前往各地进行考察,足迹遍及我国河北、河南、湖北、山东、山西、陕西、内蒙古及江苏、安徽等省。甚至与我国毗邻的异域山水,如朝鲜的坝水(大同江)、印度的新头河(印度河)、安息(伊朗)和西海(咸海)、北部的流沙(蒙古沙漠)等,他都曾亲自前往考察。郦道元最终撰成《水经注》,其中,记水 1 252 条,较《水经》记水 137 条扩展近 100 倍,注文 30 余万字,比《水经》1 万余字扩展 30 倍。《水经注》较为系统和准确地记叙了江河源流、地理形势、山川胜景,既是一部文笔生动的古史地理名著,也是一部极有价值的古代旅行指南。

1.3　近代旅游兴起

1.3.1　近代旅游概述

1)时代背景

18世纪末期,始于英国的工业革命使手工业工具逐渐被机器和机动工具所取代。这一进步引发了重大的社会经济变革,也使人类的旅游活动发生了质的改变。火车、轮船等交通工具的出现,使旅游的规模、范围和内容发生了巨大变化。同时,工业革命促进社会财富加快积累,新兴的中产阶级构成了主要的旅游者群体。此外,欧洲的"文艺复兴"运动使人本主义思想得到普及,人们的思想逐渐从中世纪的宗教禁锢中解脱出来,提高生活质量成为人们内心重要的追求,而消遣性旅游恰好能够满足这种追求。上述主客观条件带动了旅游需求的不断增长。增长的旅游需求催生了以托马斯·库克旅行社为代表,专门提供旅游服务的近代旅游企业,旅游业从此成为一个独立的经济部门。

2)近代旅游业

工业革命不仅引起交通技术方面的重大变革,也导致旅游组织形式的革命,催生了一批从事旅行代理业务的旅游企业。其中,诞生于19世纪的托马斯·库克旅行社是最早开始从事旅游代理业务的组织,它的问世标志着近代旅游业的诞生。无论是史前"生存迁徙"还是古代"个体旅行",它们的规模和影响均未能使旅游活动走向商业化和社会化。而在工业革命等因素的推动下,近代旅游业做到了这一点,并使旅游活动成为一个独立的经济产业,这也是近代旅游活动有别于史前"生存迁徙"和古代"个人旅行"的最大特点。

1.3.2　交通运输业

1)工业革命

工业革命(又称产业革命)是资本主义机器大生产逐步取代工场手工业的过程。蒸汽机的发明是工业革命开始的标志,它的出现使人类突破了传统自然能源的限制。1702年前后,一台原始的蒸汽机由托马斯·纽科门发明,并被应用于煤田抽水。但消耗能源太多的缺点限制了它的普及。1763年,英国工程师詹姆斯·瓦特改进了这一机器,使蒸汽机能被广泛地运用到纺织、炼铁、面粉生产等领域。从1769年詹姆斯·瓦特发明蒸汽机开始,一直到19世纪,英国、美国、德国、法国、日本等国家相继完成了上述转变。工业革命提高了人类的生产效率,加快了社会财富的积累,造就了一批新兴的中产阶级,为近代旅游活动奠定了经济基础;工业革命加速了城市化,改变了许多人的生活方式,枯燥、重复的城市工作和生活又催生了旺盛的旅游需求;工业革命以科技进步为基础,又进一步推动了科技的进步,引起了交通工具的重大变革。蒸汽机、内燃机的发明和运用是交通运输进入轮船时代、铁路时代和飞机时代的技术基础。

2)轮船时代

蒸汽机发明后,很快被应用于制造新的交通工具。早在 1763 年英国人乔纳森·赫尔斯就获得了蒸汽机驱动船只的专利权,但当时蒸汽船只是图纸,还没有形成实物。第一艘真正的商业蒸汽船由美国人罗伯特·富尔顿建造,他与瓦特曾有接触并开始学习工程学,1807 年他发明的配备有瓦特式蒸汽机的"克莱蒙特"号轮船在哈德逊河下水,并开始了定期航班载人、运货业务。在此后 5 年中,欧美各国相继有 50 多艘蒸汽轮船投入内河航运。1816 年横渡英吉利海峡的客货航运首次开始使用蒸汽轮船,并于 1820 年正式开办渡轮定期航班服务。接下来的 20 年中,横渡英吉利海峡的客运量每年达 10 万人次之多。1838 年英国轮船"西留斯"号首次横渡大西洋成功,大大缩短了欧洲和美洲之间的时间距离。

3)铁路时代

将蒸汽机应用于陆上交通工具是工业革命的又一重要特征。英国的采矿工程师乔治·史蒂文森从矿山普遍使用的铁轨和钢轨中得到启示,借助铁轨,一匹马可以干相当于 22 匹马在普通道路上所干的活。1825 年世界上第一条铁路——从英国的斯托克顿至达灵顿的铁路正式通车投入运营。1830 年史蒂文森发明的轨道机车"火箭号"以平均每小时 22.5 千米的速度行驶了 50 千米,将一列火车从利物浦牵引到曼彻斯特。此后在利物浦和曼彻斯特之间开通了首趟定期客运列车。到 1850 年,世界上已经有 19 个国家修建了铁路。19 世纪下半叶,出现了铁路与海运联运的形式。以火车为代表的新式交通工具,逐步取代了公共马车等旧式交通工具,支配了长途运输。铁路运输是对近代旅游发展影响最大的交通运输形式。

4)汽车发明

1763 年,名叫尼古拉·居纽的法国工程师建造了第一辆模型蒸汽汽车,并在 1769 年建造了一辆实际大小的牵引车,这辆车能够以每小时 3.6 千米的速度行驶。由于不够稳定,它有一次在繁忙的街道拐角处倾覆。鉴于这种危险,此后它就被弃置不用,但它的确可以算作汽车最早的雏形。汽车真正的出现和普及要归功于内燃机的发明。由于蒸汽机热能转换的效率极低,1862 年法国工程师罗夏在总结前人的基础上提出了内燃机工作的四冲程理论。德国工程师奥拓依据这一理论于 1876 年制造了第一台煤气内燃机。此后,燃烧效能更好的汽油和柴油内燃机也相继被发明。1885 年汽油内燃机的发明人戴姆莱和另一位德国工程师本茨又各自独立发明了以汽油内燃机为引擎的三轮汽车。此后,本茨致力于汽车的研制,于 1890 年制成四轮汽油内燃机车。1892 年美国福特研制出美国第一部汽车。后来,本茨与福特均成立了自己的汽车公司批量生产汽车,随后一个新的工业部门——"汽车工业"逐渐形成。

1.3.3 旅行社业

1) 托马斯·库克

托马斯·库克(1808—1892 年)出生于英国德比郡墨尔本,是英国著名旅行商。库克自幼家境贫困,10 岁便辍学当了园艺经营者的学徒,后来园艺经营者因醉酒冻死在雪地上,他又投奔开木器店的姑父。好景不长,他的姑父后来也因酗酒而死。一次偶然的机会,库克听了基督教的教义宣传,当中宣传戒酒的内容使他深受感动,随后便加入了教会并成为传教士。由于长期传教,他体会到了各地的风俗民情,也练就了良好的口才。1841 年 7 月 5 日,库克组织了 570 人前往洛赫伯勒参加禁酒大会,这次活动被认为是近代旅游业的开端。1845 年他在英国莱斯特创立了世界上第一家旅行社——托马斯·库克旅行社。同年夏,库克组织了首次真正意义上的团体消遣旅游——利物浦之行,还编印了世界上第一本旅游指南《利物浦之行手册》。1846 年他组织了 350 人到苏格兰旅游,并首次配备了职业导游。1851 年伦敦举办第一届世界博览会,库克先后组织了 16.5 万多人前往参观。1855 年法国巴黎举办第二届世界博览会,他第一次开展出国旅游业务,组织了从莱斯特前往巴黎的参观团。1864 年库克与儿子合伙成立了托马斯·库克父子公司。接着,他们又在欧洲、美洲、西亚等地建立了自己的服务系统,成为世界上第一个国际性旅游代理商。由于他在旅游发展史上的杰出贡献,托马斯·库克被誉为"近代旅游业之父"。

2) 禁酒大会

19 世纪,英国工人的酗酒问题引起社会普遍担忧,英国兴起一场禁酒运动,宣传禁酒主义。1841 年 7 月 5 日英国在洛赫伯勒召开禁酒大会。托马斯·库克包租了一列火车,组织 570 位参会人员从莱斯特出发,前往洛赫伯勒,并于当天返回。这次活动收费标准为每人 1 先令,由库克全程陪同,并在火车上提供了热情周到的服务。严格意义上讲,这次活动并非世界上第一次团体旅游,在此之前团体旅游已有记载。但托马斯·库克组织的这次活动具备以下特点。出行成员多达 570 人,来自各行各业;他们因活动而聚到一起,活动结束便四散离去;库克全程随团陪同照顾,体现了最早的旅游业全陪服务。这次活动使托马斯·库克尝到了组织旅游的甜头,为之后托马斯·库克建立旅行社奠定了基础。因此,这次活动普遍被认为是近代旅游业的开端。

3) 托马斯·库克旅行社

托马斯·库克受禁酒大会成功的激励,又开始组织类似的团队包车旅行,并于 1845 年决定专职从事旅行代理业务,在英国莱斯特创建了世界上第一家旅行社——托马斯·库克旅行社。旅行社成立后,库克正式组织观光旅游团,不仅开辟了多条国内长途旅游线路,还开辟了欧洲大陆、美洲大陆的旅游专线。其间,分别组织了莱斯特至利物浦、苏格兰、伦敦第一届世界博览会、巴黎万国博览会等地的团队旅行活动。1865 年托马斯·库克叫回在铁路公司上班的儿子,合伙办理旅行业务,并把公司名称改为托马斯·库克父子公司。随着公司的迅速发展,到 1939 年,托马斯·库克旅行社已经在世界各地设立了 350 余处分社。托马斯·库克旅行社是世界上第一家旅行社。之后,旅行社在世界各地的许多国家纷纷涌现出来。

4) 利物浦之行

托马斯·库克旅行社成立不久,1845 年 8 月 4 日,托马斯·库克亲自领队,组织了为期 1 周、350 人参加的团体消遣观光——利物浦之行。为了策划和组织好这次长途旅游活动,库克本人亲自对这次活动进行了周密的计划。他提前考察了路线,确定了游览目的地,安排好了食宿,还编印了世界上第一本旅游指南《利物浦之行手册》。库克旅行社还物色了能为游客讲解的当地人,完成了旅游发展史上的第一次旅行社计划调度工作。在整个活动过程中,托马斯·库克不仅担任团队的陪同和导游员,途中在若干城镇停留和游览时,还聘请当地人为游客进行导游解说。利物浦之行是托马斯·库克旅行社成立之后组织的第一次长途包价旅游活动,也是世界上第一次真正意义上的团体包价旅游活动。前期的调度工作及行程中的导游服务等各个方面都体现了现代旅行社的基本业务,开创了旅行社业务的基本模式。

5) 职业导游

1845 年以前,托马斯·库克组织的旅行活动均由自己充当全程陪同人员。到了 1845 年的利物浦之行,托马斯·库克不仅自己带团,还首次聘请了当地居民作为导游,提供临时的导游服务。1846 年苏格兰之行,库克不仅亲自带团,还配备了职业导游人员,这是世界上第一次旅行团正式为游客配备职业导游。然而,职业导游队伍的产生则要等到两次世界博览会的举办。1851 年第一届世界博览会在英国伦敦举办,1856 年第二届世界博览会在法国巴黎举办。世界博览会的规模大、参会者多,据统计仅托马斯·库克组织前往伦敦世界博览会的参观者就有 16.5 万。而由他组织,前往巴黎世界博览会的参观者有 50 万。因为参加者众多,博览会上出现了专门为远道而来的旅游者提供导游服务的专业导游队伍。此后,职业导游队伍逐渐在世界各地发展壮大。

6) 陈光甫

陈光甫(1881—1976 年),名辉德,字光甫,江苏镇江人,是中国近代著名银行家。1914 年 6 月陈光甫创办上海商业储蓄银行,并自任总经理。20 世纪 20 年代前后陈光甫意识到当时中国境内没有一家国人自己经营的旅行机构,中国人组团到国内外旅行都得经过英、日、美、法等国开办的旅行社,中国的旅游业务被国外企业垄断。为改变这种局面,1923 年 8 月他毅然在上海商业储蓄银行内创立了旅行部,专门经营旅游业务,成为上海商业储蓄银行独自经营的旅游企业。1927 年,上海商业储蓄银行旅行部申请营业执照,改组为中国旅行社,下设 7 部 1 处,成为上海商业储蓄银行独资经营的独立旅游企业。除了上海的总部,内地和香港都设有分支机构,业务范围包括代售交通票据、办理和提供食宿、代办旅行手续和组织国内外团体旅游等。同年,陈光甫还一手策划和创办了中国第一本旅游期刊——《旅行杂志》,专门宣传祖国的风景名胜。1931 年,上海商业储蓄银行还配合中国旅行社的业务,发行了旅行支票,这在中国是一个史无前例的壮举。陈光甫先生在我国近代旅游发展史上起了"筚路蓝缕,以启山林"的作用,被称为"中国近代旅游业的创始人"。

1.3.4　饭店业

1) 特里蒙特饭店

特里蒙特饭店位于美国波士顿,1829 年 10 月开始营业,被视作世界上第一座五星级现代化饭店,也是美国饭店业发展的一个里程碑。特里蒙特饭店共有 3 层,其中客房 170 间,公共房间 12 间。它的设计者是一名叫叶塞亚·罗杰斯的 27 岁年轻人。该饭店是世界上第一个拥有如下众多服务的饭店。这些服务包括:建有前厅,并配置专门负责前台工作的职员;设有专门的服务生,对饭店服务生进行培训,并有行李员;拥有铺地毯的大堂和拥有 200个座位的餐厅;在楼内设有 8 间浴室;设有单间客房,房门可加锁,并由顾客自己保管钥匙;每间客房里备有一个脸盆、一个水壶和一块免费香皂;每间客房内安装一个信号器,客人有什么要求只要按下按钮即可通知前台;在大楼的地下室设有卫生间。特里蒙特饭店是当时美国最具影响力的饭店,为当时的美国饭店界树立了榜样,也为后来的饭店业确立了标准。因此,特里蒙特饭店也被誉为"世界现代饭店业的始祖"。

2) 斯塔特勒

斯塔特勒(1863—1928 年)生于美国宾夕法尼亚州,是商业饭店最早的创建者,被誉为"商业饭店之父"。1908 年,斯塔特勒在美国纽约的布法罗建造了世界上第一座商业饭店,命名为"斯塔特勒饭店",开创了商业饭店的时代。斯塔特勒饭店主要顾客是商务旅行者,共有 300 间客房。虽然规模不算很大,但凭借优质和标准化的服务而受到顾客的广泛好评,开业一周年就已经盈利颇丰。该饭店的独特之处在于:每间客房都配备私人浴室,并装有浴巾挂钩;每间客房内安装一部电话、一台收音机、一个落地梳妆台;每间客房内都有一个一人高的带照明设施的衣橱;在客房内为客人准备免费且实用的文具及洗刷梳妆用品等。这些开创性措施至今仍是商业饭店的基本标准。因此,斯塔特勒也被称为"饭店标准化之父"。

3) 饭店集团

饭店集团也称饭店联号、连锁饭店,饭店集团和连锁经营的模式发源于美国。1907 年美国人里兹出售特许经营权给饭店,出现了饭店新的经营形式。美国是世界许多大饭店集团的发源地,早期的斯塔特勒饭店集团为现代饭店业的发展开辟了道路。1908 年,斯塔特勒建立斯塔特勒饭店,大获成功,于是继续使用自己的名字开设分支饭店,从而建立起一个连锁经营集团,开拓了饭店集团的初期道路。但饭店集团真正的大发展却是在 20 世纪 50 年代之后。20 世纪 50 年代是世界饭店集团大发展的开端,特别是世界各地航空业的繁荣,交通越发便利,一些大型的饭店集团也随之如雨后春笋般产生。这一时期陆续涌现出假日、喜来登和希尔顿等一系列世界知名的饭店集团。饭店集团的成立主要通过公司所有制或出售特许经营权来实现。同一个饭店集团的成员不但使用统一的名称、标志、管理方法和服务程序,更通过电脑预订垄断客源市场和价格。

1.3.5　旅游目的地

1) 世界博览会

世界博览会是一项由主办国政府组织或政府委托有关部门举办的影响巨大且历史悠久的国际性博览活动。参展者通过博览活动向世界各国展示当代的文化、科技和产业成果。世界博览会起源于中世纪欧洲商人定期举办的集市。一直到19世纪,随着商业的重要性在欧洲范围提升,这种集市的规模渐渐扩大,商品交易的种类和参与的人员也在增加,影响力日渐扩大,参展内容包括经济、文化、社会甚至思想领域等。之后,这种具有规模的大型市集便被称为博览会。1851年5月1日至10月11日,第一届世界博览会在英国伦敦"水晶宫"举办,展览的主要内容是世界文化与工业科技方面的成果。这次世界博览会共吸引了630万人参与。近代旅游业创始人托马斯库克也组织了16.6万人前往。1855年5月15日至11月15日,第二届世界博览会在法国巴黎举办,主题为"农业、工业和艺术"。其间,托马斯·库克先后组织了50余万游客从英国莱斯特出发前往巴黎参观,这次活动也被看作组团出国包价旅游的开端。可见,世界博览会作为现代文明演进的载体和标志,具备极强的旅游吸引力,可以使举办城市迅速成为世界热门旅游目的地。因此,世博会被誉为世界经济、科技、文化的"奥林匹克盛会"。

2) 国家公园

国家公园是指面积巨大,由中央政府划定建立,并通过立法形式对其内部的自然资源和生态环境进行保护的特殊自然保护区。既有保护和恢复自然综合体的作用,又兼有园林性的经营与管理功能,是国家为合理地保护和利用自然、文化遗产而设立的大规模陆地或海洋保护区域。"国家公园"的概念源自美国,由美国艺术家卡特林首先提出。之后被全世界许多国家所使用,尽管各自的确切含义不尽相同,但基本理念都是指自然保护区的一种形式。在自然保护思想的推动下,1872年3月1日,美国建立了世界上第一座国家公园——黄石国家公园。继黄石国家公园建立之后,1916年美国通过了关于成立国家公园管理局的法案,并制定颁布了《国家公园事业法》。该法将建立国家公园的目的在法律上规定为:"保护自然景观、历史遗迹及栖息生长在其中的动植物资源,在一定条件下为当代和后代提供消遣和游乐场所,同时保证在利用中不得使之受到损害。"①这就在基本政策上确立了发展国家公园的两条重要原则,即自然保护为主和适度旅游开发。此后,国家公园在世界各国纷纷建立,成为可供旅游者选择的一类旅游目的地。

---

① HALSEY W D, E Friedman.Collier's Encyclopedia[M].New York:Macmilan Education Corporation,1980:170-181.

3）温泉度假地

温泉旅游活动自古有之,西欧温泉的利用可以追溯到 16 世纪,从 17 世纪晚期开始,伴随欧洲各国经济迅速发展,温泉产业逐渐走向兴盛。但在 19 世纪之前,温泉旅游者多是富贵的上流社会人群,目的也只是单一的疗养。进入 19 世纪,中产阶级规模扩大,可自由支配财富增多,人们在疗养之外,同时渴望得到更舒适的住宿设施、更完善的娱乐设施和更周到的服务设施。于是,高端疗养、住宿餐饮、休闲娱乐、商务会议等功能在温泉旅游地逐渐集聚,温泉度假地迅速发展。20 世纪 20 年代以温泉治疗为主的传统温泉旅游度假区开始转向温泉治疗和休闲娱乐并重的现代温泉度假区。温泉游客则由上层阶级向中产阶级和工人阶级转变。度假区的规模也随之扩大,旅游功能日趋多样,并发展成为多功能、综合性的大型旅游度假区。此后,温泉度假成为西方社会较为流行的旅游形式,在世界范围内也得到发展,其中,尤以欧美和日本的温泉旅游度假区最为闻名。如欧洲著名的温泉小镇法国薇姿、德国巴登巴登、瑞士洛伊克巴德等。被称为"温泉之国"的日本从北到南分布着 2 600 多座温泉,形成了以"别府温泉""热海温泉"和"草津温泉"为代表的许多著名温泉旅游地。同时,形式多样的"温泉节"及各种文化活动在温泉旅游度假区举行,并形成了独特的"温泉文化"。

4）海滨度假地

海滨度假地的兴起一方面是许多人相信海水洗浴的医疗作用,另一方面王室贵族屡次造访海滨也起到一定的示范作用。1789 年起,英国国王乔治三世屡次造访威茅斯海滨,此后其他贵族也蜂拥而至。在 19 世纪以后,海滨开始成为大众旅游胜地。海滨度假地为了吸引和留住游客,通常会安排各种文娱表演和服务,维多利亚时代甚至出现了摄影服务。当英国本土的海滨逐渐饱和后,上流社会和中产阶级又将欧洲其他国家的海滨当作新的目的地。于是,法国、意大利和西班牙等国的海滨旅游胜地也随之发展起来。总体上,海滨旅游度假地的发展历经了 3 个阶段:一是治病疗养阶段,这个阶段滨海度假地的主要产品是海水浴、阳光浴的治病和医疗保健;二是疗养游乐阶段,在传统旅游产品的基础上出现了如滑水、摩托艇、空中跳伞等水上娱乐项目;三是游乐度假阶段,出现了度假村、海底观光、水上体育活动等新产品。从 19 世纪开始,海滨度假地已经成为最受世界各地旅游者青睐的旅游目的地之一,较为著名的海滨度假地有地中海沿岸、波罗的海及大西洋沿岸、加勒比海地区及夏威夷群岛等。

5）都市旅游目的地

19 世纪末到 20 世纪中期,受工业革命和文艺复兴的影响,物质财富不断积累,社会思想得到解放,这些因素极大地刺激了人们的休闲娱乐需求。同时,工业革命也加速了城市化进程。1760 年,英国有 5 万到 10 万人口的城市只有 1 个,1851 年达到 13 个,其中 10万人口以上的大城市就有 7 个,特别是像曼彻斯特、利物浦和格拉斯哥这样的新兴工业城市。随着大城市的兴起,电影院、舞厅、公园、游乐场、博览会等人们熟知的娱乐场所也在大城市发展和聚集。因为具备了复合型的娱乐功能和娱乐场所,都市在近代成为人们喜欢前往的一类旅游目的地。都市旅游的兴起与都市旅游目的地的发展状况息息相关。其中,法国巴黎被称为都市旅游的发源地,它因为举办了1896年现代奥林匹克运动会、1900年巴黎博览会等一系列大型活动,成为著名的国际化都市,吸引着全世界的旅游者。我国的上海也是亚洲近代兴起的都市旅游目的地之一。上海凭借地理优势成为中国的经济重心和对外交流的窗口,又因各种历史原因受到了西方文化的深刻影响,城市繁荣、物质消费兴旺、娱乐场所聚集,是典型的都市旅游目的地。此外,北美洲的纽约、洛杉矶,大洋洲的悉尼、墨尔本,欧洲的伦敦、罗马、柏林、阿姆斯特丹等城市也是著名的都市旅游目的地。

1.4 现代旅游发展

1.4.1 现代旅游概述

1)时代背景

自第二次世界大战结束至今是现代旅游发展阶段。这一阶段世界范围的生产力水平和社会文明程度有了巨大的提高。战后国际政治局势相对稳定,国与国之间联系不断加强,为现代旅游迅速发展提供了前提和保障;在相对稳定的国际环境下,各国致力于经济建设,人们的收入水平不断提高,旅游消费能力不断增强;城市化进程的加快和闲暇时间的增加,进一步刺激了人们的旅游动机;科技进步促进交通运输发展,汽车、飞机制造技术不断改进,成为主要交通工具;认识到旅游活动的经济和社会效益,各国政府和组织纷纷采取措施支持旅游业的发展。具备了上述条件,旅游业在国民经济中的地位得以不断凸显,逐渐成为发展势头最强劲的产业之一。

2)现代旅游业

第二次世界大战以后,世界经济高速增长,人们生活水平不断提高,旅游活动成为人们生活中不可缺少的一部分,也成为国民经济的重要组成部分。相比史前、古代和近代旅游活动,现代旅游最突出的特点是大众化,主要体现在旅游者的结构、人数、距离和活动形式等方面。现代社会,旅游不再是上层社会的特权,而是多数社会成员都能参与的活动。与大众化参与相适应的规范化包价旅游成为具有代表性的旅游模式,规范化消除了人们外出旅游的许多障碍,促进旅游人数的迅速增加。交通工具的发展也在不断消除距离的障碍,旅游客源地从发达国家扩展到发展中国家和地区。现代旅游形式的丰富和多样也是前所未有的,传统的商务、宗教和探险等旅游形式继续存在并发展,自驾旅游、遗产旅游、高铁旅游等新的旅游形式也相继涌现。

1.4.2　现代交通运输

1)飞机时代

1903 年,莱特兄弟发明飞机,并在北卡罗来纳州上空完成了第一次空中飞行。在飞机诞生后的早期阶段,它主要被用作军事目的,之后开始转向民用领域。1919 年德国开通了世界上第一条国内民用航线。1926 年美国成立了第一家航空公司。早期的飞机主要是螺旋桨飞机,而空中旅游时代的到来与喷气式飞机的发明与使用有很大关系。20 世纪 50 年代,以美国波音 707 为代表的世界第一代喷气式客机诞生,平均每小时可飞行 800~1 000 千米。20世纪 70 年代初,泛美国际航空公司开始使用第二代波音 747 客机,将 352 名乘客从纽约送到了伦敦,这一事件标志着空中客车式飞机登上历史舞台。这一改变使远程旅行变得更加舒适、快捷,旅游者对目的地的选择更多,真正使"旅速游缓"成为可能。同时,航空运输网络和机场等的设施建设使世界各国紧密联系在一起,联运方式使运输成本不断降低,减少了旅游者的旅行开支。

2)汽车时代

如果把 19 世纪中叶在欧洲和美国普遍兴起的火车旅行看作现代交通史上的第一次革命,那么 20 世纪汽车的普及则可以看作第二次革命。美国福特公司在 1908 年推出了四缸20 匹马力(14 700 瓦)的福特 T 型车,每辆售价仅 850 美元。此后,福特公司不断改进生产管理手段,并开始使用生产流水线进行大批量生产,成本也随之不断降低,到了 1924 年福特T 型车的售价下降为不到 300 美元。由于汽车本身具有火车、轮船等公共交通工具所没有的灵活性,加之价格下降到了一般家庭都能承受的水平,这些因素共同促进了汽车保有量的迅速增长。不久,汽车也逐渐开始在欧洲得到普及。例如,20 世纪 50 年代英国私家汽车的拥有量是 200 万辆,约 2/3 的英国度假者仍在假日选择乘坐火车出游。但是,到 20 世纪 70年代,随着英国私家汽车的拥有量上升到 1 100 万辆,仅有 1/7 的英国度假者选择乘坐火车出游。汽车的普及也引起了公路交通状况和接待设施的改善,高速公路网的建设和汽车旅馆的兴起都和汽车普及有着直接关系。

3)火车轮船改进

由于汽车、飞机等交通工具兴起带来的竞争压力,曾经在近代占据主导地位的火车、轮船旅游开始呈现衰落趋势。长途交通运输市场上,以美国为例,仅在 20 世纪 60 年代,选择航空出游的人数翻了 3 番,而海运人数则下降了 46.6%。与此同时,在中短途运输市场上,随着汽车工业的快速发展和高速公路的大量兴建,自驾车旅游在欧美国家迅速取代了火车旅游的主导地位。为了应对和扭转这种下滑趋势,20 世纪 80 年代,海运公司开始转向针对高消费市场提供海上豪华游轮服务,满足休闲娱乐需求,形成差异化,以避开远程运输市场上与航空公司的竞争。因此游轮也被人们称为"漂浮的饭店"和"漂浮的度假胜地"。此外,为了应对不断加剧的竞争压力,火车也在不断改进。轮轨技术的改进和磁悬浮列车的出现,使欧洲和日本的列车速度能够达到 200 千米/小时以上,巴黎里昂的高速铁路更是能达到 500 千米/小时。兴起于近代的火车、轮船业为适应时代发展做出的调整和改变,使其能够和其他交通方式一起成为现代旅游业的重要支撑。

1.4.3 现代旅游接待

1) 信息技术革命

信息技术革命是指由信息生产、处理手段的高度发展而导致的社会生产力、生产关系的变革。它被视为第四次工业革命,也是 20 世纪下半叶对旅游业影响巨大的事件。信息技术自人类社会早期就存在,并随着科学技术的进步而不断变革。语言、文字是人类早期传达信息的工具,烽火台则是远距离传达信息的简单手段。随着纸张和印刷术的出现,信息流通范围得以扩展。自 19 世纪中期人类学会利用电和电磁波以来,信息技术的变革大大加快。电报、电话、收音机和电视机的发明使人类的信息交流与传递快速而有效。第二次世界大战以来,半导体、集成电路、计算机的发明,数字通信、卫星通信和移动互联网的发展形成了新兴的电子信息技术,使人类利用信息的手段发生了质的飞跃。人类不仅能在全球任何两个有相应设施的地点之间准确地交换信息,还可利用机器收集、加工、处理、储存和发布信息。旅游业系统内,早在 20 世纪 50 年代末,饭店业就开始采用相互预订的电子系统。到了 60 年代,计算机预订系统出现并逐渐普及,不仅极大地提高了旅游业信息服务效率,还催生了对休闲信息进行收集、整理、发布以供检索和利用的休闲信息服务业。

2) 电子预订系统

20 世纪 50 年代,电子预订系统产生,并最早应用于饭店业。1958 年喜来登集团使用的"预订系统"是饭店业第一个自动化的电子预订系统。1965 年世界最大的旅馆联号——假日旅馆建立了自己独立的计算机预订系统 Holidex I,这是饭店业首次使用计算机系统来支持客房预订。到 20 世纪 70 年代假日旅馆又建立并使用更加先进的 Holidex II 系统,将遍布全球的假日旅馆通过互联网联系在一起,使消费者在每一个假日旅馆里都可以免费预订其他任何地方的假日旅馆。进入 20 世纪 90 年代,计算机、信息通信等技术取得了进一步发展,为更加先进的电子预订系统产生创造了条件。其中,计算机预订系统、全球分销系统、旅行经销商视觉系统以及休闲旅游网络等都是旅游业普遍采用的电子预订系统。这一时期,东西方一些著名的旅游门户网站开始积极利用网络开展旅游交易,建立起了电子预订平台。到了 21 世纪,移动互联网形成,以智能手机为代表的移动终端设备迅速普及,功能逐渐丰富,移动终端预订成为最主要的电子预订方式。如今,旅游者已经习惯通过移动终端向旅游供应商预订旅游产品与服务,并通过移动终端直接进行支付的模式。

3) 饭店业国际化

现代饭店业在经历了近代的集团化发展之后,为进一步追求规模经济效益,在 20 世纪四五十年代开始呈现出国际化发展的趋势。1946 年,泛美航空公司成立了第一家饭店集团——洲际饭店集团,并向世界各地扩张。随后,环球航空公司、联合航空公司纷纷成立了自己的饭店集团,利用航线扩展的机会,在世界各地建立饭店,拉开了饭店业国际化的序幕。1952 年康芒斯·威尔逊成立了第一家假日饭店(Holiday Inn),并用特许经营的方式迅速扩大规模,到 1989 年年底被英国巴斯集团收购前,假日饭店已在全球 52 个国家拥有、经营或者通过特许合同经营着 1 606 家饭店。这种方式后来成为美国饭店集团的主要扩张方式。到 20 世纪八九十年代,美国饭店集团中开始了以收购兼并为主要形式的整合扩张运动,出现了大批规模庞大、拥有完整的品牌系列、从事多样化经营的巨型国际饭店集团。其中最具代表性的是美国饭店业三大巨头:希尔顿(Hilton)、万豪(Marriott)和喜达屋(Starwood),它们都在世界上数十个国家拥有数千家酒店。

4) 包价旅游普及

包价旅游是指旅游经营商经过事先的组织和计划,将至少两种旅游过程中所需要的旅游服务组合在一起,形成整体产品,并以一个总价一次性出售给旅游者[①]。早在 1855 年托马斯·库克首次组织出国旅游活动时,包价旅游就初现雏形。20 世纪上半叶,随着综合包价旅游业务的广泛开展,托马斯·库克旅行社得以继续占据控制欧洲旅行市场的较大份额,并把其业务范围扩大到全世界。1922 年英国的"劳动者旅行协会"组织旅行团去法国诺曼底旅游时,第一次明确提出了"包价旅游"这一概念,即游客一次性支付的价格中包括了与食、宿、行、游有关的各种费用。此后,众多旅行社纷纷效仿这种可以进行理性预期的旅游组织方式,并延续至今。根据产品价格中所包含的内容多少,包价旅游产品大致可分为全包价旅游和半包价旅游两种类型。包价旅游作为大众旅游时代的产物,为旅游者提供了诸多便利。

5) 包机旅游

V.赖茨是包机旅游形式的创建者。20 世纪 50 年代,民用航空业兴起,引发了现代旅游方式的变革,众多旅游者开始选择航空旅行的方式开展旅游活动。最初,旅行社向定期航班预订一些座位,组织旅游者开展航空旅游活动。随着航空业的迅速发展,旅行社开始寻求与航空公司进一步的合作。1950 年 V.赖茨以"地平线假日公司"的名义组织了一次实验性的航空包价旅游,目的地是科西嘉岛。与 1841 年托马斯·库克包租火车类似,V.赖茨在这次旅游活动中首次通过包租飞机,有效降低了成本并以较低的价格将包价旅游线路提供给大众。尽管第一年只有 300 名旅游者参与了这种包机旅行,但之后越来越多的旅游者接受了这种新型旅游方式。许多旅行社和旅游公司也随后加入到包机包价旅游市场的竞争。到了 20 世纪 60 年代初期,在西班牙、意大利、希腊等新兴旅游目的地,包机旅游已经成为重要的旅游形式。

---

① 邵琪伟.中国旅游大辞典[M].上海:上海辞书出版社,2012:4.

1.4.4　旅游组织机构

1)世界旅游组织

世界旅游组织是一个政府间的国际性旅游专业组织,成立于1975年1月2日,总部设在西班牙马德里。世界旅游组织的产生,始于1925年5月在荷兰海牙召开的"国际官方旅游者运输协会代表大会"。会上提出成立国际官方旅游宣传组织联盟(IUOTPO),经过几年的筹备之后,1934年在荷兰海牙国际官方旅游宣传组织联盟正式成立,总部设在海牙。1947年10月第二届各国旅游组织国际大会在法国巴黎召开,会议决定将"国际官方旅游宣传组织联盟"更名为"国际官方旅行组织联盟(IUOTO)",总部设在伦敦,1951年该联盟又迁至瑞士日内瓦。1975年1月2日在西班牙首都马德里举行了首届世界旅游组织全体大会,正式将"国际官方旅行组织联盟"更名为"世界旅游组织",总部也从瑞士日内瓦迁至西班牙马德里。2003年世界旅游组织被正式纳入联合国系统,成为领导全球旅游业的政府间国际旅游组织。迄今,世界旅游组织对推进世界旅游业的蓬勃发展发挥了十分重要的作用。

2)《世界旅游宣言》

《世界旅游宣言》又称《马尼拉宣言》,是世界旅游组织1980年在菲律宾首都马尼拉召开的世界旅游大会上通过的关于全球旅游业发展的重要文件。该文件对各签字国具有国际法性质的约束力。《世界旅游宣言》主要提出了以下4个方面的问题。一是旅游业在全球发展中的作用问题,宣言认为世界旅游可以成为世界和平的关键力量,能够为增进国际理解和相互合作提供道义和理智的基础,能够为建立一种新的国际经济秩序作出贡献;二是旅游权利问题,宣言将自由旅行和旅游的权利提到人权的高度,认为它们是和工作权、休息权同等重要的权利;三是环境问题,要求各国和整个国际社会采取必要的旅游资源保护措施,保护历史、文化和宗教资源是各国的基本责任;四是合理控制旅游供给问题,指出国家旅游供给战略必须考虑当地的相应发展战略,要对旅游供给进行高水平的合理规划。《世界旅游宣言》是一项纲领性文件,通过世界旅游组织和《世界旅游宣言》各签字国的共同努力,在全球范围内进一步保障了人们旅游权的实现,促进了全球旅游业的蓬勃发展。

3)《旅游权利法案》

1985年世界旅游组织在保加利亚索非亚会议上通过了《旅游权利法案》。《旅游权利法案》是一项关于旅游者权利的国际法文件,对各签字国具有约束力。全文由14条内容构成,包括4个方面:第一,确认了每个人的旅游权,即休息娱乐的权利、合理限定工时的权利、定期带薪休假的权利和在法律范围内不加限制地自由往来的权利;第二,规定了各国为实现人们的旅游权而应采取的措施,特别规定要确保旅游者人身和财产的安全以及对待旅游者不允许采取任何歧视性措施;第三,规定了旅游经营商的权利和行为规则;第四,规定了旅游者在旅游方面的一系列权利和相关的行为守则。《旅游权利法案》遵循了《世界旅游宣言》(即

《马尼拉宣言》)的精神和原则,通过要求各签字国承担国际法义务,在全国范围内进一步保障了旅游者的基本权利,促进了国际旅游业的发展和人类的文明进步。

4) 华侨服务社

1949 年 11 月中华人民共和国第一家国营旅行社——厦门华侨服务社成立。此后几年内,全国各主要侨乡都陆续成立华侨服务社。1954 年 12 月 1 日福建省华侨服务社在福州市正式成立,同时还在福州、泉州、漳州等地下设多个华侨服务社分社。至此,福建省的华侨服务社已在全省范围内初步形成了服务网络。广东省自 1950 年起也先后在深圳、汕头、拱北、广州等地设立了“归国华侨接待站”“归国华侨服务所”等。1956 年国务院要求除了加强福建、广东两省原有的华侨服务社外,还要在天津、沈阳、哈尔滨、南京、苏州、上海、昆明等十几个城市建立起相应的华侨服务社,以加强对华侨、侨眷及港澳台同胞的旅游服务工作。1957 年 3 月各地华侨服务社专业会议在北京召开,决定统一将“全国华侨服务社”更名为“华侨旅行服务社”,并决定建立华侨旅行服务总社,以便统筹全国各地华侨旅行服务社的工作。1957 年 4 月 22 日华侨旅行服务社总社在北京设立,意味着中华人民共和国的旅行社除了从事政治性接待,也开始组织华侨、港澳台同胞的自费探亲旅游。1974 年由周恩来总理提议,将华侨旅行服务总社更名为中国旅行社。目前,中国旅行社已成为中国著名的旅游企业之一。

5) 中国国际旅行社总社

1954 年 4 月 15 日,中华人民共和国第一家面向外国人的旅行社——中国国际旅行社总社在北京正式成立。同一天,广州、上海、杭州、南京、沈阳、天津、哈尔滨、武汉、无锡和南宁等 14 个分支社同时宣告成立。华侨服务社和中国国际旅行社的成立共同标志着新中国旅游业的诞生。成立之初,中国国际旅行总社的主要任务是承担一切外宾、外国来华代表团、外国旅游团和外交人员在我国参观、访问和旅行中的生活接待工作。1964 年,中国国际旅行社总社与国务院中国旅行游览事业管理局(今文化和旅游部),政企合一,“两块牌子,一批人员”,对外以国旅总社的名义负责招徕,对内以中国旅行游览事业管理局的名义行使行业管理的职能。1982 年随着我国旅游管理体制改革的深入,政企再次分离,旅行社和管理局分署办公经营。1984 年中国国际旅行总社改制为自负盈亏的企业单位,2008 年更名中国国际旅行社总社有限公司。如今,中国国际旅行社总社有限公司是入境游、出境游、国内游三游并重的大型旅游企业。

6) 管理体制改革

从 1949 年中华人民共和国成立到 1978 年改革开放之前,中国旅游业主要是满足政治和外交工作的需要,以外事接待为主要任务,政治外交职能大于经济职能。在这个时期内,旅游管理体制的特征是“政企合一”,旅游业由政府直接管理、直接经营,中国旅行游览事业管理局与中国国际旅行社总社同一批人员合署办公。

1978 年 3 月 5 日,中共中央批示转发了外交部《关于发展旅游事业的请示报告》,这一年拉开了我国旅游管理体制改革的序幕。报告建议"将目前的中国旅行游览事业管理局改为直属国务院的中国旅行游览事业管理总局",意味着中国旅行游览事业管理总局从隶属外交部的外事接待部门转变成了旅游经济的管理部门。1981年国务院提出了"统一领导、分散经营"的管理体制改革原则。1982年7月中国旅行游览事业管理总局更名为中国国家旅游局,与中国国际旅行社总社分署办公,我国旅游管理体制迈出了政企分开的第一步。1998年中国国际旅行社总社、国际饭店等国家旅游局直属企业脱离国家旅游局,自主经营;1999年北京市旅游局的直属企业脱离北京旅游局,组建首都旅游集团,带动了各地的体制变化。以上这些改革标志着旅游管理体制从中央到地方全面实现政企分开,走向政府主导发展、企业自主经营的新阶段。2018年3月,国务院机构改革宣布将文化部、国家旅游局的职责整合,组建文化和旅游部,作为国务院组成部门,不再保留文化部、国家旅游局。文化和旅游的合并标志着中国旅游发展迈入融合发展的新阶段。

7)"三定"方案

1988年10月,国务院批准印发了《国家旅游局职能配置、内设机构和人员编制方案》["三定"(定职能、定机构、定人员编制)方案]。为全面、系统地推行旅游管理体制改革,"三定"方案明确了政府部门的主要职能是通过法规、政策、规划和标准来统筹、协调、监管、审批和指导旅游业发展,不再经营旅游企业,也不再介入旅游企业内部管理。1988年"三定"方案的发布是我国旅游业全面实现"政企分开"的重要标志,自此我国旅游管理体制改革迈入了新阶段。随后,国务院办公厅又在1994和1998年两次印发"三定"方案,对国家旅游局的机构设置进行了大幅度精简,国家旅游局与其直属企业彻底脱钩,旅游发展建设步伐加快,旅游行业管理朝"大旅游、大市场、大产业"方向不断迈进。2018年7月,中共中央办公厅国务院办公厅印发《文化和旅游部职能配置、内设机构和人员编制规定》,为促进中国旅游实现高质量发展、推进旅游强国建设提供了扎实支撑。

1.4.5 现代旅游形式

1)奖励旅游

奖励旅游是指通过奖励旅游经历来激励员工更加努力地工作或通过承认员工的突出工作表现,以便实现企业的各类目标的旅游方式。其主要类型包括商务会议旅游、海外教育训练等,奖励对公司运营及业绩增长有贡献人员进行免费旅游。国外奖励旅游起源于20世纪初的欧美发达国家。1906年美国的全国现金注册公司向员工提供了一次免费参观其代顿(Dayton)总部的活动。之后,美国的一些汽车销售企业为销售人员规定定额指标,只要员工超额完成销售指标,就有资格参加免费的旅游活动。而中国的奖励旅游则在改革开放之后才兴起,那时大批外资企业涌入中国,欧美盛行的奖励旅游观念开始在中国传播。奖励旅游具有现代企业管理工具的属性,反映了现代企业制度的一种激励机制,具有提高企业经济效益、调动工作者积极性、培养忠诚感等作用,因此被企业和政府部门广泛采用。

2) 自驾旅游

自驾旅游是指人们出于非营利目的以驾车的方式从常住地出发至目的地,并在途中可以随意停留的旅游活动①。它是在私家车流行的背景下兴起的,最早出现于20世纪中期的美国,之后成为全球流行的旅游形式。随着欧美等发达国家汽车工业的不断发展和第二次世界大战后各国高速公路的大量兴建,自驾车旅游以惊人的速度取代了中短途火车和客车旅游。20世纪70年代,每当假期来临,美国人便驾驶自家汽车蜂拥到度假胜地和野营地。在英国,到20世纪80年代,带住宿设备的家用旅行房车就有60万辆。自驾车一般使用自家车(轿车、越野车、房车、摩托车等),也可选择租车。各大城市为满足一些自驾旅游者的租车需求,形成了租车行业。自驾旅游者趋向年轻化,他们往往具有良好的经济条件、身体素质和强烈的旅游兴趣。自驾旅游具有高度的自主性和灵活性,但也受到基础设施、服务设施的限制,需要有全面、便捷的自驾车旅游信息系统做支撑。

3) 会展旅游

20世纪60年代以来,国内和国际的会议旅游活动快速增长,成为旅游业非常重要的组成部分。仅英国的会议市场每年就要组织70万场会议,由于大多数会议都是在酒店举行,这一市场对于住宿业来说是极其重要的。例如,"美国律师协会"每年有25 000名代表在世界各地旅行参加会议,无论是酒店业还是会议旅游目的地的商场、剧院、夜店和其他的娱乐中心都能从中获益。为了满足大型会议的需求,能够容纳超过5 000人的国际会展中心在伦敦这样的大城市建立起来。然而,由于大型会议的数量毕竟有限,吸引这种会议来某个地方举办的竞争就很激烈。由于国际会议通常使用英语作为官方语言,像英国和美国这样的英语国家在竞争中占据一定优势,进而能从这一市场中获益较多。

此外,大型展览活动作为现代商业旅行的一种形式,至少可以被追溯到1851年在英国伦敦举办的世界博览会。展览会已经成为全球许多城市宣传产品、文化和吸引游客的重要途径。现在,许多全国性的展览活动每年都举办,这些活动有的只需要露天场地、帐篷和临时建筑就能进行。随着会议和展览活动的增加和逐步走向专业化,会展旅游已经成为现代旅游业的重要组成部分。

4) 遗产旅游

遗产旅游是指人们前往自然或文化遗产地开展的旅游活动。遗产的范围包括:任何历史文物古迹;与历史相关并受到历史影响的现代产品;所有过去和现在生产的文化与艺术产品;从过去保存至今,并适合传承给子孙后代的独特、典型的自然环境等②。遗产旅游的产生与遗产概念的不断商业化紧密相关。尽管遗产旅游活动早在18世纪晚期的欧洲就已经产生,但一般认为,1975年欧洲的"建筑遗产年"是遗产旅游成为大众消费需求的标志。在这

① 邵琪伟.中国旅游大辞典[M].上海:上海辞书出版社,2012:716.
② 邵琪伟.中国旅游大辞典[M].上海:上海辞书出版社,2012:646.

一年里,介绍城市历史的"遗产中心"随处可见,遗产保护得到极大促进。学者们基本都认为遗产旅游消费的是一种经过升华的"怀旧思乡"之情。在我国,遗产旅游的目的地通常包括世界遗产、文物保护单位、历史文化名城(镇、村)、自然保护区、森林公园、风景名胜 6 区、地质公园等。其中,世界遗产应经联合国教科文组织世界遗产委员会认定,载入 3 个名录,即"世界遗产名录""人类非物质文化遗产代表作名录"和"世界记忆名录";其余则根据级别分别由国务院、省级政府、市县级政府核定公布。

5)主题公园

主题公园是指根据某个特定的主题,采用现代科学技术和多层次活动设置方式,集诸多娱乐活动、休闲要素和服务接待设施于一体的大型公园式旅游景区。一般认为主题公园起源于荷兰,兴盛于美国。1952 年荷兰的一对夫妇为纪念在第二次世界大战中牺牲的儿子,兴建了一座包括荷兰 120 处风景名胜的微缩公园,开创了世界微缩景区的先河,也是主题公园的鼻祖。随后,北美、欧洲许多发达国家开始大量兴建主题公园,中国的主题公园建设则始于 1989 年深圳的"锦绣中华"。主题公园具有主题性、创意性、主题活动的文化性、景观环境的虚拟性、功能的多元性和盈利的高风险性等特点。根据主题公园的功能,可分为展示观赏型主题公园和游乐型主题公园两大类。其中展示观赏型主题公园包括微缩景观类、民俗文化类、仿古建筑类、影视城类,游乐型主题公园包括机械类和智能类。游乐型主题公园有的以一个或几个项目为主,有的则种类较多,如原始社会模拟、未来世界幻想、大型惊险项目、智力比赛项目、模拟射击项目等。世界上最负盛名的游乐型主题公园是创建于美国的迪士尼乐园。1955 年美国人华特·迪士尼在加利福尼亚州洛杉矶市建造了世界上第一个迪士尼乐园,随后又将其成功地移植到了世界上许多的城市。迪士尼乐园将电影场景、动画技术和机械设备结合在一起,把特定的主题融入不同的游戏项目之中,能够让旅游者获得独特的游乐体验。

6)游轮旅游

游轮又称"邮轮",是指航行于大海之上的班轮、邮船和客船。其前身是 19 世纪 30 年代邮政部门专门用于运输邮件的交通工具之一,故称为"邮轮"。后来,由于喷气式民航客机的出现,远洋邮轮逐渐丧失其在载客和载货功能方面的竞争力。为了适应新的变化,邮轮逐渐演变为主要供游乐的游轮。而游轮旅游是一种现代旅游体验,是一种以豪华游轮为载体,以海上巡游为主要形式,将船上活动和岸上休闲旅游相结合的高端度假旅游活动。游轮旅游依托母港与停靠港及其所在城市的各类资源,从游轮抵达之前、抵达、停靠到离开游轮码头引发一系列的产品与服务交易,由此向上下游延伸,拉动相关产业发展,形成多产业共同发展的游轮经济。游轮公司一般会与优质的旅行社建立稳定的合作关系,全球游轮旅游的绝大部分销售业务都是通过旅行社完成的。游轮旅游目前在欧美规模庞大,有 300～400 艘游轮,每天载着大量游客航行于加勒比海、巴哈马、百慕大、阿拉斯加、夏威夷、墨西哥湾、地中海、北欧等世界 100 多个国家和地区。

7)高铁旅游

高速铁路(简称"高铁")是指基础设施设计速度标准高、可供火车在轨道上安全高速行驶的铁路。我国高铁是指在新建轮轨上运行速度达到 250 千米/小时以上以及在改造轨道上运行速度达到 200 千米/小时的铁路运输线。与传统铁路运输相比较,高速铁路具有运输能力大、安全性好、运行受环境影响小等特点。全球公认的第一条高速铁路是 1964 年 10 月 1 日投入运营的日本东海道新干线,运行速度达到 210 千米/小时,将东京与大阪之间的铁路运行时间缩短至 3 小时 10 分钟。我国第一条高速铁路客运专线是 2008 年 8 月 1 日正式运营的京津城际高速铁路,其设计最高运行速度可达 350 千米/小时。截至 2010 年底,中国高铁总长度已居世界第一位,设计与制造的自主创新能力处于世界领先地位。高铁是传统铁路运输的重大升级,它的出现对交通运输业、客源市场和目的地产生了巨大影响。高速铁路可以进一步降低远程目的地的进入门槛,进一步带动商务客源的增长,并形成以高铁为中心的旅游经济圈。

【阅读案例】

激荡 40 年:中国旅游业改革开放之路

中国旅游业的改革开放之路取得了举世瞩目的成就,已经成为推动世界旅游业发展的重要力量。40 年来,我国旅游管理体制渐趋完善,产业地位日益凸显,供给体系不断优化,旅游产品持续丰富,市场治理取得突破,出游品质显著提升,国际影响力不断增强。

1.千里江山千里行:入境游、国内游发端

1978 年夏天,300 多名香港青少年经过深圳罗湖桥口岸。迎接他们的是鲜花和当时团中央旅游部安排的导游,这是改革开放后第一个以夏令营名义到内地观光的香港青少年团队。从此,我国旅游业与始于 1978 年的"改革开放"一道迈出了历史性步伐,突破了过去对旅游业本质属性的认识——开始从外交事业向经济产业转变。这种认识上的变化也决定了旅游业改革初期的步伐主要是围绕实现"两大转变"的目标前进,即实现旅游管理由行政管理向行业管理转变;由直接管理企业向间接管理企业转变。

1979 年 1—7 月,邓小平同志连续发表讲话,提出"旅游事业大有文章可做,要突出地搞,加快地搞"。这样的话语为世界旅游者打开一扇窗,"到中国去!"成了国际性的时髦和世界性的冲动,四海宾朋纷至沓来。

1980 年以后,国内游逐渐兴起,由于当时的旅游景点不多,北京、西安等名胜古迹较多的城市成了少数热门旅游目的地。那时能去一次首都北京,在天安门、长城留个影,是很让人羡慕的事情。

2.万分珍重万分情:出境游、探亲游兴起

1983 年,香港地区、澳门地区对内地居民开放旅游。当年 11 月 15 日,第一批共 25 名中国内地公民从广州出发前往香港地区旅游探亲,香港媒体将其称为赴香港旅游"第一团"。那时的"港澳探亲游"可以看作改革开放后我国公民出境游的开端。

1990 年,中国首次评定五星级酒店,第一批五星级酒店有三家,分别是广州白天鹅宾馆、广州中国大酒店和广州花园酒店。

1990 年 10 月,中国国家旅游局批准中国公民赴新加坡、马来西亚、泰国进行探亲旅游。

至 1997 年又陆续批准开放中国公民可自费出国旅游的 8 个目的地国。

1991 年,随着旅游业的持续发展,大陆接待入境旅游人数达到 3 334.98 万人次,创汇 28.45 亿美元,比 1978 年时增长了 18.4 倍和 10.8 倍。

3.转型改革中国路:向综合带动型产业转变

1993 年,国务院办公厅转发国家旅游局《关于积极发展国内旅游业的意见》,对国内旅游工作提出"搞活市场、正确领导、加强管理、提高质量"的指导方针,在此方针指导和引领下,我国国内旅游取得了长足进步。

1996 年 10 月,国务院发布《旅行社管理条例》,按国际旅游市场通行的做法,取消旅行社按一、二类划分的标准,只划分国际旅游和国内旅游两种旅行社。1998 年,中国国际旅行社总社、国际饭店等国家旅游局直属企业与国家旅游局实施政企脱钩。同年,中央经济工作会议将旅游业确立为国民经济新的增长点。

1999 年,在积极发展旅游业的政策指引下,我国接待入境过夜旅游者人次及创汇排名分别由 1980 年的世界第 18 位和第 34 位跃升至第 5 位和第 7 位,国内旅游者达 7.19 亿人次,国内旅游收入达 2 831.92 亿元人民币。

2001 年,国务院《关于进一步加快旅游业发展的通知》中,提出树立"大旅游"观念,努力扩大旅游发展规模,有效整合"行、游、住、食、购、娱"等要素,完善旅游产业体系,促进相关产业共同发展。旅游业开始朝着综合带动型产业方向迈进。

2008 年,国家旅游局成立直属专业研究机构——中国旅游研究院,经过 10 年的发展,中国旅游研究院已经成为我国旅游及相关产业发展的重要思想智库。

4.大众同游时代风:产业服务配套日趋完善

经过改革开放 40 多年的奋斗,我国社会主要矛盾已经从"人民日益增长的物质文化需要同落后的社会生产之间的矛盾"向"人民日益增长的美好生活需要和不平衡不充分的发展之间的矛盾"转化。从旅游业发展角度,我国的大众旅游时代已经到来。要适应和满足人民群众大众化、常态化的旅游消费需求,就要有更加便利、高效的政策和服务配套。

2015 年,国家旅游局与国土资源部、住房和城乡建设部等部门联合出台《关于支持旅游业发展用地政策的意见》,目的是进一步推动旅游新业态发展,满足居民日益品质化的旅游消费需求。截至 2017 年 9 月 2 日,我国已经拥有 249 个国家 AAAAA 级旅游风景区。

同样在 2015 年,随着云计算、物联网、大数据和人工智能等新技术的涌现,旅游供给和旅游消费方式发生着巨变,也必然推动旅游商业模式的转变,旅游市场对信息化也有了更高的需求。国家旅游局出台了《关于实施"旅游+互联网"行动计划的通知》,意在推动和促进旅游业的创新发展。

2018 年,根据外交、领事部门发布的相关信息,截至 2018 年 1 月 18 日,持普通护照中国公民可以免签、落地签前往的国家和地区已经增加到 68 个。此外,至今已有包含北京、上海、厦门、天津在内的 47 个城市开放了台湾自由行。2018 年 4 月 18 日,我国公安部宣布,自 2018 年 5 月 1 日起,海南省实施 59 国人员入境免签政策。

2018 年 3 月,国务院机构改革组建文化和旅游部,文旅融合满足了人们对"诗与远方"的想象与期待,融合发展成为中国旅游产业转型升级的方向。

资料来源：钟宏伟、彭芸根据徐娜 2018 年 8 月 27 日发表于环球网的文章《激荡四十年·中国旅游业进化史》编写。

思考题

1.旅游活动在不同历史阶段的总体特征是什么？

2.史前阶段有哪些旅游形式？

3.中国和西方古代社会的旅游活动类型各有哪些？

4.产业革命对旅游发展的影响是什么？

5.为什么说托马斯·库克是世界近代旅游业的创始人？

6.现代旅游迅速发展的原因和大众旅游的表现是什么？

7.从 1978 年以来我国旅游业经历了哪几个重要改革事件？

8.现代旅游有哪些具有代表性的旅游形式？

第2章
旅游系统构成

【学习目标】

1.掌握旅游系统的含义、要素与特征。

2.认识旅游系统的构成层次与构成要素。

3.认识旅游系统的主要功能。

4.了解旅游系统运行的条件、机制和调控。

【知识要点】

1.旅游系统,指旅游要素在一定区域相互作用形成具有特定结构和功能的活动系统。这一系统包括旅游消费者、旅游目的地、旅游接待业三大核心要素,并具有多要素聚合的整体性、内外兼具的开放性、历时变化的动态性三大特征。

2.旅游系统结构,指旅游系统各个要素之间存在的相对稳定的组织形式。该系统结构从内到外可分为三个层次:核心层包括旅游消费者、旅游目的地、旅游接待业三大核心要素;支撑层包括政策法规、基础设施、人力资源三大支撑要素;外围层包括生态环境、经济环境、社会环境、政治环境、技术环境五大环境要素。

3.旅游系统功能,指旅游系统各个要素之间相互作用所产生的功效。旅游系统最重要和最根本的功能是满足旅游需求,包括三大功能:从主体看,具有促进旅游客流移动的功能;从客体看,具有促进旅游消费体验的功能;从介体看,具有促进旅游企业运营的功能。

4.旅游系统运行,指旅游系统各个要素相互作用引发的人员、物质、资金、信息等流动过程。旅游系统运行需要具备旅游供求关系、国际(区际)关系、公共交通条件三大条件。旅游系统运行存在共生、竞合、协调三大机制。旅游系统运行需要综合运用规划、政策、规制、技术等多种手段进行调控。

　　旅游活动本身就是一个复杂的系统,它是由旅游消费者、旅游目的地、旅游接待业等要素相互依赖、相互影响而形成的活动系统。为揭示旅游活动的一般规律,有必要在阐释旅游系统含义的基础上,进一步分析其基本结构、主要功能和运行情况。其中,旅游系统含义包括概念、要素、特征三大知识点;旅游系统结构包括核心要素、支撑要素、环境要素三大知识点;旅游系统功能包括旅游客流移动、旅游消费体验、旅游企业运营三大知识点;旅游系统运行包括运行条件、运行机制、运行调控三大知识点。

2.1 旅游系统含义

旅游系统具有十分丰富的含义,具体可从概念、要素、特征等方面来进行阐释。"概念"使我们认识旅游系统"是什么"。它是指旅游消费者、旅游目的地、旅游接待业在一定区域内相互联系、相互作用而形成具有特定结构和功能的统一体。"要素"告诉我们旅游系统"有什么"。它主要包括旅游消费者、旅游目的地和旅游接待业三大核心要素。"特征"使我们清楚旅游系统"怎么样"。它主要表现为整体性、开放性和动态性三个方面。

2.1.1 旅游系统的概念

1) 系统的一般概念

在现实世界中,不管是自然生态还是社会生活,系统可以说无处不在。在自然界里,小到基本粒子,大到整个地球,一切事物都以系统的形式存在着。同样,在人类社会中,人们的生产运营、组织管理、社会交往、文化生活等各种活动,都可以看作一个个完整的系统。那么,何谓系统?

国内外学者在对系统的概念进行界定时往往有不同的侧重点。例如,一般系统论创始人贝塔朗菲把系统简述为"相互作用的诸元素的复合体"。[①] 李喜先等认为,"系统是由相互联系和相互作用(一般是非线性相互作用)的若干要素有机地结合成特定结构,从而具有不同于各个要素独自具有的新功能的整体。"[②]国内学者比较认同的观点则是钱学森提出的定义:"系统是由相互作用和相互依存的若干组成部分结合而成的、具有特定功能的有机整体。"[③]从目前国内外学者所提的定义来看,系统的概念一般要涉及要素、结构、功能等方面的内容。因此,可从以下几个方面入手,进一步深入理解系统的概念内涵。

其一,系统由若干个要素构成。要素是构成系统的基本单元,是对系统组成成分或部分的抽象概括,它在数量上不少于两个。一般来说,系统要素的多少与系统规模、复杂程度有关。通常系统规模越大、复杂程度越高,系统要素数量越多。需要注意的是,有的要素本身就是所属系统中的一个子系统,其下还包含更小的要素或者子子系统,而子子系统

---

① 翁瑾,杨开忠.旅游空间结构的理论与应用[M].北京:新华出版社,2005:57.

② 李喜先,等.科学系统论[M].北京:科学出版社,1995:3.

③ 杨振之,张志亮,李玉琴.系统科学视野下的世界级旅游目的地可持续发展研究:以西藏为例[M].北京:社会科学文献出版社,2014:13.

还可进一步细分。

其二,系统具有一定的结构。构成系统的各个要素并非杂乱无章,也不是简单地拼凑在一块。它们彼此间进行相互联系、相互作用,从而形成相对稳定的组织形式或分布关系,这便是系统的结构。如果各要素的组织形式或分布关系不同,即使要素相同,它们所形成的结构也往往不一样。

其三,系统具有特定的功能。系统的功能是各要素联合行动所产生的特殊功效和作用。[①] 它是建立在系统结构基础上的,可以说是系统结构的外在表现形式。通常系统有什么样的结构,就会表现出什么样的功能。

2)旅游活动的系统性

旅游活动通常是指人们出于移民、就业以外的其他目的,离开日常居住地而外出旅行以及在外地暂时逗留的活动。旅游活动本身就是一个复杂的系统,具有系统的特质,尤其表现在关联性方面。从旅游供求关系的角度来看,这种关联性有如下表现。

一方面,从旅游需求的角度来看,旅游消费者的消费活动包括吃、住、行、游、购、娱六个方面的内容,即通常我们所说的旅游六要素。涉及这六要素的产品和服务彼此间存在着直接联系,它们共同组成一个完整的旅游产品,以便满足旅游消费者多方面的需要。也就是说,旅游消费者消费的是一种组合产品。正因为如此,如果其中哪个方面的产品和服务不足或者质量低下,势必会影响到旅游需求的满足程度,进而对旅游活动的顺利开展产生不利影响。

另一方面,从旅游供给的角度来看,除了旅行社,跟上述旅游六要素有关的产品和服务通常由不同类型的旅游企业分别提供。例如,餐饮服务由餐馆提供,住宿服务由酒店提供,出行服务则由运输公司提供。这些单一产品的生产又与众多的第一、第二、第三产业部门之间存在着广泛的联系。譬如,餐饮服务依靠第一产业提供各种农产品,住宿服务依靠第二产业提供住宿设施和设备,出行服务也需要第二产业提供交通设施和工具,而如今许多旅游产品和服务都离不开第三产业中的金融服务业、邮电通信业所提供的电子支付、网络通信等服务。

3)旅游系统的概念

关于旅游系统的概念,目前国内外学界尚未达成共识。学者们站在不同的角度进行分析,由此形成了不同的观点。例如,美国旅游规划专家甘恩(Gunn)基于结构功能的分析角度,认为旅游系统由需求和供给两大板块组成,其中供给板块又由具有相互依赖关系的交通、信息、促销、吸引物、服务等要素所构成。澳大利亚学者雷珀(Leiper)从地理空间的视角出发,将旅游系统视为旅游通道连接的客源地和目的地的组合。雷珀所描绘的旅游系统突出了客源地、目的地和旅游通道三个空间要素,此外还包含另外两个要素,即旅游者和旅游业。美国学者麦克切尔(McKercher)则出于系统复杂性的考虑,认为旅游系统是以非线性方

---

① 李永文.旅游地理学[M].北京:科学出版社,2004:18.

式运行的、具有混沌特点的复杂系统。

在国外学者对旅游系统概念进行探讨的基础上,国内一些学者也提出各自的观点。例如,吴人韦认为,旅游系统是各旅游要素之间所形成的"具有强大的市场竞争能力、内部要素互为支持、具有特定结构和功能的有机整体"[①]。吴必虎将旅游活动看作一个系统,它由客源市场系统、出行系统、目的地系统、支持系统四个子系统构成。[②] 刘峰认为,"旅游系统是指直接参与旅游活动的各个因子相互依托、相互制约形成的一个开放的有机整体"。[③] 吴晋峰和段骅指出,"旅游系统为旅游活动系统,是由于大众旅游的出现而形成的社会经济系统的子系统,由与旅游活动密切相关的客源地、媒介和目的地三个部分组成"。[④] 马勇和李玺则将旅游系统界定为:"由旅游客源市场子系统、旅游目的地吸引力子系统、旅游企业子系统以及旅游支撑与旅游保障子系统 4 个部分组成,具有特定的结构、功能和目标的综合体。"[⑤]

国内外学者对旅游系统概念的不同看法,反映出学者们对旅游活动的本质问题有着不同的理解,同时也反映出旅游活动的复杂性。本书在综合国内外学者不同观点的基础上,对旅游系统作如下定义:旅游系统是指旅游要素在一定区域相互作用形成具有特定结构和功能的活动系统。

2.1.2　旅游系统的要素

1)旅游系统构成要素分析

从上述旅游系统的不同定义中不难发现,学者们对旅游系统的要素构成存在较大分歧,形成了"两要素"说、"三要素"说、"四要素"说、"五要素"说、"九要素"说等。例如,根据甘恩的定义,旅游系统包括需求和供给两大组成部分;根据吴晋峰和段骅的定义,旅游系统包括客源地、媒介和目的地三大要素;根据马勇和李玺的定义,旅游系统包括客源市场、出行、目的地、支持 4 个子系统;根据雷珀的定义,旅游系统包括客源地、目的地、旅游通道、旅游者、旅游业 5 个要素;而在麦克切尔的模型中,旅游系统所包含的要素则多达 9 个:旅游者、信息向量、影响信息沟通效率的因素、目的地、外部旅游主体、旅游外部影响因素、旅游内部影响因素、系统输出、混沌制造者。[⑥] 不过需要注意的是,前面所提到的旅游活动六要素并不属于旅游系统的组成要素,而是旅游活动(尤其是观光型旅游活动)内容的基本构成要素。

由于旅游活动的复杂性,旅游系统的构成要素是多种多样的。根据构成要素与旅游活动关联的紧密程度,可以将旅游系统中的各个要素划分为不同的层次。与旅游活动关系最紧密的旅游消费者、旅游目的地和旅游接待业属于旅游系统的三大核心要素。其中,旅游消

① 吴人韦.旅游系统的结构与功能[J].城市规划汇刊,1999(6):19-21,39,79.
② 吴必虎.旅游系统:对旅游活动与旅游科学的一种解释[J].旅游学刊,1998,13(1):20-24.
③ 刘峰.旅游系统规划:一种旅游规划新思路[J].地理学与国土研究,1999,15(1):57-61.
④ 吴晋峰,段骅.旅游系统与旅游规划[J].人文地理,2001,16(5):62-65.
⑤ 马勇,李玺.旅游规划与开发[M].2 版.北京:高等教育出版社,2006:3.
⑥ 翁瑾,杨开忠.旅游空间结构的理论与应用[M].北京:新华出版社,2005:65.

费者作为旅游活动的主体,是旅游系统形成的前提条件;旅游目的地作为旅游活动的客体,是旅游系统形成的物质基础;旅游接待业作为旅游活动的介体,在旅游系统运行中起到桥梁和纽带作用。核心要素的外围是支撑要素,主要包括政策法规、基础设施、人力资源三个方面,在旅游活动开展过程中发挥支撑性作用;最外围则是环境要素,包括生态环境、经济环境、社会环境、政治环境、技术环境 5 个方面,对旅游活动的开展起到保障作用。支撑要素和环境要素将在后面的章节中进行介绍。

2) 旅游系统三大构成要素

(1) 旅游活动的主体——旅游消费者

旅游消费者,简称"旅游者",是旅游活动的主体。鉴于目前学术界对旅游消费者的概念还没达成共识,本书基于前面对旅游活动所下的定义,将旅游消费者定义为:离开常住地前往目的地游览体验的人。从旅游统计的角度来讲,判断一个人是不是旅游消费者,通常有三个标准。第一,在活动空间方面,要离开自己的常住地即惯常环境,到异地去旅行。而惯常环境可通过旅行活动发生频率和空间距离这两个维度来进行判断。第二,在活动时间方面,要在旅游目的地作暂时停留。根据世界旅游组织的统计标准,国际旅游消费者的停留时间最多不超过 1 年,而国内旅游消费者的停留时间最多不超过 6 个月。第三,在旅行目的方面,其旅行的主要目的不是在访问地从事有报酬的活动。比如,那些来打工挣钱的人员、来参加演出的演员,只要从访问地获取报酬,就不列入旅游消费者的统计范围。

(2) 旅游活动的客体——旅游目的地

旅游目的地,简称"旅游地",是旅游活动的客体。旅游目的地可以说是一个非常宽泛的概念,目前学术界还没形成统一的定义。根据张辉的观点,旅游目的地是指"拥有特定性质的旅游资源,具备了一定旅游吸引力,能够吸引一定规模数量的旅游者进行旅游活动的特定区域"。[①] 尽管概念尚未达成一致,但归纳起来,旅游目的地一般都具有这样的一些特征:拥有一定规模的旅游资源,能够对旅游消费者产生吸引力;具有基本的旅游接待和服务设施,能够满足旅游消费者进行旅游活动的需要;空间范围可大可小,大到一个国际性区域,小到一个旅游景区或景点。据此,旅游目的地通常由旅游资源、旅游设施、旅游服务等要素构成。其中,旅游资源是激发旅游消费者来访的关键和主要动力。当然,仅有旅游资源还不够,还需要旅游设施、旅游服务等其他要素发挥各自的作用。否则,旅游目的地的吸引力将会受到不同程度的削弱。在现实中,有的地方不乏良好的资源禀赋,但由于旅游设施不完善、旅游服务水平不高等各种原因而无法形成强大的旅游吸引力。

(3) 旅游活动的介体——旅游接待业

旅游接待业,简称"旅游业",是旅游活动的介体。与旅游消费者、旅游目的地一样,旅游接待业的概念至今还没得到统一。如果从旅游供求关系的角度出发,可给它下这样的定义:旅游接待业是基于旅游消费者的需求,为其旅游活动创造便利条件并提供所需商品和服务

---

① 张辉.旅游经济论[M].北京:旅游教育出版社,2002:64.

的行业和部门的集合。从这可以看出,旅游接待业是一个综合性很强的产业,涵盖吃、住、行、游、购、娱等多个行业和部门。与此同时,这些行业和部门还与众多的第一、第二、第三产业存在广泛的产业关联。正因为这样,旅游接待业在满足旅游消费者多方面需求的同时,通过关联带动作用,能够促进旅游目的地经济社会的发展。对于那些旅游资源丰富、开发条件较好的地区来说,旅游接待业的带动作用往往更为显著。

2.1.3 旅游系统的特征

作为一个由各要素相互联系、相互作用而形成的统一体,旅游系统表现出整体性、开放性、动态性三大特征。

1)多要素聚合的整体性

旅游系统的整体性是指旅游系统的各个要素通过相互联系和相互作用,共同构成一个密不可分的统一体。在这个统一体中,各个要素通过有机结合能够发挥出"整体大于部分之和"的系统整体优势。正因为如此,旅游活动的顺利开展,离不开旅游消费者、旅游目的地、旅游接待业以及其他相关行业和部门的共同努力。这需要旅游消费者在旅游过程中自觉遵纪守法、践行文明旅游,需要旅游目的地营造良好的旅游环境和旅游氛围,需要旅游接待业提供优质的旅游商品和旅游服务,还需要其他行业和部门提供社会治安、环保卫生、通信网络等各方面的服务保障。

反过来,如果旅游系统中少了哪个要素或者哪个要素存在明显缺陷,系统的功能就会受到影响。例如,如果旅游设施不完善,必将影响到旅游目的地的供给能力,进而影响旅游体验的质量。又如,在旅游消费过程中,吃、住、行、游、购、娱,无论是哪个服务环节出问题,都会影响到旅游需求的满足程度,这反过来又会对各大旅游企业的运营造成不利影响。而一旦哪个景区发生严重自然灾害或重大治安事件,这势必会在短时间内对旅游发展产生负面影响。

2)内外兼具的开放性

旅游系统的开放性体现为两个方面。

一方面,从系统的内外部关系来看,旅游系统开放性是指整个旅游系统的空间边界呈现开放状况,即它具有与所处的外界环境之间持续地发生物质、能量和信息交换的特性。也就是说,旅游系统在运行过程中,既从外界不断地输入物质、能量和信息,同时又会向外界不断地释放物质、能量和信息。正是具有这一特性,旅游系统才能得以存在和发展。

另一方面,从系统内部来看,旅游消费者、旅游目的地、旅游接待业各自所处的空间也呈现出开放状态。一是旅游客源的空间开放性。无论是国内旅游还是国际旅游,旅游消费者所处的客源市场在空间上并非封闭,而是完全开放的。这就意味着旅游消费者有可能被系统之外的旅游目的地吸引过去,从而造成客源流失;同时也反映出旅游系统之间存在着激烈的市场竞争,旅游系统为了发展就必须不断地改进运行机制,不断地提升运行水平。二是旅游目的地的空间开放性。不管是大的旅游区域还是小的旅游景点,旅游目的地在地域空间上同样表现出开放的状态,以便使人员、资金、物质、能量、信息等要素能够自由流动。这也为旅游目的地之间开展区域旅游合作创造了良好条件。三是旅游接待业的空间开放性。根据前面所述,旅游接待业是一个综合性很强的产业,由各种类型的行业和部门构成。这些行业和部门之间也呈现出一定的空间开放性。正因为如此,各行业和部门才有可能顺利地进行物质、能量、信息等方面的交换,也才有可能共同为旅游消费者提供"一条龙服务"。

3)历时变化的动态性

旅游系统的动态性是指旅游系统的状态会随着时间而不断地发生变化。这一特性跟旅游系统的开放性有关。由于旅游系统在不断地与外界进行物质、能量、信息等方面的交换,整个系统也会不断地发生变化。这种变化在短期之内可能并不显著,但经过较长时间便能明显地表现出来。从成长过程来看,旅游系统通常从形成开始,会经历一个从初级阶段逐渐发展到高级阶段的演变过程。

旅游系统的动态性不仅体现为整个系统状态的变化,而且通过各个要素表现出来。例如,旅游客流经常会随着时间发生节律性变化。在一天当中,旅游客流流量通常会在不同的时段表现出明显的波动性变化。而在一年当中,旅游客流流量也经常会随着季节而产生显著变化,这是因为许多旅游目的地的景观质量会随着季节而有所不同,旅游资源和环境只有在某些季节才会对旅游消费者产生较强的吸引力,再加上旅游消费者出游时间具有一定的变化规律,旅游旺季、淡季和平季也由此形成。这种情况在观光型旅游客流中最为常见。

值得一提的是,旅游系统在运行过程中很容易受到政治、经济、自然灾害、突发事件等各方面的影响。因此,旅游系统还时常呈现出随机性变化。美国"9·11"事件等对旅游活动所造成的巨大负面影响,可以说是典型的例子。

2.2　旅游系统结构

旅游系统具有一定的结构,它体现为构成旅游系统各个要素之间存在的相对稳定的组织形式。旅游系统结构从内到外可分为三个层次:核心层面包括旅游消费者、旅游目的地、旅游接待业三大核心要素;支撑层面包括政策法规、基础设施、人力资源三大支撑要素;外围层面则包括生态环境、经济环境、社会环境、政治环境、技术环境五大环境要素(图2.1)。

2.2.1　核心要素

旅游系统的核心要素包括旅游活动的主体——旅游消费者、旅游活动的客体——旅游目的地和旅游活动的介体——旅游接待业。三者关系密切,缺一不可,共同构成旅游系统结构的核心层。

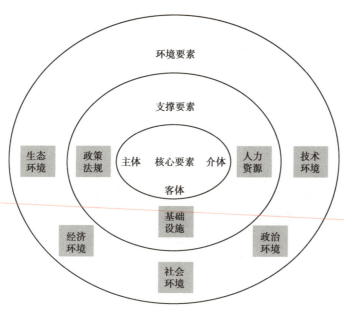

图 2.1　旅游系统的结构层次

1）旅游消费者

旅游消费者是指离开常住地前往目的地游览体验的人。旅游消费者具有异地性、暂时性、非牟利性三大特征。旅游消费者可从地域特征、出游目的、逗留时间、组织形式等方面进行分类。

旅游消费者作为旅游活动的主体,是旅游系统形成的前提条件。也就是说,没有旅游消费者,旅游系统也不会存在。在旅游过程中,旅游消费者所追求的根本利益就是要获得一种令人愉悦的旅游体验。这种体验除了满足生理上的需要,主要体现在精神上的满足感,贯穿吃、住、行、游、购、娱等多个环节。

旅游消费者在获得根本利益的同时,会对旅游接待业、旅游目的地产生相应的影响。旅游消费者的数量规模、出行方式和消费水平是影响旅游接待业内在比例关系、协调关系的核心因素。[①] 旅游消费者的数量规模会影响旅游接待业规模;旅游消费者的出行方式会影响旅游接待业业态;旅游消费者的消费水平会影响旅游接待业品质。同样,旅游消费者的数量规模、出行方式和消费水平是影响旅游目的地内在比例关系、协调关系的重要因素。旅游消费者数量规模会影响旅游目的地规模大小;旅游消费者出行方式会影响旅游目的地旅游设施品质;旅游消费者消费水平会影响旅游目的地的旅游服务水平。

2）旅游目的地

旅游目的地是指接待旅游者开展旅游活动的特定区域。旅游目的地是以旅游景观为基础,配套相应的旅游设施和旅游服务,能够吸引一定规模旅游者在此作短暂停留的地域。从

---

① 　田里.旅游学概论[M].天津:南开大学出版社,2006:17.

功能看,能够满足旅游者需求;从空间看,有一个明确的地域范围;从经济系统看,能够形成一个经济单元。

旅游目的地作为旅游活动的客体,是旅游系统形成的物质基础。旅游目的地通过为旅游消费者提供具有吸引力的旅游产品,满足他们追求旅游体验的心理需求。旅游目的地通常由旅游景观、旅游设施、旅游服务等要素组成。其中,旅游景观是核心,是吸引旅游消费者来访的关键。旅游设施、旅游服务等其他要素则对旅游目的地的形成和发展起到重要的支撑作用。显然,完善的旅游设施以及优质的旅游服务,将会大大提升旅游目的地的旅游形象,从而吸引更多旅游消费者的到来。

旅游目的地还是旅游接待业赖以生存和发展的物质条件。旅游接待业主要以旅游目的地为依托,通过为旅游消费者提供各种旅游商品和服务,实现经济利益的最大化。旅游接待业随着旅游目的地的兴起而获得发展,也会随着旅游目的地的衰退而没落。

3) 旅游接待业

作为旅游活动的介体,旅游接待业的出现如同为旅游活动主体与客体之间搭建起一座沟通的桥梁,帮助旅游消费者实现旅游体验。从前往旅游目的地旅行到在目的地逗留再到返回居住地,旅游消费者的整个旅游行程都可由相关旅游企业代为安排和提供服务,从而免去诸多麻烦。正是得益于旅游接待业这种便利的中介作用,现代旅游活动才能迅速发展到如今的规模。

在推动现代旅游活动开展方面,旅游接待业是一个十分积极、活跃的因素。旅游接待业通过宣传、推广、招徕等各种商业活动,使不少"待在深闺"的特色景区景点迅速兴起并发展成为著名的旅游目的地,由此推动了旅游活动的大规模开展。云南石林、四川九寨沟等我国一批位于偏远地区的景区能够发展成为大家都向往的热门旅游目的地,跟旅游接待业所做的推广、招徕工作是分不开的。

4)"三体"之间的相互关系

作为旅游活动主体、客体、介体,旅游消费者、旅游目的地和旅游接待业之间通过相互联系、相互制约、相互作用,从而构成一个密不可分的统一体(图2.2)。它们之间的相互关系具体表现如下。

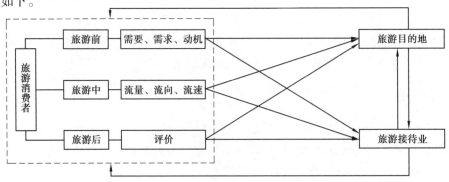

图2.2　旅游系统核心要素之间的相互关系

其一,旅游消费者的需要、需求与动机会直接影响到他们对旅游目的地的选择,并对旅游接待业业态有着间接的影响。旅游消费者的流量、流向、流速会影响到旅游目的地旅游设施、旅游服务的规模与品质,还会影响到旅游接待业的规模与品质。旅游消费者的评价会直接影响到旅游目的地形象,并对旅游接待业的形象有间接影响。

其二,旅游目的地的吸引力、形象、品牌会反向影响旅游消费者旅游前的需要、需求与动机,旅游中的流量、流向与流速,以及旅游后的评价;还会反向影响旅游接待业的规模与品质。

其三,旅游接待业的规模与品质会反向影响旅游消费者旅游前的需要、需求与动机,旅游中的流量、流向与流速,以及旅游后的评价;还会反向影响旅游目的地的吸引力、形象与品牌。

综上所述,旅游消费者所追求的根本利益是获得令人愉悦的旅游体验,旅游系统运行就是为了满足旅游消费者的这种需求。围绕旅游需求,旅游消费者、旅游目的地、旅游接待业便成为旅游系统中最基本的三大要素。这三者彼此间会形成相互影响、相互作用的密切关系,由此推动旅游系统正常运转并不断地发展下去。

2.2.2　支撑要素

旅游系统的支撑要素主要包括政策法规、基础设施、人力资源三个方面,它们会对旅游系统的运行起到有力的支撑作用。

1) 政策法规

（1）政策法规概述

旅游政策法规是指国际组织或国家机关为处理旅游发展事务所制定的文件,包括旅游政策和旅游法规。旅游政策又涉及国际旅游政策和国内旅游政策两个方面。国际旅游政策可分为旅游发展促进政策、规范与限制政策、发展方向引导政策等;国内旅游政策也可分为旅游专项政策、旅游活动相关政策、服务业涉旅政策等。旅游法规涉及国际旅游法规和国家旅游法规。其中,国际旅游法规的构成以各缔约国之间达成的条约、公约、协定、宣言、章程、国际惯例等为主,是各国在国际旅游相关业务活动中意志的统一,如比较有影响力的《国际旅馆业新章程》(1981 年由国际旅馆协会理事会通过)、《关于旅行契约的国际公约》(1970年在布鲁塞尔签订)、《国际航空运输协定》(1944 年签订于芝加哥)等。[①] 国家旅游法规则由各个主权国家制定,主要用于调整旅游行政管理机关与旅游企业之间、旅游企业与旅游消费者之间、旅游企业之间等各种旅游关系,如我国已颁布实施的《中华人民共和国旅游法》(以下简称《旅游法》)。

（2）政策法规的支撑作用

旅游政策法规通过影响旅游活动的开展,在旅游系统运行中能够发挥重要的支撑作用,这可从我国旅游发展演变过程(入境旅游—国内旅游—出境旅游)中得到充分体现。在改革

---

① 　李海峰.旅游政策与法规[M].北京:清华大学出版社,2015:3.

开放初期,为赚取外汇,我国推行优先发展入境旅游政策,而对国内旅游实行"不提倡、不鼓励、不反对"的政策。从 20 世纪 80 年代中期开始,我国对国内旅游实施"因地制宜,正确引导,稳步发展"的政策,于是国内旅游获得迅速发展。之后,随着"经济增长点""重点产业""支柱产业""战略性支柱产业"等旅游产业定位的陆续提出,我国旅游经济各项指标也一路攀升。到了 20 世纪 90 年代初期,随着《中国公民自费出国旅游管理暂行办法》的实施,我国开启了出境旅游发展新纪元。以 2013 年《旅游法》的颁布实施为标志,我国加强了对旅游市场秩序的规范和管理。我国旅游发展的历程表明,旅游系统的有序运转和健康发展,离不开旅游相关政策法规的大力支持。否则,旅游系统运行易陷入无序状态。

2)基础设施

(1)基础设施概述

基础设施通常是指以政府为主导进行建设,以便为旅游消费者和非旅游消费者提供无差别公共服务的设施。基础设施主要包括交通道路设施、环保卫生设施、电力通信设施、给排水设施等。其中,对旅游客流移动而言交通设施至关重要,主要涉及道路设施、停靠设施及其他配套设施。环保卫生设施也是基础设施的重要组成部分,但过去没有得到有关部门的高度重视。如今,我国各地纷纷推进"厕所革命",以便尽快补齐基础设施短板。通信设施过去可有可无,但随着信息时代的到来,它已经成为衡量基础设施是否健全的重要指标之一。

(2)基础设施的支撑作用

旅游系统的形成和运转离不开基础设施的支撑作用。以交通设施为例,其一,交通是连接旅游客源地和旅游目的地的重要通道。如果公共交通设施不足,旅游消费者的出游将会受到严重制约。特别是对那些长途跋涉的旅游消费者来说,公共交通设施的便捷性显得尤为重要。同样的道理,公共交通设施不足,会影响到旅游目的地的可进入性,从而严重制约该旅游目的地的发展。其二,在旅游目的地内部,完善的交通设施也必不可少,否则旅游消费者的旅游活动将难以顺利展开。在旅游发展实践中,有些地方尽管拥有十分丰富的旅游资源,但由于远离城市,交通等基础设施严重不足,旅游资源迟迟得不到开发。这正反映出基础设施对旅游系统形成和发展的重要意义。

3)人力资源

(1)人力资源概述

人力资源有广义和狭义之分。广义的人力资源是指在一定时空范围内人口具有的现实和潜在体力、智力、知识与技能的总和,即智力正常的人。狭义的人力资源是指组织内全体成员具有的现实和潜在劳动能力的总和,即具有智力和体力"双力"劳动能力的人。此处主要是指狭义上的人力资源。旅游活动与人息息相关,因为旅游活动的开展,一方面是为了满足人们的旅游需求,另一方面又需要一大批具有一定职业素养的经营人员、管理人员、服务人员等来提供服务,后者则构成我们要重点讨论的人力资源。在旅游发展过程中,需要对人力资源进行调查和评估,并重点关注其数量、质量和结构,在此基础上加强对人力资源的开发与管理。

(2)人力资源的支撑作用

从旅游供给的角度来看,旅游活动实际上就是旅游服务活动。因此,旅游系统的正常运行必然需要人力资源发挥其重要的支撑作用。首先,人力资源的数量起到基础性的作用,因为只有人力资源富足,才能确保旅游消费者获得各方面的服务,也才能确保旅游活动能够全面开展。其次,人力资源的质量起到关键性的作用,因为人力资源质量会直接影响到旅游消费者的旅游体验。最后,人力资源的结构(如知识结构、学历结构、职位结构等)会对一个旅游企业的经营管理水平产生一定影响,进而会对旅游活动的顺利开展产生一定影响。

2.2.3 环境要素

环境要素包括生态环境、经济环境、社会环境、政治环境、技术环境5个方面,它们在旅游系统运行过程中主要起到保障作用。

1)生态环境

(1)生态环境概述

生态环境是指生物有机体周围生存空间的生态条件总和。[①] 它主要包括地质地貌环境、水体环境、大气环境、动植物环境等。地质地貌环境是地球上地质体和各种地表形态的总称,如山脉、丘陵、平原、高原、盆地等。水体环境是河流、湖泊、池塘、水库、沼泽、海洋、地下水等水的聚积体。大气环境可分为气候和气象两种类型。其中,气候是由太阳辐射、大气环流、海陆分布、地面性质等因素相互作用而形成的地区多年天气特征;气象是大气中冷、热、干、湿、风、云、雨、雪、雾、闪电等物理状态、物理现象的总称。动植物环境涉及动物环境和植物环境两个方面。

(2)生态环境的保障作用

生态环境在旅游系统运行中的保障作用主要体现在旅游资源、旅游环境、旅游活动安排等方面。自然旅游资源的分布、质量、规模等在很大程度上由自然生态环境所决定。例如,凡是山水名胜都形成于特定的地质环境,又受到各种地质地貌因素的控制。旅游环境的好坏跟水体质量、大气质量、植被覆盖率等息息相关。清洁的水体、清新的空气、茂密的森林总能够营造出优美的旅游环境,从而增强旅游目的地的吸引力。反之,如果环境卫生恶劣,旅游资源再有特色,也会大大降低旅游目的地吸引力。旅游活动的组织和安排,包括旅游消费者出游时间、路线、目的地、旅游活动内容等,则必须充分考虑气候气象条件。适宜的气温、湿度、风速等能够给人们带来舒适感,从而有利于旅游活动的开展;反过来,恶劣的天气则不利于人们出游。总而言之,旅游系统的顺利运行,需要良好的生态环境作保障。

---

① 王湘.旅游环境学[M].北京:中国环境科学出版社,2001:18.

2)经济环境

（1）经济环境概述

经济环境可分为宏观经济环境和微观经济环境。本书着重讨论的是宏观经济环境,它是指一个国家或地区经济发展与运行的总体情况,主要包括经济发展水平、社会经济结构、经济开放程度、经济制度、市场体系、宏观经济政策等方面。其中,经济发展水平主要包括经济规模和经济质量两方面。如果说经济规模主要体现在经济发展水平"量"的增长上;经济质量则主要体现为经济发展水平"质"的提高。一个国家或地区的经济发展水平可用国内生产总值、经济增长速度、国民收入、人均国民收入等指标来衡量。社会经济结构包括产业结构、技术结构、规模结构、经济成分结构等,并以产业结构为核心。经济开放程度主要是指对外贸易开放程度,它反映出本国与其他国家进行经济联系的紧密程度。

（2）经济环境的保障作用

旅游活动的开展必然会涉及要素投入、产品生产、消费支出等经济活动方面的内容。正因为如此,旅游系统的形成与发展需要良好的经济环境作保障。经济环境的保障作用主要体现在经济发展水平、社会经济结构、经济开放程度等方面。经济发展水平,一方面往往决定了旅游客源市场规模,另一方面又在很大程度上决定了旅游目的地的供给能力和供给水平。这是因为,旅游消费者形成条件之一便是拥有足够的可自由支配收入。而人们的可自由支配收入水平跟整个国家或地区的经济发展水平息息相关。同样的道理,旅游目的地的开发建设通常要投入巨额资金,后续的设施设备维护、运营管理等通常还要源源不断地投入大量资金,而这需要当地提供强有力的经济支持。当然,有的国家或地区可能主要依靠外国投资商,但在当地经济体系和生产结构很不完善的情况下,这很容易带来旅游收入漏损等方面的问题,从而不利于旅游目的地的可持续发展。在社会经济结构方面,我们重点来看产业结构即第一、第二、第三产业的比例关系。旅游接待业与各产业之间存在着广泛的经济联系,这意味着旅游经济的平稳运行离不开合理的产业结构。按照经济发展的一般规律,随着经济发展水平的不断提高,第三产业所占比重会逐渐扩大,作为第三产业重要组成部分的旅游接待业也日益受到重视。再看经济开放程度,它对旅游发展来说也有重要意义。通常经济开放程度越高,国内外社会、经济、文化等方面的民间交往就越密切,国际化旅游活动也就越频繁,欧盟就是一个典型例子。在欧盟,由于各成员国之间的政治边界障碍被打破,人们无须办理烦琐的手续即可实现跨国旅游。

3)社会环境

（1）社会环境概述

社会环境是指在自然环境的基础上,人类生活的社会经济制度和上层建筑所造成的人工环境。[①] 社会环境有广义和狭义之分。广义的社会环境是相对自然环境而言的,包括社会

---

① 王湘.旅游环境学[M].北京:中国环境科学出版社,2001:18.

政治环境、经济环境、文化环境、技术环境等;狭义的社会环境则主要包括社会开放程度、社会安全环境、社会道德环境等方面,后者是本书所采用的概念。社会开放程度是指在一个国家或一定区域范围内人们对外来人员的接纳程度。社会安全环境主要涉及人身安全、财产安全、卫生安全等方面,它在很大程度上反映了当地的社会稳定程度。社会道德环境涉及道德意识、道德规范、道德行为等方面,反映出当地居民的精神面貌。

(2)社会环境的保障作用

社会环境对旅游系统运行的保障作用是显而易见的。以社会开放程度为例,从旅游客源地角度来看,如果客源地对外开放程度较高,人们从外部获取的信息也往往较多,这有助于人们形成旅游动机,进而产生外出旅游的需求。反过来,如果地方闭塞,人们对外界的了解非常有限,恐怕难以形成旅游动机和旅游需求。从旅游目的地角度来看,如果旅游目的地对外开放程度高,当地居民普遍持有开放、包容的态度,则更有利于吸引外地旅游消费者的到来。在社会安全环境方面,通常旅游消费者都有这样一种意识:出门在外,安全第一。可见,营造良好的社会安全环境对旅游系统运行来说具有十分重要的意义。假如某旅游目的地社会治安紊乱、暴力事件多发、安全问题频频出现,那么绝大多数旅游消费者无疑会望而却步,整个旅游系统也恐怕会陷入崩溃。再看社会道德环境,它对旅游系统运行而言同样具有重要意义。作为来访者,旅游消费者必然会期待旅游目的地社区居民热情友好、礼貌待人、有道德修养。这样的社会道德环境,不仅能增强旅游消费者的旅游体验,还能进一步提升旅游目的地的旅游形象。

4)政治环境

(1)政治环境概述

政治环境是指影响和制约行业运行的政府机构、法律法规、公众团体等因素,包括政治制度、政治局势、国家大政方针等。其中,政治制度表现为国家政权的组织形式、国家结构形式、政党制度、选举制度等方面;政治局势表现为国家政权稳定性、国家边界安全性、社会安定性等方面;国家大政方针表现为国家在一定时期内的重大政策与措施。

(2)政治环境的保障作用

政治环境对旅游系统运行的保障作用主要体现在政治局势和大政方针方面。一方面,旅游系统的正常运行离不开稳定的政治局势。自改革开放以来,我国旅游业能够实现蓬勃发展,跟我国总体上保持稳定的政治局势是分不开的。一旦政治局势动荡不安,旅游系统运行就可能受阻,这方面的例子并不鲜见。例如,2014 年 1 月在泰国发生的"封锁曼谷"行动引发政治骚乱并导致泰国政局陷入困境,由此使该国旅游业遭受重创。另一方面,旅游系统的正常运行还需要国家大政方针提供强有力的政策保障。以我国为例,近年我国将旅游外交政策上升为国家战略,并通过与其他国家互办旅游年等方式大力推动旅游外交工作。实践证明,此举有力地推进了我国旅游发展的国际化水平,促使我国旅游业迈上了一个新台阶。

5)技术环境

（1）技术环境概述

技术环境是指技术要素及其对行业发展影响的社会现象,包括科技发展水平、科技管理体制、科技政策法规等方面。近几十年来,随着科学技术的日新月异,在全球范围内新技术、新设备、新工艺、新材料等也不断涌现,由此不断改变人们的生产生活方式。因此,在当前日趋激烈的市场竞争环境下,任何一个经济实体要想获得持续发展,就必须时刻关注技术环境及其发展变化。

（2）技术环境的保障作用

技术环境对旅游系统运行的保障作用主要体现在交通、信息等技术的应用方面。以交通技术为例,自近代以来,旅游业的迅猛发展在一定程度上依赖于交通技术的进步。火车、飞机等交通工具的普及能够在较短的时间内将大规模的旅游消费者输送到更遥远的地方,从而在全球范围内促进旅游活动的大众化。近几十年来,高速公路、高速铁路、现代航空等交通网络的进一步完善使得旅游消费者的出行变得更加方便、快捷、舒适,这无形中提升了旅游系统的运行效率。再如,随着移动互联网、云计算等一批现代信息技术在旅游领域中得到广泛应用,我们正步入智慧旅游新时代。智慧旅游使旅游消费者的体验、旅游目的地的管理、旅游接待业的服务乃至整个旅游系统的运行都变得更加智能化。例如,依托智慧旅游公共服务平台,旅游消费者通过使用智能手机,在出游之前即可方便获取旅游产品、旅游线路等相关信息并通过网络进行预订付费;在旅游过程中可以实现自主导游、导览、导购,享受智慧旅游带来的全新体验;在旅游结束后还可以在线分享旅游经历,进行服务评价或者反馈旅游信息。

2.3 旅游系统功能

旅游系统功能是指旅游系统各个要素之间相互作用所产生的功效。根据目前研究,旅游系统最重要、最根本的功能是满足旅游需求,具体表现在:第一,从旅游消费者来看,旅游系统具有促进旅游客流移动的功能;第二,从旅游目的地来看,旅游系统具有促进旅游消费体验的功能;第三,从旅游接待业来看,旅游系统又具有促进旅游企业运营的功能。

2.3.1 客流移动

1)旅游客流移动的内涵

旅游客流是旅游流体系的主体和基础,也可称为狭义上的旅游流。[①] 根据谢彦君等学者

[①] 旅游流是一个由旅游客流以及伴随而来的物质流、能量流、资金流、信息流等组成的集合体。

的观点,它是指一定区域范围内由于旅游需求的近似性而出现的旅游消费者集体性空间移动现象,具体而言就是旅游消费者从客源地向目的地流动又返回客源地而形成的人群数量和流动模式。旅游客流在体现旅游时空分布特征的同时,在很大程度上反映了旅游消费者的需求偏好。因此,对旅游客流进行深入研究,无论是对旅游目的地建设还是对旅游市场开发来说都具有重要的指导意义。在对旅游客流进行研究时,一般可以从时间、流量、流向三个维度来把握和分析旅游客流的基本特征。

(1)时间维度

在时间维度上,旅游客流具有以下两个方面的特点。

一是旅游客流具有节律性,即旅游客流的产生具有季相变化,尤其是观光型的旅游客流。其形成原因主要有两个:一方面,许多旅游目的地的自然资源和环境具有季节性,只有在某些季节才会对旅游消费者产生较强的吸引力,从而形成旅游客流;另一方面,旅游消费者在选择出游时间时,往往会兼顾工作、学习、生活等各方面的时间安排,因而其出游时间具有一定的变化规律。旅游客流的节律性,正是两者结合起来的必然结果。

二是旅游客流具有一定的流速,即旅游客流在旅游目的地持续时间的长短。它反映了该目的地旅游产品开发的深度、广度以及满足旅游需求的程度,也直接关系到该目的地的旅游经济和社会效益。一般来说,旅游客流的流速越慢,意味着旅游客流在旅游目的地的持续时间越长,则该目的地从旅游客流中获益就越多。

(2)流量维度

旅游客流的流量是指某区域旅游客流在单位时间内的数量和规模。对旅游目的地而言,保持旅游客流量的大规模、持续性和稳定性是非常必要的。然而,由于旅游资源禀赋和发展条件存在明显差异,各地的旅游客流量也迥然不同,由此形成了旅游热点、温点或冷点地区。有的区域因为资源禀赋高,开发较早且已经产生了品牌效应,成为旅游热点地区;而有的区域受基础设施和接待服务设施不完善等因素影响,即便拥有高品质的旅游资源,也可能是旅游冷点地区。与此同时,在旅游客流节律性的影响下,某些地区在旅游旺季客流量过大,给当地接待服务、生态环境等造成了巨大压力;而在旅游淡季客流量过小,造成接待服务设施闲置,并对旅游目的地的健康持续发展产生不利影响。因此,有必要从旅游系统的角度出发,深入分析旅游客流量的时空变化规律,再采取积极的调控措施。

(3)流向维度

旅游客流的流向是指旅游客流在持续的运动过程中所经过的旅游线路,它反映着旅游目的地与旅游客源地之间关联的方式和途径。[①] 受政治、经济、历史、文化等多方面因素的影响,目的地与客源地之间关联状态在不同国家和地区都存在差异性,由此表现出不同的形式。但就具体某个国家或地区而言,旅游客流的流向在一定时期内往往是比较稳定的。分析旅游客流的流向,有利于掌握旅游消费者的出游偏好和旅游市场行情,从而能够为优化旅游系统结构提供科学的决策依据。

---

① 谢彦君.基础旅游学[M].3版.北京:中国旅游出版社,2011:318.

2）旅游客流移动的分类

按照不同标准,旅游客流可划分为不同的类型。在此主要依据空间尺度、客流量、客源地和旅游方式这4个标准进行划分。

（1）根据空间尺度分类

根据空间尺度大小,可将旅游客流划分为大尺度旅游客流、中尺度旅游客流和小尺度旅游客流。根据我国的实际情况,大尺度旅游客流指的是省际、全国或者国际等较大空间尺度的旅游客流;中尺度旅游客流是指省域内的旅游客流;小尺度旅游客流是指地级或县级区域内、旅游景区景点内的旅游客流。[①]

（2）根据客流量分类

根据客流量大小,可将旅游客流划分为不同的规模等级,但目前还缺乏统一的划分标准。本书针对我国国情,以每年客流量的大小为划分依据,借鉴马耀峰等在1999年《中国入境旅游研究》中提出的旅游客流规模等级划分方法并进行适当调整,将旅游客流划分为特大型旅游客流（>50万人次）、大型旅游客流（20万~50万人次）、中型旅游客流（10万~20万人次）、小型旅游客流（3万~10万人次）、微型旅游客流（≤3万人次）5个级别。

（3）根据客源地分类

根据旅游消费者的居住地即客源地不同,可将旅游客流划分为海外旅游客流和国内旅游客流两大类型。其中,依据旅游消费者所在大洲,海外旅游客流又可划分为亚洲旅游客流、欧洲旅游客流、北美洲旅游客流、南美洲旅游客流、大洋洲旅游客流和非洲旅游客流。此外,还可依据旅游消费者所在国家和地区进行划分。同样,依据旅游消费者所在的区域、省份等,国内旅游客流也可以进一步细分。

（4）根据旅游方式分类

根据旅游消费者的旅游方式,可将旅游客流划分为团队旅游客流和散客旅游客流。在我国,团队旅游是由旅行社统一安排的集体旅游方式,成员一般不低于10人;而散客旅游则是由旅游消费者自行安排旅游行程,零星现付各项旅游费用的旅游方式。二者所形成的客流移动模式存在较大差别。

除上述划分标准之外,旅游客流还可以根据重要等级、出游目的、流动方向等标准来进行分类。

3）旅游客流移动的动力

从当前国内外的研究来看,旅游客流的形成通常运用推—拉理论来解释。推—拉理论（Push-Pull Theory）最早可追溯到19世纪末,是研究人口流动的经典理论之一,于1977年被丹恩（Dann）应用到旅游研究领域,成为分析旅游流动机制的重要理论。根据该理论,旅游

---

① 李凌雁.京津冀区域旅游流网络结构与环境响应研究［D］.秦皇岛:燕山大学,2017:20.

消费者的旅游动机是形成旅游客流的内推力,而旅游目的地则是形成旅游客流的外拉力。本书基于旅游系统分析角度,在内推力和外拉力基础上增加旅游接待业的支撑力,三者共同构成了旅游客流动力系统的主体。

(1)旅游客流的内推力

旅游客流的内推力(或者称为内驱力)源自旅游消费者自身,是激发旅游消费者产生外出旅游需求的内部动力,通常被学术界纳入旅游动机的研究范畴。研究发现,常见的内推力因素包括追求新奇、放松自我、逃避惯常环境、渴望社会交往、获得文化体验、满足健康需要等。这些因素不仅激发旅游消费者产生旅游需求,而且在很大程度上决定了他们将会选择什么样的旅游目的地。

(2)旅游客流的外拉力

旅游客流的外拉力来自旅游目的地,是指吸引旅游消费者前往该地旅游的作用力,也就是旅游目的地吸引力。构成旅游吸引力的要素很多,包括景区景点、生态环境、民俗文化、特色饮食、购物场所等。当然,不同类型旅游目的地的核心吸引要素往往各不相同,有的靠自然风光,有的则靠特色文化。

(3)旅游客流的支撑力

旅游客流的支撑力来自旅游接待业这一旅游系统的介体,是帮助旅游消费者实现旅游需求的外部动力。有了旅游接待业,旅游消费者才可能顺利往返于客源地与目的地之间,也才可能获得完整而美好的旅游体验。对于那些想体验陌生环境的旅游消费者而言,旅游接待业所发挥的作用显得尤为突出。

除此之外,旅游客流的形成还受到其他因素的影响,如客源地的经济发展水平、目的地的地理区位和交通便利程度、客源地与目的地之间的空间距离,等等。客源地经济发达、目的地区位良好等因素能够对旅游客流产生助推力,而两地之间的空间距离通常会形成阻力。

2.3.2　旅游消费体验

当前,我们正进入一个以"体验"为重要特征的经济发展新阶段。所谓"体验",是指企业以服务为舞台、商品(产品)为道具,用以激活消费者内在心理空间的积极主动性,引起胸臆间的热烈反响,创造出使消费者难以忘怀经历的活动。[①] 在体验经济时代背景下,越来越多的学者认为,旅游在本质上就是一种消费体验。

1)旅游消费体验的概念

那么,何谓旅游消费体验(以下简称为"旅游体验")？一些学者尝试对旅游体验的概念进行了界定,其中最具代表性的是谢彦君所提出的定义。谢彦君在《基础旅游学(第3版)》中将其定义为:"旅游体验是指处于旅游世界中的旅游者在与其当下情境深度融合时所获得的一种身心一体的畅爽感受。"按照谢彦君的观点,这种感受是综合性的,需要借助观赏、交

[①] 郭亚军.旅游景区管理[M].北京:高等教育出版社,2006:139.

往、模仿、消费等活动方式来实现。因此,旅游消费体验可以界定为旅游者在与其当下情境融合时所获得的身心一体的感受。这可以从以下 3 个方面来进一步理解旅游消费体验的概念内涵。

其一,旅游体验是一个动态发展的过程。在离开客源地前往目的地再返回客源地的整个过程中,旅游消费者不断地接触异地事物,不断地从外界获得各种信息。随着情境不断发生变化,旅游消费者也获得不同的感受。因此,旅游消费者所体验到的内容并非一成不变,而是经常处于动态变化中。

其二,旅游体验是一个主客体互动的过程。在旅游过程中,作为主体的旅游消费者与作为客体的旅游目的地之间自然而然地产生互动。旅游消费者融入旅游目的地的程度,往往决定了其旅游体验的深度。

其三,旅游体验是一个心理感受的过程。旅游体验是旅游消费者以情感或情绪的形式表现出来的愉悦经历,主要是在心理上获得一种满足感,而不单单是生理上的需要得到满足。

2) 旅游消费体验的类型

旅游消费体验通常包括娱乐体验、教育体验、逃避体验、审美体验、移情体验等类型。

(1) 娱乐体验

娱乐体验是指旅游消费者在旅游过程中获得愉悦身心、放松自我的感受。这是最常见的旅游体验之一。不管是观看娱乐演出,还是参与各类民俗活动,这些经历都会让旅游消费者从日常紧张的工作环境中解脱出来,并感受到种种乐趣。

(2) 教育体验

教育体验是指旅游消费者在旅游过程中获取知识、受到教育的经历。对旅游消费者而言,旅游目的地处处充满了新奇。通过参观访问、专门学习或者是观光游览,旅游消费者经常会从中获得新的知识,感受学习的乐趣。

(3) 逃避体验

逃避体验,也称超脱现实体验,是指旅游消费者通过旅游活动获得另外一种与日常生活迥然不同的经历。繁重的工作、生活压力,导致人们希望通过参加旅游活动暂时摆脱日常生活中的种种烦恼,在旅游过程中寻找真实的自我或者追求一种忘我的境界。

(4) 审美体验

审美体验是指旅游消费者在旅游过程中通过欣赏美好的事物而获得一种美的享受。旅游中的美好事物多种多样,如优美的自然风光、淳美的田园山村、精美的艺术品、美味的特色饮食等。通过视觉、听觉、嗅觉,旅游消费者能够全方位获得审美体验。

(5) 移情体验

移情体验是指旅游消费者在旅游过程中将自己内在的某种情感外射或迁移到他人或他物上并从中获得愉悦的体验。它跟逃避体验类似但又存在一些差异。旅游消费者在旅游活动中的角色扮演(如坐老爷车、扮新郎等)是最为经典的移情体验。在这种移情体验中,旅游消费者从日常生活中所扮演的种种角色临时转换到另外一种角色,从而获得别样的快乐感受。

2.3.3　旅游企业运营

1)旅游企业运营活动

（1）企业运营活动

企业是依法设立、主要从事经济活动的营利性组织。一个企业,无论其规模大小,都涉及运营活动。运营活动是一个"投入→转换→产出"的过程,即投入一定的资源,经过一系列、多种形式的转化,使其价值增值,最后以某种形式的产出提供给社会的过程。[①] 在这一过程当中,投入的是土地、劳动力、资金、设备、原材料、能源等生产要素;产出则分为制造型企业生产的有形产品和服务型企业提供的无形产品(即服务)两大类别。至于中间环节,对制造型企业来说,转换过程就是生产过程;而对服务型企业而言,转换过程相当于服务过程。

（2）旅游企业及其运营活动

旅游企业作为构成旅游接待业的基本单位,既具有一般企业的基本性质,又具有它自身的特点。从一般企业的角度来看,一方面,旅游企业必须依法成立,在遵守国家相关法律法规的前提下从事经营活动,同时独立承担法律责任;另一方面,旅游企业作为营利性经济实体,通过投入一定的劳动力、资金、设备、原材料等生产要素,产出能够满足社会需要的产品,同时自主经营、自负盈亏并承担相应的经济责任。除此之外,旅游企业还具有自身一些特点:一是旅游企业属于服务型企业,其所提供的产品主要是服务;二是旅游企业类型多样,各类旅游企业共同为旅游消费者提供吃、住、行、游、购、娱等多方面的需要;三是旅游企业具有涉外性,面对的市场既有国内旅游市场,又有入境和出境旅游市场。

旅游企业运营活动也可以看作"投入→转换→产出"这样一个过程,但跟一般的企业尤其是制造型企业相比,旅游企业的运营活动具有一些特殊性。第一,从运营系统布局来看,旅游企业作为服务型企业,其运营设施一般要接近旅游消费者,便于他们使用,这使得运营系统在选址上往往会受到诸多限制,一般多布局在旅游目的地或旅游客源地。第二,从生产过程来看,旅游企业的生产(即服务)与消费是同步进行的,这意味着运营活动需要旅游供应商和旅游消费者双方共同来完成。第三,从产品产出来看,旅游产品属于服务性产品,具有无形性、综合性、不可存储性等一些显著特点。

2)旅游企业运营的基础

从旅游系统角度来看,旅游企业作为旅游消费者与旅游目的地之间的桥梁和媒介,要正常开展运营活动,自然离不开旅游消费者和旅游目的地,通常需要一定规模的旅游客源市场和具备一定资源条件的旅游目的地,同时还要求自身拥有一定的经营能力。

---

① 　刘丽文.运营管理[M].北京:中国经济出版社,2002:2.

（1）旅游客源市场

一定规模的旅游客源市场即一定数量的旅游产品经常购买者和潜在的购买者,是旅游企业得以运营的重要前提。而旅游客源市场能否形成一定规模,则会受到经济社会发展水平、法定假日政策、国民教育水平等多种因素的影响。当一个国家或地区还处于贫穷落后状态时,人们温饱问题尚待解决,外出旅游只能是一种奢望;而当一个国家或地区的经济社会发展状况达到较高水平时,居民普遍有了足够的支付能力,从而具备了形成规模化旅游客源市场的物质条件。双休日、公共假日、带薪假期等法定假日政策的实施,会使人们有更多的闲暇时间,方便外出旅行。国民教育水平则在很大程度上决定了当地居民的知识水平和了解外界信息的能力,由此影响到人们的旅游需求。从中华人民共和国成立后旅游发展演变过程来看,我国旅游市场从入境旅游发展到国内旅游再到出境旅游,规模逐渐扩大,正凸显了上述因素的影响力。

（2）目的地资源条件

旅游目的地的资源条件是旅游企业得以运营的另一个重要前提。作为旅游活动客体,旅游目的地必须拥有较高品质的旅游资源,拥有较完备的接待服务设施,还要有较强的可进入性、良好的生态环境、安全和谐的社区环境等基础条件,才可能吸引足够多的旅游消费者的到来。在上述基础条件中,旅游资源可以说是最重要的因素。旅游发展的实践表明,旅游资源质量的高低,往往决定了旅游目的地的吸引力,也由此决定了客流量的规模。例如,北京故宫、八达岭长城、杭州西湖、安徽黄山等依托其高品质旅游资源成为我国旅游热门景区,节假日期间经常人满为患。当然,除了旅游资源,服务设施的完备程度、旅游可进入性、生态和社会文化环境状况等其他因素也不可忽视。

（3）企业自身经营能力

旅游企业要正常运营,还要求自身具备相应的经营能力。企业的经营能力通常会受到人力资源、管理制度、资金投入、技术应用等方面的影响。对于以提供服务为主要业务的旅游企业来说,员工的素质显得尤为重要。旅游企业不仅需要具有战略决策眼光的高级管理人员,而且需要一批具有良好服务意识和掌握娴熟服务技能的一线员工。内部管理制度是否合理、完善,将会影响员工的工作热情和积极性,并进一步影响企业的凝聚力,因而成为左右企业经营能力的又一大因素。旅游企业在生产投入、设备维护、宣传促销、员工培训等各方面都需要投入一定的资金。因此,足够的资金投入对旅游企业持续经营来说必不可少。而在当前信息时代下,能否善于运用各种现代信息技术来进行营销推广,正成为衡量旅游企业经营能力的一大指标。

3) 旅游企业运营管理及其重要环节

为了促使企业能够科学、有效地开展运营活动,需要进行相应的管理,这便是运营管理。运营管理主要对运营过程进行计划、组织、领导和控制,是企业的三大基本职能（财务、运营、营销）之一。它与其他两大基本职能相互配合,以便顺利地实现企业的发展目标。旅游企业的运营管理与其他一般企业类似,都承担着计划、组织、领导、控制等职能。与此同时,由于旅游企业的运营活动具有自身的特殊性,相应的运营管理将以服务顾客为导向并侧重于服务设计、质量控制、客户管理等环节。

(1) 服务设计

如果说制造型企业注重产品设计,服务型企业则要注重服务设计,那么旅游企业也不例外。无论是产品设计还是服务设计,对企业的持续运营均具有重要意义。在当今市场竞争日趋激烈的情况下,通过创新设计为顾客提供新产品或新服务,有利于提升企业的市场竞争力和树立起良好的企业形象,还有利于增加营业额,进一步提高企业的经济效益。当然,与制造型企业的产品设计相比,旅游企业的服务设计应更加注重服务设施布局,以便营造良好的服务氛围;更加注重服务流程设计,以便提升服务的便利性;更加注重服务的不断创新,以便持续保持企业的竞争优势。

旅游企业的服务设计在内容上一般包括 3 个方面。首先是明确企业的服务战略,即在企业总体发展战略指导下,根据市场行情和竞争态势,确定企业应该为满足社会需要而提供何种功能的服务。其次是对企业所提供的服务进行定位,即要确定目标客户群体是谁,要为目标客户群体提供什么样的服务,所提供的服务跟其他同类企业相比有何不同,等等。最后是确定服务组合,即旅游服务与其所依托的设施设备、物质产品的组合,以便形成一个合理而完整的服务产品。

(2) 质量控制

服务性的经营业务决定了旅游企业必须高度重视旅游服务质量控制。从旅游企业的角度来看,旅游服务质量指的是旅游企业提供服务给顾客带来的效用以及对顾客需求满足程度的综合表现。[①] 它包括技术性质量和功能性质量两个方面的内容。前者是指旅游企业所提供的服务项目、服务时间、设施设备等满足旅游消费者需求的程度,后者是指旅游消费者在接受服务过程中的体验。显然,旅游消费者对功能性质量的评价较为主观,而它在一定程度上决定了旅游消费者对整个服务的满意程度。

服务质量控制可分为预防控制、过程控制和售后控制 3 种类型。对旅游企业来说,首先重在预防,做到防患于未然。这要求旅游企业在为旅游消费者提供服务之前就要做好服务规划设计、服务标准制定、员工教育与培训等方面的工作。其次,旅游服务与消费的同步性,要求旅游企业必须随时监控服务过程,发现偏差要及时纠正。最后,对已经出现的服务质量问题,旅游企业应该主动查找原因,同时积极采取服务补救措施,尽可能消除旅游消费者的不满情绪。

(3) 客户管理

在市场经济条件下,企业要持续发展就必须赢得顾客。正因为如此,企业需要协调好与顾客的关系,加强客户管理。这是一个获得顾客、保留顾客以及发展顾客的整个过程。当然,旅游企业拥有的顾客(即旅游消费者)成千上万,但不是所有的顾客都能给旅游企业带来长久的利益。为了进行有效的客户管理,旅游企业可采用建档管理、分级管理、信用管理等

---

① 张文建,王晖.旅游业服务管理[M].福州:福建人民出版社,2004:243.

多种策略和手段,并按照以下 4 个步骤实施。第一步,获取客户的身份信息,以此来准确识别客户;第二步,对客户进行区分,确定能给旅游企业带来更多利润的那部分客户;第三步,基于企业长远利益,与目标客户建立一对一的互动关系;第四步,加强客户关系,为目标客户提供个性化服务。

2.4　旅游系统运行

旅游系统运行是指旅游系统各个要素相互作用引发的人员、物质、资金、信息等流动过程。这一过程的顺利进行需要具备一些基本条件,如旅游供求关系、国际(区际)关系、公共交通条件。当这些条件具备之后,旅游系统通过共生、竞合、协调等机制来运行并获得持续发展。与此同时,旅游系统在运行过程中会出现旅游市场失灵、供给矛盾突出等问题,需要政府加强宏观调控。

2.4.1　旅游系统运行条件

旅游系统的正常运行是以旅游供求关系、国际(区际)关系、公共交通条件等为条件的。其中缺乏任一条件,都会导致旅游系统无法启动或者不能正常运转。

1)旅游供求关系

旅游需求和旅游供给及其相互关系可以说是旅游系统得以启动和运转的前提条件,二者缺一不可。在旅游系统中,旅游需求源自旅游消费者,旅游供给则由旅游目的地和旅游接待业提供。旅游需求是人们为了满足外出旅游的欲望所产生的对旅游产品的需求量,它不仅体现为旅游消费者对旅游产品的购买欲望和购买能力,还表现为旅游市场中的一种有效需求。旅游供给是指在一定时期以一定价格向旅游需求市场提供的旅游产品的数量,包括旅游资源、旅游设施、旅游服务以及一切间接为旅游消费者服务的其他设施。其中,旅游资源是构成旅游供给的核心要素,其种类、品位、特色等直接决定了旅游供给的主要内容。

旅游供求双方之间存在着对立统一的关系。首先,两者相互统一,这主要表现在一方利益的实现以另一方的存在作为前提条件。一方面,旅游供给的内容、结构、规模等取决于旅游需求,一般有什么样的旅游需求就要有什么样的旅游供给与之相适应。另一方面,旅游需求的满足程度又依赖于旅游供给并在一定程度上受其引导。其次,两者又相互对立,这是由于旅游供求双方要追求各自的利益。旅游供给方为了实现经济利益最大化,总是希望以较高的价格出售旅游产品,而旅游需求方为了追求最大的效用满足则往往希望以较低价格购得旅游产品。当双方各自的利益不一致时,对立关系必然产生。最后,旅游供求双方之间的对立统一关系呈现动态变化。从总体上看,在旅游发展初期,旅游供给源自旅游需求,对旅游需求有很强的依赖性,此时旅游需求在对立统一关系中占据主导地位。但当旅游发展到一定程度后,旅游供给通过刺激产生新的旅游需求,促进旅游需求的数量、层次不断扩大和提升,在对立统一关系中逐渐占据上风。旅游供求双方这种对立统一关系构成了旅游经济活动的基本内容,由此推动旅游系统持续运行下去并逐步由初级阶段发展到更高级的阶段。

2)国际(区际)关系

在世界各地有许多旅游客源地,也有许多旅游目的地。但由于人为设置障碍的缘故,有的客源地和目的地彼此间即使近在咫尺,也没能形成旅游客流。这种情形在国家边界线两侧比较常见。它反映出旅游系统要正常运行还需要具备一些社会交往方面的条件。众所周知,旅游活动就是不同国家、不同地区之间人们相互交往的活动。而这一活动的开展需要一定的社会基础,即首先要求不同国家、不同地区之间相互开放,不存在人为设置的障碍。在国内,地区之间相互开放的程度很高,通常是完全开放的,除非遇到自然灾害、疫情等特殊情况。而对于不同国家而言,出于国家安全等方面的考虑,各国相互开放的程度往往会存在较大差异。

以相互开放为基础,各国(地区)之间在政治关系、经贸往来、社会文化交往等方面进行联系的密切程度,在很大程度上会影响旅游消费者对旅游目的地的选择。如果两个国家(地区)彼此间政治(民族)关系良好、经贸往来频繁、社会文化交往活跃,这将为人们外出旅游营造一种安全的氛围,也将会提供各种便利条件,由此可推动旅游规模扩大。从世界范围来看,欧洲和美洲之间能够形成大规模的国际旅游客流,显然与两地间的密切联系有关。

3)公共交通条件

旅游系统的正常运行还必须依赖于公共交通运输业的发展。这是因为旅游活动的开展,不仅涉及旅游消费者往返于客源地与目的地之间的空间距离问题,而且更重要的是涉及其中的时间距离问题。要解决这两大问题,就必须借助现代公共交通体系,尽管它并非专门为旅游活动提供服务。如果公共交通条件不足,旅游活动范围将会受到很大限制,旅游系统也将难以正常运行。从人类旅游活动的发展历史不难看出,公共交通运输的发展对旅游活动范围的不断扩大起到了决定性的作用。

公共交通在客运方面主要包括公路、铁路、水路、航空4种运输方式,相应的运输工具分别为汽车、火车、轮船和飞机。这几种交通运输工具各有优缺点,它们相互配合、相互补充,为旅游系统的正常运转提供便利的交通条件。在我国,近年来随着经济社会的快速发展,交通运输业正迈入一个高质量发展的新时代,公共交通条件得到了很大改善,高速公路和高速铁路网络已覆盖到更偏远的地区,由此为人们出游方式、旅游目的地等方面的选择提供了方便。以出游方式为例,据报道,2017年国内旅游中自驾游比例已经接近60%,自驾游正成为我国城镇中等收入人群首选的假日出游方式。[①]

2.4.2　旅游系统运行机制

旅游系统要不断地运行下去并获得持续的协调发展,离不开相应的运行机制:从满足旅

---

① 王延超.自驾游为中国旅游发展增添新动力[N].经济参考报,2018-03-30.

游消费者的需求来看,共生机制不可或缺;从旅游目的地的长远发展来看,竞合机制必不可少;从旅游接待业的稳定发展来看,协调机制至关重要。

1) 共生机制

前面提到,旅游系统最重要、最根本的功能是满足旅游需求,而旅游需求是多种多样的,比如大家都熟知的吃、住、行、游、购、娱六要素。以此为基础,相关人士在2015年提出了旅游的6个新要素,即商、养、学、闲、情、奇。① 这反映出随着经济社会的发展,人们的旅游需求日趋多样。多样化的旅游需求,决定了旅游消费者所消费的旅游产品实际上是一种综合性很强的产品,它不可能由某个企业单独提供,而必须由各类旅游经营商分别提供的单一产品组合而成。这要求各旅游供给方必须相互配合、相互补充。由于涉及面广,在旅游消费过程中,如果哪一个环节出现问题,就可能会引起旅游消费者的不满并进一步导致整个旅游产品的滞销。因此,为了共同满足旅游消费者的需求,同时也为了实现旅游供给方的利益最大化,就需要在各类旅游经营商中建立起共生机制,在明确分工的基础上,形成合作共赢、互利共生的关系。

2) 竞合机制

在一个旅游系统中,往往存在多个旅游景区景点,它们是旅游目的地的核心组成部分和旅游资源的重要载体。与此同时,不同级别、不同品质的景区景点对旅游消费者的吸引力往往存在明显差异。因此,在旅游需求比较有限的情况下,为了生存发展,各景区景点(尤其是同类景区景点)之间的市场竞争在所难免。但对抗性的市场竞争只可能会导致你死我活,终究不利于整个旅游目的地的健康、长远发展。比较可取的办法是建立良好的竞合机制,从而形成各方"在竞争中合作、在合作中竞争"这样一种互利共赢的良好局面。竞争促使各景区景点注重旅游服务质量的提升,以便保持足够的发展动力;合作则推动各景区景点进行优势资源整合,实现市场、产业、品牌等多方面的共建共享。从长远来看,竞合机制的建立,将有利于增强旅游目的地的整体实力。

3) 协调机制

在旅游系统运行过程中,旅游接待业发挥了连接旅游主客体的中介和桥梁作用。而旅游接待业的生存和发展又是以旅游市场作为基本条件和载体的。在市场经济条件下,旅游市场通过价格、供求、竞争等机制对资源配置和旅游系统运行起到了重要的调节功能。但也要看到,市场机制本身存在自发性、盲目性、滞后性等一些缺陷,容易造成市场失灵的局面。正因为如此,在充分发挥旅游市场自动调节功能的同时,还要加强政府宏观调控力度,建立起以政府为主导的协调机制。在这一机制的作用下,政府部门通过采取各种宏观调控方法和手段,对旅游接待业的发展进行综合协调,从而在推动旅游接待业健康发展的同时,促进旅游系统有效运行。关于这一点,后面的章节将做具体介绍。

---

① 赵珊.新六大要素构成旅游新业态[N].人民日报(海外版),2015-01-27.

在上述机制共同作用下,旅游系统往往会经历一个从低级阶段发展到高级阶段的动态演进过程。在这一过程中,随着旅游消费者的需求得到更好满足,旅游客流规模将逐步扩大;旅游目的地的供给能力将变得更强大,能够为旅游消费者提供更加丰富的旅游产品;旅游接待业也将获得持续、健康发展,能够为旅游消费者提供更为优质的旅游服务。

2.4.3　旅游系统运行调控

1)旅游系统运行调控的必要性

旅游系统的运行不可能总是顺顺当当的,必然会时常遇到一些或大或小的故障,有时甚至会出现严重崩溃。这主要有以下两个方面的原因。

一方面,从旅游系统内部的供求关系来看,旅游供求存在着突出的矛盾关系(即对立统一关系),并通过总量、质量、空间、时间等方面表现出来。例如,在节假日期间我们经常发现,有的景区人满为患而有的景区却几乎没人,这便是旅游供求在空间上的矛盾。还有的地方在某个季节游客爆满而在别的季节却又冷冷清清,这便是旅游供求在时间上的矛盾。旅游供求矛盾单纯依靠市场机制来调节往往难以奏效,还需要借助人为政策进行适度干预。

另一方面,从旅游系统与外界的关系来看,旅游系统很容易受到国际关系、经济形势、突发事件等多方面的影响。一旦外界有什么风吹草动,旅游系统运行就可能被波及。例如,2003 年"非典"疫情对我国旅游经济造成了重创,无论是国内旅游活动还是出入境旅游活动都基本陷入停顿状态,这反映出突发事件给旅游系统运行带来的负面影响不可估量。因此,加强对旅游系统运行的宏观调控是很有必要的。

2)旅游系统运行调控的目标和内容

旅游系统运行调控的目标和内容主要包括以下几个方面:

第一,满足人们不断增长的旅游需求,这是调控的首要目标。随着经济的不断发展和社会的不断进步,人们的收入水平和生活质量也得到普遍提高,旅游活动日渐成为人们日常物质文化生活的重要组成部分。为此,通过加强基础设施和旅游设施建设,增强旅游供给能力,满足人们日益增长的旅游需求。

第二,着眼于旅游系统的长远发展,通过编制区域旅游发展规划和出台相关经济政策,对旅游投资方向、旅游经营方向及旅游消费方向进行积极引导,以便促进旅游供给和旅游需求在数量、质量、时间、空间等方面相互适应、相互协调,最终实现旅游供求的长期平衡。

第三,协调旅游系统各组成要素的利益关系,尤其通过制定规范标准、加强市场监管等多种措施来规范旅游市场行为,维护旅游经营者、旅游消费者等各方的合法权益,从而在推动旅游系统成长的过程中,不断增强旅游系统的自我调节功能和抗外界干扰的能力,确保旅游系统能够长期有序运行。

3)旅游系统运行调控的手段

为有效地对旅游系统运行进行宏观调控,需要政府部门综合运用规划、政策、规制、技术等多种调控手段。

（1）发展规划

旅游发展规划作为一种具有长效性的调控手段,对旅游供给规模及其增长具有较强的控制作用,因而受到了我国及各地方政府的普遍重视。根据 2003 年我国颁布的国家标准《旅游规划通则》(GB/T 18971—2003),旅游发展规划是根据旅游业的历史、现状和市场要素的变化所制定的目标体系,以及为实现目标体系在特定的发展条件下对旅游发展的要素所做的安排。其主要任务是明确旅游业在国民经济和社会发展中的地位与作用,提出旅游业发展目标,优化旅游业发展的要素结构与空间布局,安排旅游业发展优先项目,促进旅游业持续、健康、稳定发展。

在旅游开发实践中,有的地方由于对旅游发展的整体性、关联性等问题缺乏周全考虑,所编制的规划却不尽如人意,未能充分发挥它在宏观调控中应有的重要作用。为此,各地在规划编制工作中应着眼于整个旅游系统,即以旅游系统为规划对象,注意系统各组成部分之间的关联性和协调性,以及系统内外之间的协调发展,在对各子系统和各要素进行深入调查和客观评价的基础上,制订出更加科学、更为有效、更具操作性的规划方案,以实现旅游系统的良性运转。

（2）经济政策

经济政策是政府为调整各种经济利益关系并促进旅游经济健康发展而制定的准则和措施,主要包括产业政策、税收政策、价格政策、信贷政策、汇率政策等。由于经济政策直接影响到旅游企业的经济利益,因此是一种非常有效的市场调控手段,在实践中被广泛采用。当然,用经济政策进行调控不等于用政策性约束来替代市场约束,而是要通过科学合理的政策来弥补旅游市场机制的不足,更有效地发挥经济规律和市场机制的作用。[①]

在上述具体的经济政策中,对旅游系统运行调控而言较为重要的是产业政策和税收政策。旅游产业政策是政府部门根据旅游发展趋势和发展目标而针对旅游产业所制定的各种政策,主要涉及旅游产业组织、产业结构、产业布局、产业技术、行业标准等方面。旅游产业政策的主要功能是通过市场机制的传导作用对资源进行优化配置,从而有效调节旅游供求结构平衡,并进一步推进旅游系统平稳运行。旅游税收政策是调节旅游收入分配的重要手段之一,它包括针对旅游企业的课税政策和直接针对旅游消费者征收旅游税的政策。当旅游供给不足时,可通过对旅游企业实施优惠税收政策来刺激旅游投资,从而增加旅游供给并进一步促进旅游供求平衡。而当旅游需求过旺时,可通过直接向旅游消费者征收旅游税来降低旅游需求,以此来调节旅游的供求矛盾。

（3）政府规制

政府规制是政府针对旅游市场失灵而制定一定的规则来限制和规范旅游企业和旅游消费者的行为。它具有很强的约束力,以便提高市场配置资源的效率,维护良好的旅游市场竞争秩序,有效保护各方合法权益,并最终确保旅游系统能够平稳运行。政府规制根据政府对

---

① 林南枝,陶汉军.旅游经济学[M].3 版.天津:南开大学出版社,2009:102.

市场主体行为的限制程度和方式的不同,可分为直接规制和间接规制。直接规制是政府部门直接对旅游市场主体(包括旅游企业和旅游消费者)行为实施的规制,包括对旅游企业进入和退出市场、经营管理、服务质量、安全保障等方面而制定的法律法规,如我国已颁布实施的《旅游法》《旅行社条例》《导游管理办法》《旅游安全管理办法》等。间接规制是政府有关部门通过法律规定的程序而对旅游市场主体行为实施的规制,如对消费者权益保护、环境保护、文化遗产保护等方面的规制。①

(4)技术应用

密切监控旅游系统运行的整个过程,是政府进行宏观调控的一个重要环节。但旅游系统运行的动态性和复杂性要求政府相关部门在系统运行监控时必须充分利用技术手段,尤其是现代信息技术手段。这样才能保证数据收集、分析、处理的高效率和准确性,也才能为宏观调控决策提供更加科学的依据。近几年来,随着移动信息技术等一批新技术的不断涌现和逐渐完善,作为信息化时代产物的智慧旅游公共服务平台应运而生,它将成为旅游系统运行调控的有力工具。

智慧旅游是以物联网、云计算等高科技为支撑,通过智能手机、电脑、触摸屏等多种服务终端,为广大民众和旅游企业、旅游管理部门提供各类旅游公共服务的综合应用平台。② 它需要物联网、云计算、移动信息技术、地理信息系统、虚拟现实技术等信息化技术作为支撑。智慧旅游公共服务平台在旅游系统运行调控中具有重要的应用价值:通过对系统运行进行动态监控,实时掌握旅游景区景点、宾馆饭店等旅游企业的旅游接待相关情况,从而为有效调节旅游供求关系提供科学指导,如及时发布旅游饱和预警信息,科学引导旅游客流流向,促进资金、物质、能量、信息等其他要素的顺畅流动。从2010年起,镇江、南京、苏州等我国多个地方纷纷投身智慧旅游建设,并取得了明显成效,当然也还存在一些问题。随着建设的不断深入,智慧旅游将在我国旅游系统运行调控中大显身手。

【阅读案例】

智慧旅游:提升旅游系统运行效率的新手段

2008年11月,美国IBM公司首次提出"智慧地球"概念。此后,各领域相关新概念不断涌现,其中包括"智慧旅游"。智慧旅游是信息化时代下各种高新技术在旅游领域中的应用,它以物联网、云计算、移动通信技术、人工智能技术等为主要支撑点,具有互联互通、自动推送、分析预测等基本特征,在旅游系统运行中正扮演着越来越重要的角色。从我国的情况来看,自2010年以来全国及各地方政府正大力推进智慧旅游建设,并在提升旅游系统运行效率方面取得了明显成效。

1.智慧旅游增强旅游者的个性化体验

(1)**定制服务更便捷。** 智慧旅游使旅游者足不出户即可掌握旅游地各方面信息,在

---

① 罗明义.旅游经济学原理[M].上海:复旦大学出版社,2004:209-210.
② 金卫东.智慧旅游与旅游公共服务体系建设[J].旅游学刊,2012,27(2):5-6.

线预订所需产品和服务,并通过电子银行实现交易。例如,旅游者在去北京旅游之前,可先从北京旅游网(由北京市文化和旅游局监管)上下载"i游北京"手机App。通过该App,旅游者能够快速了解最权威的北京旅游信息,包括全市主要景区、特色美食、旅游商品等方面的概况及其地理位置、交通线路、优惠活动等相关资讯,由此可提前做好旅游行程规划,并获得方便、快捷的定制服务。

（2）**自助导览更惬意。** 在北京各大A级景区的游览过程中,旅游者可以通过携带的智能手机、平板电脑等设备下载和安装自助导游软件,从而能够方便查询景区内厕所、出入口、游客中心等公共服务设施的位置;能够随时定位自身所在景区内的位置,并根据所在位置自主选择要游览的景点;能够随时听取想要了解景点的介绍,从而获得视觉和听觉上的享受。除此之外,旅游者还可通过关注"北京旅游"公众号,了解正规旅行社、持证导游等相关信息,实现无忧旅游。

（3）**游后服务更贴心。** 在北京的旅游活动结束之后,旅游者还可以通过北京市的智慧旅游系统反馈各种信息。例如,在北京市文化和旅游局官网上,旅游者可进行在线投诉举报,也可提交意见和建议。又如,登录北京旅游网虚拟社区后,旅游者可对旅游过程进行点评,分享旅游心得。

2.智慧旅游促进旅游地的精细化管理

（1）**客流监控实时化。** 智慧旅游景区的视频监控系统可采集重要景点、客流集中路段、事故多发地段实时场景数据,利用有线或无线网络传输至指挥调度中心,从而为游客疏导、灾害预防、指挥调度以及应急预案的制定和实施提供保障。从2017年开始,山东省大力推进景区实时监测平台建设,目前已经在全省范围内接入全部AAAAA级景区和部分AAAA级景区的实时客流数据,由此实现了对景区客流的实时监测、数据分析和预警控制。

（2）**投诉处理交互化。** 2015年9月,12301国家智慧旅游公共服务平台正式运营。这是一个连接旅游出行者、从业者和监管者的具有公信力的服务聚合平台,也是第一个以"语音+微信服务号/企业号+官网+城市服务"全媒体形式提供旅游公共服务的平台。该平台目前已实现集中受理全国31省的旅游咨询与投诉,旅游者通过拨打12301语音电话、12301微信公众号、微信城市服务、支付宝城市服务、国家旅游局(现文化和旅游部)官网,均可在全球范围内获得7×24小时旅游咨询与投诉服务。

（3）**信息发布即时化。** 12301国家智慧旅游公共服务平台会及时发布旅游相关信息,包括热点资讯、热门问答、法律法规、旅游数据、违法违规案例等方面的内容。此举一方面使旅游者能够全面了解到我国及各地旅游动态,为他们旅游出行提供更加温馨的服务,另一方面又在一定程度上对我国及各地的旅游形象进行有效推广。

3.智慧旅游实现旅游业的智能化监管

（1）**业务监管电子化。** 智慧旅游有助于监管部门对旅游行业进行电子化监管,从而大大提升工作效率。例如,针对散客"一日游"这一旅游市场乱象,从2017年6月开始,厦门市在全省范围内率先推广使用"一日游"电子合同,这使得旅行社"一日游"在吃、住、行、游、购、娱等各环节的业务及管理变得更加规范、透明,有效遏制那些不签合同、伪造合同、补签合同、承包挂靠、使用无证导游等违法违规行为,从而提高监管的有效性。

（2）**市场监管集成化。** 智慧旅游有利于旅游主管部门与其他部门形成信息共享和协作联动,提高应急管理能力,保障旅游安全,同时有利于对旅游投诉以及旅游质量问题的有效处理,维护旅游市场秩序。在重庆,智慧旅游建设的成效正在显现,旅游与规划、公安、交通、工商、气象等部门基于政务信息资源共享机制积极开展数据交换,各区县旅游管理部门、旅游景区也在加快旅游信息化建设步伐,这无疑将在全市范围内形成各部门对旅游市场的监管合力。

（3）**信用监管网络化。** 2018 年 8 月 28 日北京市旅游行业信用监管平台正式上线。该平台覆盖全北京 41 816 名导游、2 669 家旅行社、285 家 A 级景区、547 家星级酒店,全面建立起旅游行业企业和导游员公共信用信息"信用档案",向社会提供公共信用信息的查询服务,便于社会监督。这一平台共包括信用旅游官网端、官方微信端、政务移动端和管理决策端四大展现端和 11 个业务子系统,由此将促进政府部门间监管协同和信用联合奖惩机制的实施,从而提升监管效能,进一步规范旅游市场秩序。

资料来源:吴信值、隋普海根据北京旅游网、12301 平台、厦门热线、腾讯·大渝网、新华网北京频道等网站上的资料整理编写。

思考题

1.旅游系统具有什么样的特征?

2.旅游系统三大构成要素存在何种相互关系?

3.旅游系统结构分为几个层次并包括哪些要素?

4.旅游系统具有哪些基本功能?

5.旅游客流有哪些基本特征?

6.如何提升旅游体验的质量?

7.旅游企业运营有哪些重要环节?

8.旅游系统运行需要哪些条件?

9.旅游系统的三大运行机制有何表现?

10.旅游系统运行有哪些调控手段?

第3章
旅游消费者

【学习目标】

1.掌握旅游消费者的概念、特征、类型。

2.认识旅游消费者形成的三大基本环节。

3.认识旅游消费者行为的三大基本特征。

4.了解旅游消费者规模移动的三大现象。

【知识要点】

1.旅游消费者是指离开常住地前往目的地游览体验的人。旅游消费者具有异地性、暂时性、非牟利性三大特征,并可从地域特征、出游目的、逗留时间、组织形式等方面进行分类。

2.旅游消费者经由旅游需要、旅游动机、旅游需求3个环节而形成。旅游需要是指人们对旅游活动渴求满足的一种欲望,是激发旅游动机的内在动力。旅游动机是指人们外出旅游的主观条件,是激发旅游者外出旅游的直接动力。旅游需求是指人们愿意并且能够购买旅游产品的数量,是旅游者购买旅游产品的现实能力。

3.旅游消费者行为是指旅游者出游、游中、游后的一系列行为过程。根据时间顺序,可以将旅游消费者的行为划分为出游前的决策行为、前往目的地的前往行为、到达目的地的游览行为、返回常住地的回归行为和旅游结束后的趋平行为5个阶段。

4.旅游消费者移动是指旅游者作为消费者的群体活动特征,通常反映在出游特征、移动模式、市场划分等方面。出游特征可通过出游规模、出游频率、出游分布等体现;移动模式呈现单一直线型、环型、直线—环型、复合线型和基营型5种类型;旅游市场包括入境旅游市场、出境旅游市场和国内旅游市场三大类型。

旅游活动本质上是人的活动。旅游消费者是旅游活动的主体。旅游消费者的数量和质量决定了旅游发展规模和旅游发展水平。本章按照旅游消费者"含义—形成—行为—移动"4个维度论述旅游消费者。旅游消费者含义包括旅游消费者概念、类型、特征等知识点;旅游消费者形成包括形成的主客观条件、旅游需求、旅游动机等知识点;旅游消费者行为包括行为过程、行为规律、行为引导等知识点;旅游消费者移动包括出游特征、移动模式、市场划分等知识点。

3.1　旅游消费者含义

3.1.1　旅游消费者概念

旅游消费者简称旅游者,是指离开常住地前往目的地游览体验的人。根据不同国家及地区的理解差异,以及统计口径的不同要求,关于旅游消费者的定义,通常分为技术性定义和概念性定义两种形式。

1) 技术性定义

技术性定义即为满足统计需要,将可量化的限定性指标纳入定义中,一般从离开常住地、访问目的、停留时间三个方面界定旅游者的含义。目前,国内外关于旅游消费者概念的界定大多从技术性视角出发,出于统计方面的需要,技术性定义往往从国际旅游者和国内旅游者、旅游者和一日游游客等不同分类标准分别界定旅游者的概念。

（1）国外的技术性定义

最早有关国际旅游者的界定于 1937 年由国际联盟统计专家委员会提出,认为国际旅游者是指离开常住国到其他国家访问旅行超过 24 小时的人。并明确规定,以下人员应纳入国际旅游者的统计范围:①出于消遣、家庭事务和身体健康等目的而出国旅行的人;②参加科学、行政、外交、宗教、体育等方面国际会议而旅行的人;③因商业原因而旅行的人;④在海上巡游途中登岸访问的人员,即使逗留时间不足 24 小时,也被视为国际旅游者。同时,还明确规定下列来访的入境人员不在"国际旅游者"的统计之列:①来访目的为谋求职业或长期居住;②寄宿在校的他国学生;③跨境前来工作的邻国边境居民;④途经该国而不作法律意义上停留的人,不论其停留时间多长。

第二次世界大战结束后,伴随着国际旅游业的起步发展,国际官方旅游组织联盟(IUOTO,即世界旅游组织前身)于 1950 年对上述定义进行了修改,将修学旅行的外国学生纳入国际旅游者的统计范围,并增设"短途国际旅游者"类别,将其界定为因消遣性目的而到访其他国家,停留时间不足 24 小时的人。

随着国际大众旅游的快速发展,统一和规范世界各国旅游统计口径的问题引起了联合国和有关国际旅游组织的重视。在国际官方旅游组织联盟的推动下,联合国于 1963 年在罗马召开了国际旅游会议(简称"罗马会议")。该次会议将纳入旅游统计的所有入境来访人员统称为"游客",是指除了移民和就业目的,基于任何其他原因到一个不是自己惯常居住的国家访问的人,其访问目的可以是消遣或事务,并将游客分为两大类,一类是在旅游目的国停留时间超过 24 小时的人,称为"旅游者";另一类是在旅游目的国停留时间不足 24 小时的人,称为"一日游游客"。同时,罗马会议还规定,上述统计口径中的"游客"不包括那些在法律意义上未进入某国的过境旅客,如途经该国但在中转过程中未离开机场中转区域的国际航空旅客。1967 年下设在联合国统计委员会的统计专家组进一步明确了"旅游者"和"一日游游客"的区别,并提议将中转的过境旅游者纳入"一日游游客"统计口径。1976 年联合国统计委员会召开了一次国际会议,正式批准了罗马会议对于旅游者的定义。

此后,世界旅游组织(UNWTO。现为联合国旅游组织,UN Tourism)重申将罗马会议定义作为该组织统计旅游者的依据,并进一步明确了"国际游客"和"国际旅游者"的定义:国际游客是指到一个非惯常居住的国家去旅行,停留时间不超过一年,主要访问目的不是获取报酬的人,并以停留时间是否超过 24 小时为标准划分为国际旅游者和国际一日游游客两种类型。

与此同时,为了实现国内旅游统计口径一致性,联合国旅游组织参照国际游客的界定与分类标准,将国内游客分为过夜国内旅游者和不过夜国内旅游者。其中过夜国内旅游者是指在居住国某一目的地旅行超过 24 小时而少于一年的人,其目的是休闲、度假、运动、商务、会议、学习、探亲访友、健康或宗教;不过夜旅游者则是指基于以上任一目的并在目的地逗留时间不足 24 小时的人。这一定义较为全面地描述了旅游者的动机,而且规定了范围是在其居住国内,不管国籍如何,避免了旅游统计工作中的不确定性。

(2)国内的技术性定义

改革开放以后,来华旅游的海外游客日益增多。1979 年,中国国家统计局和原国家旅游局根据旅游统计工作的需要,对国际旅游者作出明确规定:国际旅游者是指出于探亲访友、观光、度假、参加会议或从事经济、文化、体育、宗教交流活动等非牟利性目的,离开惯常居住国(或地区)来中国大陆连续停留时间不超过 12 个月的外国人、华侨和港澳台同胞。同时规定以下人员不属于国际旅游者:①应邀来华访问的外国政府部长级以上官员及其随行人员;②各国驻华领事人员;③常住中国一年以上的外国专家、留学生、记者、商务机构人员等;④乘坐国际航班直接过境的旅客、机组人员和在口岸逗留不过夜的铁路员工以及船舶驾驶人员;⑤边境地区出于日常工作和生活需要往来的边民;⑥归国定居的华侨、港澳台同胞;⑦已在我国大陆定居的外国人和离境迁出后又返回我国定居的外国侨民;⑧归国的我国出国人员。并根据停留时间不同进一步将入境游客分为两类:①入境旅游者,即在我国大陆住宿设施内至少停留一夜的入境游客;②入境一日游游客,即未在我国大陆住宿设施内停留过夜,当日离境的人员。

同时,还将国内旅游者定义为:任何因休闲、娱乐、观光、度假、探亲访友、医疗、购物、会议或从事经济、文化、体育、宗教活动等原因,离开其惯常居住地到我国境内其他地方访问,连续停留时间不超过 6 个月,并且主要访问目的不是去从事从到访地区获取报酬活动的人。国内游客包括在我国境内常住一年以上的外国人、华侨、港澳台同胞,但不包括下列人员:①到各地巡视工作的部级以上领导干部;②驻外地办事机构的临时工作人员;③调遣的武装人员;④到外地入学就读的学生;⑤到外地基层锻炼的干部;⑥到其他地区定居的人员;⑦无固定居住地的无业游民。国内游客也分为两类:①国内旅游者,指我国大陆居民离开其惯常居住地,在境内其他地方的旅游住宿设施内至少停留一夜,最长不超过 6 个月的国内游客;

②国内一日游游客,指我国大陆居民离开其惯常居住地,外出距离 10 千米以上,在境内其他地方旅行和访问,出游时间超过 6 小时但不足 24 小时,未在到访地区的住宿设施内停留过夜的国内游客。

综上所述,本书从技术性角度将旅游者定义为:到常住地以外进行非牟利性活动,且连续停留时间不超过一年的人。

2) 概念性定义

概念性定义是对旅游消费者的含义进行一般性描述,旨在对其本质属性进行学术性界定,这类界定大多出现于不同机构或学者的学术性研究或探讨。

(1)国外的概念性定义

关于旅游者的概念性定义最早见于 1811 年出版的《牛津辞典》。该版辞典认为旅游者是以观光游览为目的的外来游客。1876 年的《世纪大百科词典》把旅游者定义为因好奇和无聊而旅行的人。1933 年,英国人奥格威尔在《旅游活动》一书中从经济学的角度给出了旅游者的定义,认为旅游者必须是具备两个条件的人:一是离开自己久居地到外部任何地方去,时间不超过一年;二是在离开自己久居地期间,把钱用到他们所在的地方,而不是在其他地方挣钱。1989 年,美国学者麦肯耐尔在其著作《旅游者:休闲阶层新论》中提到了旅游者是在旅游过程中获取某种经历的现代人。1992 年,以色列学者科恩认为旅游者是出于自愿、暂时离家外出的人,他们之所以从事路程相对较长的、非经常重复的往返旅行,是出于盼望旅行中所能体验到的新奇生活所带来的愉悦。

(2)国内的概念性定义

原国家旅游局 1997 年颁布的《旅游服务基础术语》(GB/T 16766—1997)认定旅游者是指为满足物质和精神文化需求进行旅游消费活动的主体,是旅游服务活动的需求者和服务对象。

我国学者马勇认为旅游者是指以闲暇消遣为目的,或因学术、商务、探亲访友、疗养、宗教活动等,暂时离开常住地到异地逗留 24 小时以上的人。[①] 刘伟、朱玉槐认为旅游者就是暂时离开常住地(最少 24 小时,最多一年),在异国他乡吃、住、行、游、购、娱,从而达到物质上和精神上满足的人。[②] 王敬武提出旅游者是指离开常住地以寻求改变精神状态、获取最大的身体和心理满足,达到精神愉快过程的人。[③] 魏向东认为旅游者是指离开常住地到异地旅行和访问的人,其外出的目的可以是消遣性消费,也可以是非消遣性旅游。[④] 谢彦君则将旅游者定义为利用其自由时间并以寻求愉悦为目的而在异地获得短暂休闲体验的人,避开了旅游者定义中常见的"异地"和"短暂停留"的争议。[⑤]

综上所述,本书从概念性角度将旅游者定义为:离开常住地前往目的地游览体验的人。

---

① 马勇.旅游学概论[M].北京:高等教育出版社,1999:58.
② 刘伟,朱玉槐.旅游学[M].广州:广东旅游出版社,1999:30.
③ 王敬武.关于对旅游消费者定义的几点看法[J].旅游学刊,1999(1):67-69.
④ 魏向东.旅游概论[M].北京:中国林业出版社,2000:87.
⑤ 谢彦君.基础旅游学[M].3 版.北京:中国旅游出版社,2011:104.

3.1.2 旅游消费者特征

根据国内外关于旅游者概念的界定可以看出,该定义包含三个要点:其一,旅游者必须离开常住地前往目的地,具有异地性特征;其二,旅游者在目的地停留的时间在一年以内,具有暂时性特征;其三,旅游者在目的地以游览体验为基本活动内容,不以获取报酬为目的,具有非牟利性特征。

1)异地性

旅游是一种空间移动,是旅游者到日常生活地以外的地方作短时期逗留,去观赏异地风光,体验异域情调,同当地人交往,并参与当地活动,使精神和身体得到放松和休息。异地性不仅指地理位置的不同,更重要的是指因地区不同而造成的资源差异性,差异越大,异地吸引力就越强。因此,一个地区异地性越强,对域外的旅游者吸引力就越大,旅游者的感受也会越深,该地旅游业也会更加兴旺。

2)暂时性

旅游是旅游者利用闲暇时间的外出活动,仅仅是发生在人们日常生活中某一特定时段上的行为。闲暇时间毕竟是有限的,所有的旅行活动都是一种暂时性的活动,全部旅游行程结束后,旅游者最终须返回其常住地,既不能在目的地停留过久,更不会在目的地永久定居。因此,"旅游者"只是一个暂时的身份,是人们短时的生活方式转换。

3)非牟利性

旅游是旅游者开展的一项综合性游览体验活动,集吃、住、行、游、购、娱六大体验要素于一体,旅游者出游的目的在于获得身心的愉悦和精神的享受,而不是在目的地寻求工作机会或获取报酬。

3.1.3 旅游消费者类型

随着经济社会的快速发展和大众旅游的普及,旅游者涉及的人员范围越来越广,活动范围越来越大,出游目的越来越多元,出游方式越来越多样,因此,需要对旅游消费者进行必要的类型划分。截至目前,国内外尚未形成统一的旅游消费者划分标准,而是根据实际工作或学术研究的需要按照不同的依据来进行划分。

1)按地域特征划分

根据旅游者的地域特征不同,可划分为国际旅游者和国内旅游者。国际旅游者又可以划分为入境旅游者和出境旅游者,前者是到本国开展旅游活动的外国公民,后者是到他国或境外其他地区开展旅游活动的本国公民;国内旅游者是指在本国国境范围内开展旅游活动的本国居民。

2) 按出游目的划分

根据旅游者的出游目的不同,可划分为观光旅游者、度假旅游者、事务旅游者和特种旅游者。观光旅游者是指以欣赏自然风光和风土人情为出游目的的旅游者;度假旅游者是指以休闲和消遣为出游目的的旅游者;事务旅游者是指以解决某些公务事务、家庭事务或个人事务为出游目的的旅游者;特种旅游者是指以满足某些方面的特殊兴趣或需要为出游目的的旅游者。

3) 按逗留时间划分

根据旅游者的逗留时间不同,可划分为一日游游客和过夜游客。一日游游客是指在旅游目的地逗留时间不足 24 小时的旅游者;过夜游客是指在旅游目的地逗留时间超过 24 小时的旅游者。

4) 按组织形式划分

根据旅游者出游的组织形式不同,可划分为团队旅游者和散客旅游者。团队旅游者是指以旅行社组织的集体旅游方式参与旅游的旅游者;散客旅游者是指自行安排旅游行程的旅游者。

3.2　旅游消费者形成

旅游活动的发生既有旅游消费者内在心理因素的推动,同时又受到外在因素的影响。需要是指人们对一定客观事物或某种目标的渴求或欲望。当外部条件不变时,内在需要就成为一个人产生动机的主要原因,因此,需要是动机形成的基础。而动机是产生行为的直接原因,相对于需要而言动机更具有指向性。需要和动机是旅游行为产生的心理和生理基础。但是,从潜在旅游需要或动机转变为现实的旅游需求还受制于许多客观因素,如时间、收入等。因此,旅游需求是指人们在外在因素的影响下,能够并且愿意支付的那一部分旅游动机。综上所述,在旅游消费者的形成过程中,心理的失衡产生内驱力,反映在个人意识中就成为旅游需要,进而形成了个人的旅游动机;旅游需求则是在旅游动机的基础上,结合个人和社会状况对旅游活动的现实选择结果。

3.2.1　旅游需要

1) 旅游需要的概念

现代心理学认为,需要是个人由于缺乏某些生理或心理因素而产生的与周围环境的某种不平衡状态,是个体对生理和社会要求的反映,是一种主观状态。具体表现在个体对内部环境和外部生活条件的一种稳定要求,是个体心理活动与行为的基本动力。

个体在其生存和发展的过程中会产生各种各样的需要,如人饥饿时会有进食的需要,口渴时会产生饮水的需要,寒冷时会产生对御寒衣物的需要,长时间独处会产生交往、娱乐活动的需要,在工作中又会产生被同事尊重、获得友谊以及被领导赏识的需要。一种需要被满足之后,不平衡状态暂时得以消除,当出现新的缺乏或不平衡状态时,个体又会出现新的需要。正是这些需要的产生推动着个体去从事某种活动以满足自身需要,从而弥补个体生理和心理上的某种缺乏和不平衡状态,进而推动人类社会不断向前发展。

需要是个体行为动力的重要源泉,人们的旅游活动也都是在需要的推动下进行的。旅游需要是人们处于缺乏旅游状态时出现的对旅游愉悦行为的自动平衡倾向,是旅游动机产生的基础和旅游行为的基本动力。因此,旅游需要可以界定为:旅游需要是人们对旅游活动渴求满足的一种欲望,是激发旅游动机的内在动力。从旅游需要的本质来看,它既不是个人与生俱来的需要,也远非与历史同在的现象,而是社会发展到一定阶段的产物,是人类文明进步的体现。旅游所满足的需要是一种心理需要和社会需要,人们通过旅游活动去实现劳动的回报和喜悦,获得有利于身心健康的享受。

旅游需要是一种复杂的社会心理现象,不同的人会产生各种各样、性质各异、层次不同的旅游需要。这些千差万别、错综复杂的需要形态并不是完全孤立的,而是有其自身的特征和规律。旅游需要是指人们在特定的社会环境和经济条件下,为满足某种目的而到异地进行非牟利性活动的愿望。总体来看,与普通消费需要相比,旅游需要具有如下3个方面的特征。

(1)更注重高层次的精神需要

旅游消费是一种特殊的消费方式,其特殊性在于它不是主要为了满足人们的物质需要,而是为了满足更高层次的精神需要。现代旅游活动以一定的物质条件为基础,在旅游过程中也会进行必要的钱物交换,但是旅游活动的基本出发点、整个过程和最终结果都是以满足精神需要为目的。旅游需要作为一种综合需要,更多地体现为一种高层次需要。现代旅游者更加注重满足精神需要、个性化需要和休闲需要,求知以及自我实现等需要也日益增强。

(2)更注重个性化的体验需要

随着收入水平的不断提高及对冒险和不测的心理承受力不断增强,旅游者对于旅游活动的选择进一步拓宽,旅游产品的个性化消费成为可能。旅游者随着外出旅游经历的增加,已不满足于大众产品,对新鲜、未知的体验需要进一步增强,希望能按照自己的喜好、意愿来完成旅游活动,并热衷于购买能够彰显自身个性的旅游产品,以获得全新的旅游体验。

(3)更注重休闲性的大众需要

在现代社会生活中,随着生活节奏的加快、工作压力的加大,人们宣泄压力、稳定情绪的需要也进一步得到增强。开展旅游休闲活动作为一种积极健康的生活方式,已经成为人们工作的延伸,渗透在大众的生活方式中。从最初的观光旅游,到如今的度假旅游、商务旅游,旅游需要更加注重放松和休闲性,功利色彩逐渐减弱,逐渐成为一种人们普适的生活方式。

2) 旅游需要的类型

根据马斯洛需要层次理论,人的需要可以划分为 5 个层次,即生理需要,对食物、饮水和氧气等生存物质的需要;安全需要,对治安、稳定、秩序、受保护等安全保障的需要;爱的需要,对情感、归属感、亲友间感情联系等心理情感的需要;受尊重的需要,对自尊、声望、成功、成就等个人地位的需要;自我实现的需要,最大限度发挥个人潜力的发展需要。这 5 个层次需要由低到高的排列顺序如图 3.1 所示。

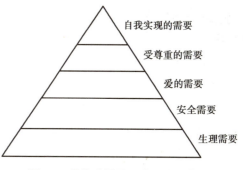

图 3.1　马斯洛需要层次理论示意图

根据马斯洛需要层次理论,人的需要具有多样性,而且不同的需要之间具有层次高低之分。对于任何个体而言,只有当较低层次的需要得到满足之后,才会产生上一个层次的需要。层次越高,拥有这一需要的人就越少。

在马斯洛需要层次理论中,并不是所有层次的需要都是产生人们外出旅游动机的诱因,其中生理需要和安全需要都不会产生人们外出旅游的动机。一般来说,凡是有经济实力外出旅游的人,其温饱问题早已得到解决,人们不可能为了追求生存需要而外出旅游。如果一个人是出于生理需要而离乡出走,那么这一出行目的也决定了其身份不是移民者便是难民,而绝不会是旅游统计工作中所界定的旅游者。此外,一个人也不可能为了追求安全需要而到异国他乡进行旅游活动。作为一种基本常识,人们身处自己最熟悉的惯常环境中会比在任何其他地方都更有心理上的安全感。而如果一个人为了安全需要而外出,那么他也不能算是真正意义上的旅游消费者。

虽然马斯洛需要层次理论中部分层次的需要不能成为人们外出旅游动机的诱因,但是在一次完整的旅游活动中,人们的旅游需要能够基本涵盖这 5 个层次。

(1) 生理需要

由于旅游活动的异地性,旅游消费者不断地从一个旅游目的地前往另一个旅游目的地,其间还要参加各种旅游活动,很容易出现身体和心理方面的疲劳。所以旅游者对便捷交通条件和舒适食宿条件的需要较为强烈。他们需要在旅游过程中得到很好的休息和调整,在饮食、睡眠、洗浴等方面充分保障舒适性,以减轻疲劳,满足旅游者追求健康、舒适的生理需要。

(2) 安全需要

在一次旅游活动中,旅游者的安全需要涉及各个方面,如交通的安全、身体健康的保障、财物的安全、活动计划的顺利实现等,其中人身安全是关注的中心。由于在旅游过程中面对不熟悉的环境和个人非完全控制因素的增加,旅游者对安全的需要就变得更为突出和重要,主要体现在希望旅程顺利安全、避免人身伤害事故和对食宿卫生的严格要求等。

（3）爱的需要

旅游者希望通过旅游活动探亲访友、结交新朋友，进而满足其社交需要。在旅游活动中，旅游消费者希望有人对自己嘘寒问暖，摆脱孤独感，并且适时扩大社交圈，结交不同职业和层次的朋友，与不同的人建立情感联系。此外，旅游者还希望与知心好友、家人或者同事在旅游过程中增进友谊、交流感情，以满足爱的需要和群体归属感的需要。

（4）受尊重的需要

旅游者在一次旅游活动中，其一希望得到旅游从业人员和其他旅游者对自己的尊重，包括对他们个人和其信仰、习惯及思想行为等方面；其二希望能够得到旅游目的地当地居民的理解、接纳和尊重。旅游者来自不同的地区和国家，他们希望能够在短期的旅游活动中突出和展现自我魅力，从而得到交往群体的社会尊重，暂时性满足他们受尊重的需要。

（5）自我实现的需要

旅游者可以通过旅游充实、提高和发展自己，提升自我和社会评价，从而获得自豪感，达到自我实现需要一定意义上的满足。旅游活动为旅游者的自我实现提供了一个大舞台，旅游者在旅行中或增长见识，或锻炼胆识，或激发潜能，都实现了自我的提升，是追求自我实现需要的表现。

但是，人们外出旅游不仅仅只有这些需要，还有如探索、释放压力等方面的需要。从本质上来说，人们旅游动机的形成旨在满足精神层面的需要。虽然人们在外旅游时也需要满足生理方面的需要，但所有这些需要都要服务于精神需要的满足，都是为了保障精神需要而派生出来的需要，因而并不是构成促使旅游动机产生的原因。

3.2.2　旅游动机

1）旅游动机的概念

旅游动机是促发旅游者决定去旅游、到何处旅游以及如何旅游的内在驱动力。[①] 它是受旅游需要所催发、受社会观念和规范准则所影响、直接决定具体旅游行为的内在动力源泉。一个人的行为动机总是为了满足自己的某种需要而产生，即动机产生于对某一需要的追求。在这个意义上，需要是动机的基础和产生的原因，而动机则是需要的反映。但是动机并不是需要的简单延续，动机是需要、诱因、情绪等共同作用的结果。因此，可以将旅游动机界定为：人们外出旅游的主观条件，是激发旅游者外出旅游的直接动力。旅游动机主观条件与旅游客观条件（支付能力、闲暇时间）等结合方能产生旅游行为。

旅游动机具有以下几个基本特性。

（1）旅游动机的对象性

旅游动机总是指向某种具体的旅游目标，表现出人们对某一事物或某一活动的指向，人们期望通过旅游行为追求所获得的结果。比如，长期工作的紧张感就会使人产生去室外活

---

① 吴必虎,黄潇婷.旅游学概论[M].2版.北京:中国人民大学出版社,2013:23.

动轻松一下或外出旅游的动机,寒冷的冬季会使人产生去温暖的南方旅游的动机,而炎热的酷暑又会使人产生去避暑胜地旅游的动机等。

（2）旅游动机的选择性

人们已经形成的旅游动机,决定着他们的行动以及对旅游内容的选择。比如,在旅游方式上,有的旅游者选择参加旅行社组织的团队旅游,有的旅游者选择自驾车旅游等。在黄金周旅游期间,有的旅游者选择江南古镇水乡游,有的旅游者选择巴黎假日七日浪漫游,有的旅游者选择各地的"红色旅游"等。

（3）旅游动机的相关性

旅游者的旅游动机往往不是单一的,不同的旅游动机之间存在着相互关联,形成复杂的旅游动机体系。旅游动机体系中的各个动机具有不同的强度,在强度上占有优势的旅游动机往往主导着旅游行为的主要目标,其他旅游动机则为辅助动机。比如,旅游者在游山玩水的同时,又想顺便探望一下老朋友等。

（4）旅游动机的起伏性

人们的旅游行为是一种永不结束的活动过程,当一种旅游动机实现后,会在其基础上产生新的旅游动机,成为支配人们旅游行动的新的目标和动力。因而旅游动机一般不会立即消失,它作为一种实际上起作用的力量常常会时断时续、时隐时现,表现出一定的起伏性。旅游者的旅游动机获得满足后,在一定时间内不会再产生,但随着时间的推移或另一个节假日的来临,又会重新出现旅游动机,呈现起伏性。

2）旅游动机分类

H.P.格雷（H.P.Gray）1970年提出休闲旅行的两种驱动力是追求漫游和追求阳光。按照他的解释,追求漫游是人类的一种内在本质特征,它是催发人们离开熟悉的环境和事物而前往异域他乡观赏令人激动的异域文化和事物的一种欲望,是一种"推动"因素。相反,追逐阳光这种欲望的满足有赖于客观存在的能符合特殊意愿的优美异域风光,如大批游客为追逐阳光而涌向加勒比和地中海地区,在此意义上,追逐阳光则是目的地的一种"拉动"因素。这种认识的价值主要在于揭示了导致旅游者心理失衡从而形成旅游行为内驱力的内在机制,说明了旅游者的旅游行为是由内外两种因素的矛盾状态所激发的。

美国学者罗伯特·W.麦金托什（Robert W.McIntosh）1977年提出,由众多具体需要所导致的旅游动机实际上可划分为身体方面的动机、文化方面的动机、人际方面的动机、地位和声望方面的动机4种基本类型。这一划分为学术界所广泛引用。

（1）身体方面的动机

身体方面的动机包括度假休养、参加体育活动、海滩消遣、娱乐活动,以及其他直接与身体保健有关的活动。所有属于这方面的旅游动机都有一个共同点,即都是通过开展与身体保健有关的活动去消除紧张。长时期的工作压力、城市环境的喧嚣、快节奏生活的紧张、各种日常应酬的烦琐等,所有这一切不仅会造成人们身体的疲劳,而且会造成人们精神上的压抑和心理上的紧张。这不仅有损人的身心健康,而且不利于工作。因此,人们会为了消除身体的疲劳、消除精神的疲惫和心理压力而产生外出旅游的动机,通过到异域的宽松环境中开展与身体锻炼和保健有关的活动去消除身心紧张。

(2)文化方面的动机

文化方面的旅游动机所反映出来的特点是旅游者希望了解异国他乡的文化,包括音乐、民俗、舞蹈、绘画及宗教等。基于这类动机而开展的旅游活动通常被称为文化旅游,国外也有人将基于这类动机的旅游活动称为"软探险"旅游。

(3)人际方面的动机

人际方面的动机是指人们为了满足自己开展社会交往,保持同某些异域人群的接触需要而产生的一种旅游动机类型。这种社会交往动机包括希望深入异国他乡去接触当地居民、探亲访友、逃避日常的例行琐事及家庭或邻居之类的微社会环境、结识新朋友等。

(4)地位和声望方面的动机

地位和声望方面的动机主要涉及追求个人成就和个人发展方面的动机。属于地位和声望方面的旅游活动包括洽谈商务、出席会议、考察研究、追求业余爱好以及外出修学等。旅游者希望通过这类旅游活动的开展实现自己为人承认、引人注意、受人赏识、获得好名声等愿望。

虽然麦金托什所提出的4类旅游动机广为人们所引用,但是仍然难以囊括所有可能的旅游动机,如购物方面的动机。此外,在现实的旅游活动中,人们外出旅游很少只出于某一方面的动机,而是除了出于某一主要方面的动机,往往还兼有其他方面的旅游动机。

3) 旅游动机的影响因素

(1)内在因素

在影响旅游者旅游动机的诸多内在因素中,除前面所述的个人需要这一基础因素之外,还包括学习、态度、知觉以及人格等心理因素。

①学习。学习是指旅游者借以接收和领悟刺激因素的一种方式,是旅游者行为的内在驱动因素之一。简而言之,学习是旅游者获取旅游经验的途径,既包括旅游者过去外出旅游的亲身经历,也包括他人对其有关旅游经历的介绍。在学习过程中,旅游者会建立起自己对有关旅游目的地以及旅游产品的看法。这些看法会形成基本的习得标准,供自己日后外出旅游时用作选择出游目的地或旅游产品的依据。

②态度。态度是指一个人由于受成长环境及社会文化的长期熏陶和影响,在谈及某一人物或事物时,在思想情感上对该人或事物所持有的反应。简单来讲,态度就是一个人对某一事物所持有的根深蒂固的看法。在有些情况下,因态度所导致的看法确实符合该事物的真实情况;但在有些情况下,这一看法也有可能形成对该事物的偏见,如有些国家的公民由于受长期所处的环境和社会文化熏陶,认为外出旅游度假十分奢侈,是不必要的浪费行为。

③知觉。知觉是指一个人将感官所受刺激转化为有意义信息的认知过程,有时也被称为感知。换而言之,知觉就是一个人通过对自己所接触的信息进行筛选,从而形成对某一事物看法的认知过程。知觉具有主动性,因而难免会受到个人主观因素的影响。此外,一个人

对信息的接收一般都会有所选择,这就意味着,一个人在面对众多信息时,只会选择性地对其中某些信息给予关注。

④人格。人格是指会对个人行为产生影响的个性心理特点,是一个人内心的自我反映。通常表现为个人性格决定其个人偏好,从而影响其行为。在影响旅游动机的个人内在因素中,个人的人格起着重要的作用。有些学者根据个人不同的个性心理特点,结合心理类型分析去研究旅游者的类型划分,借以研究不同人格对出游动机以及旅游目的地选择的影响。其中最有代表性的是斯坦利·C.普洛格(Stanley C. Plog)2003 年所提出的旅游消费者心理类型划分(图 3.2)。

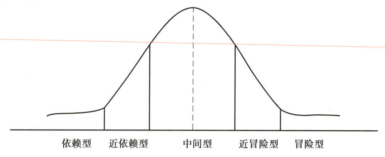

图 3.2　旅游消费者的心理类型

资料来源:PLOG S.Why destination areas rise and fall in popularity:an update of a Cornell Quarterly classic〔J〕. Cornell hotel and restaurant administration quarterly,2001,42(3):13-24.

普洛格将人们的个性心理特征划分为依赖型、冒险型和中间型三大类型,以及近依赖型和近冒险型两种过渡型。

依赖型旅游者人格特征主要包括思想上封闭而保守、谨小慎微、多忧多虑、缺乏自信、不爱冒险,行为上则表现为喜欢循规蹈矩的生活方式,愿意听从公众人物的建议并效仿他们的行为,喜欢熟悉的氛围和活动。这类心理类型的旅游者在外出旅游时倾向于选择距离较近、较为熟悉的旅游目的地,往往会前往传统的旅游热点地区,并会多次重游故地。

冒险型旅游者人格特征包括思想上天性好奇、喜欢探索、充满自信、喜欢挑战,对待生活有个人主见,行为上表现为喜新奇、好冒险、活动量大、不愿随大流。因此,这类心理类型的旅游者强烈偏好那些环境独特、尚未充分开发、依然保留其原始魅力的旅游目的地。一般喜欢自助式旅游,在旅游过程中表现活跃,除了睡觉,大部分时间都用于考察和探访。为了增加个人阅历,他们经常外出旅游,并且会不断寻找新的旅游目的地而不愿故地重游。

中间型旅游者在人格特征和思想行为等方面的表现居于上述两个类型之间,是依赖型和冒险型两种极端类型的综合型心理,特征不鲜明。近依赖型和近冒险型的人则分别属于两个极端类型与中间型之间过渡的心理类型。总的来看,5 种心理类型的人群规模符合中间大、两头小的正态分布,即中间型的人群规模最大,依赖型和冒险型两个极端心理类型的人群规模较小。

(2)外在因素

除内在因素之外,旅游者的旅游动机还会受到很多外在因素的影响。由于这些外在因素涉及范围较广,本节主要介绍文化水平和受教育程度、年龄、性别、社会阶层和微社会群体5个主要影响因素。

①文化水平和受教育程度。受教育程度在很大程度上影响着一个人的知识水平和对外界信息的了解与兴趣,从而影响旅游需要和动机,而且一个人的文化水平也通常与他所受的教育程度有关。一方面,文化知识的提高有助于增加对外界事物的了解,从而更容易激发对外界事物的兴趣和好奇心。另一方面,文化知识的增多也有利于克服对他乡陌生环境的心理恐惧感。

②年龄。年龄对旅游者动机的影响主要体现在两个方面:一是年龄不同往往决定了人们所处家庭生命周期阶段不同,从而制约了人们的旅游需要和动机;二是年龄不同的人往往体力会存在差别,从而也会制约人们的需要与动机。例如有些老年人在心理类型上属于冒险型,但由于身体条件的制约,仍会决定不参与冒险性较大的旅游活动。

③性别。性别差异对人们的旅游动机的影响主要是出于两个原因:第一,性别差异意味着男女生理特点不同,如体力;第二,性别差异导致男性与女性在家庭中扮演着不同的角色。很多旅游调查结果表明,在外出旅游者中,男性游客多于女性游客,而且探险型旅游活动的参加者也多为男性。

④社会阶层。社会阶层是指其成员的价值观、利益和行为都基本相同的社会人群。人们用于划分社会阶层的依据主要是职业和收入两项因素。一般来说,在一个社会中高收入职业的从业者往往是接受过高等教育的人。作为一个普遍规律,一个人或一个家庭的实际收入水平越高,则越有可能外出参加旅游活动。因此,不同社会阶层的成员旅游动机存在很多差异。

⑤微社会群体。微社会群体是指一个人在日常生活和工作中所经常接触的人际环境或人群,如经常接触的家人、亲友、同学、同事、街坊邻居等。这一因素往往也会影响个人的旅游动机和旅游行为。例如,一个属于依赖型心理特征的人原本不愿或不敢去遥远而陌生的目的地旅游,但是有自己熟悉的人陪伴和同行,也会进行具有冒险性的旅游活动。

3.2.3　旅游需求

按照一般经济学的观点,需求是指在一定时期内,某种商品各种可能的价格与在这些价格水平上,消费者愿意并能够购买的数量之间的关系。相对应地,旅游需求则是指在一定时期内,旅游产品各种可能的价格与在这些价格水平上,潜在旅游消费者愿意并且能够购买数量之间的关系。因此,旅游需求可以定义为:旅游需求是指人们愿意并且能够购买旅游产品的数量,是旅游者购买旅游产品的现实能力。旅游需求含义可从以下几个层次来理解:旅游需求表现为旅游者对旅游产品的购买欲望;旅游需求表现为旅游者对旅游产品的购买能力;旅游需求表现为旅游市场中的一种有效需求。旅游需求可以分为:有效或现实的旅游需求、受抑制的旅游需求(受抑制的旅游需求又分为潜在旅游需求和延缓旅游需求)。旅游需求量则是指人们在一定时间内愿意按照一定价格而购买旅游产品的数量。因此,旅游需求量又是指在一定时期内,旅游者愿意并能够以一定货币支付能力购买旅游产品的数量。

个人旅游需求的产生和实现至少需要同时具备两方面的条件:一是需要具备足够的支

付能力;二是需要拥有足够的闲暇时间,其中支付能力是需求概念中最基本的支点。具备这两个条件的人不一定都会成为现实的旅游者,但是现实的旅游者必须具备这两个条件。此外,旅游者旅游需求的实现还受到许多社会因素与个人因素的制约。

1) 收入水平

根据联合国旅游组织的统计数据,大部分国际游客来自人均收入水平名列前茅的经济发达国家。同样地,在世界各国的国内旅游中,大部分旅游需求总量产生于经济水平相对较为发达的地区。从时间序列上进行比较,世界范围内绝大多数国家和地区随着经济发展,人均收入水平上升,出游率都会有所提高。这说明旅游需求与收入水平有着重要的直接的关系,一般来说,在其他因素既定的情况下,两者为正比例关系。

一个人的收入水平和富足程度,或者说是其家庭的收入水平和富足程度,不仅决定着能否产生旅游需求,而且决定着其外出旅游过程中的消费水平。这意味着,家庭收入达到一定的水平是旅游需求的重要前提,也是实现旅游活动的重要物质基础。但是,对于一个家庭来说,其收入不可能全部都用于旅游消费。因此,真正决定旅游需求的收入水平实际上是指该家庭的可支配收入,更为确切地说是可自由支配收入。

可支配收入是指个人或家庭收入中扣除应纳所得税之后的剩余部分,而可自由支配收入则是指个人或家庭收入中扣除应纳所得税、社会保障性消费以及日常生活必须消费后所剩余的收入部分。[①] 该部分收入可供人们随意选择其用途,是家庭收入中真正可用于旅游消费的部分。所以,严格意义上说,拥有足够的可自由支配收入是旅游需求实现的首要物质条件。

当一个家庭的可支配收入尚不足以满足购买基本生活必需品的需要时,该家庭的可随意支配收入基本为零,也就很少能够外出旅游。然而一旦家庭可支配收入水平超过满足其基本生活需要的临界点,该家庭产生了可随意支配收入,外出旅游度假的可能性便会大大增加。收入水平这一因素的重要性不仅仅在于它决定着一个家庭是否具有实现外出旅游度假的经济条件,而且还在于这类消遣性旅游需求具有很大的收入弹性。当家庭可支配收入超过上述临界点后,每增加一定比例的可支配收入,用于旅游活动的消费额便会以更大的比例增加。联合国旅游组织曾估测,消遣性旅游需求的收入弹性系数大约为 1.88,即可支配收入每增长 1%,用于旅游活动的消费额便会相应增加 1.88%。

此外,家庭收入水平的高低还会影响人们外出旅游期间的消费构成。一般来说,收入水平较高的家庭会在食、宿、购、娱等方面花费较多,从而使得往返交通费用在旅游消费总额中占比减小;与之相反,收入水平较低的旅游者消费构成中往返交通费用所占比例往往较高。

2) 闲暇时间

在现代社会中,人们的时间大致可以分为 5 个部分:法定工作时间、必需附加工作时间、

---

① 李天元.旅游学概论[M].6 版.天津:南开大学出版社,2009:91.

满足生理需要时间、必需社会活动时间和闲暇时间。在上述时间构成中,前4个时间都不容个人随意支配。而闲暇时间则是指在日常工作、学习、生活以及其他方面所必须占用的时间之外,可由个人任意支配、用于开展消遣娱乐以及自己所乐于从事活动的自由时间。①

闲暇时间虽然是旅游需求得以产生和实现的必要条件,但这并不意味着所有闲暇时间都能够用于旅游活动。只有当一个人拥有足够的闲暇时间,即相对集中且历时较长的闲暇时间,才有可能外出旅游,尤其是远程旅游。一般来说,闲暇时间包括每日闲暇、周末闲暇、公共假日和带薪休假4种形式。其中,后3种形式的闲暇时间都可以用于开展旅游活动。

每日闲暇通常是指扣除工作时间和日常限制性活动所需时间后的剩余部分。这类闲暇时间过于零散,虽可用于当地娱乐和休息,却不足以开展外出旅游活动。

周末闲暇即周末公休时间。同经济发达国家一样,我国也已实现每周5日工作制,周末公休时间为2天。这种类型的闲暇时间相对比较集中,对于个人来说,在其他条件同时具备的情况下,可以将周末闲暇用于开展近距离的周末度假或一日游活动。在美国等经济发达国家,更有法案规定每年有4次为期3天的周末假日,加之这些国家交通便利,所以周末成为人们开展旅游活动的主要闲暇时间。

公共假日则通常指法定的公共节假日。世界各国的公共节假日数量不一,大都与各国的民族传统节日有关。目前我国每年的公共假日累计为23天,包括元旦、春节、清明节、劳动节、端午节、中秋节、国庆节。由于春节和国庆节假日时间明显长于其他假日,出游格局出现了"十一"和春节两个出游量庞大的"黄金周"。西方国家中最典型的公共假日则是圣诞节和复活节。

目前,西方工业化国家大都已通过立法,规定对就业员工实行带薪休假制度。法国早在1963年就宣布劳动者每年可享有带薪假期至少6天,是第一个以立法形式规定就业员工享有带薪假期的国家。由于国情和理念的差异,目前世界各国带薪假期长短不一,在北欧的瑞典,职工享有的带薪假期为每年6周;而在美国,人们的带薪假期一般为2~4周;在韩国,人们的带薪年假为15~25天;在加拿大,带薪假期随工作年限增长而延长,一般短则2周长则1月。由于带薪休假期间的闲暇时间较多而且连续集中,往往成为人们外出旅游度假,特别是开展远程旅游度假的最佳时机。

3) 其他因素

有足够的可自由支配收入和闲暇时间是实现旅游需求的两项重要基本条件。事实上,能否成为现实的旅游消费者,除了这两项基本条件,还会受到很多其他方面个人因素的影响和制约。

(1) 身体方面

旅游活动可以使人怡情悦性,获得生理和心理机能的恢复和发展。同时,旅游活动的开展也必须以旅游者具有健全的体魄和良好的心智为前提,个人的身体健康状况往往是影响旅游需求的一项重要因素。身体健康对旅游的影响和制约主要表现在老年游客群体在旅游

---

① 李天元.旅游学概论[M].6版.天津:南开大学出版社,2009:93.

者中所占比例较小。伴随年迈的体能,很多老年人逐渐体力不支,即使他们有足够的可随意支配收入和闲暇时间,但是体力不支等身体方面的原因使得他们不能外出旅游。

随着人们生活水平的提高,医疗水平和保健技术的发展,人类的平均寿命也在延长。当今老年人的身体状况已经有了很大程度的改善。20世纪90年代以来,老年人参加旅游活动的比例较之以前有了明显的增加,并且形成了令各国旅游业瞩目的"银发市场"。

（2）教育经历

旅游者的受教育程度直接影响着他的出游能力和取向。一般而言,受教育程度越高的收入水平也相应较高,因此具有较强的旅游能力,开展旅游活动更多。同时,旅游者受教育程度不同,开展的旅游活动也会有根本性的区别。受教育程度越高的旅游者对社会性和文化性旅游会表现出较大的兴趣。此外,一个人的受教育程度在促成旅游动机方面的作用也有差异,即受教育程度越高的人越容易产生旅游动机,但是受教育程度低的人并不是不会产生旅游动机,只是相比前者产生旅游动机的可能性较低。

（3）家庭方面

旅游者家庭所处的阶段决定了其对支出状况、闲暇时间等的分配,因此,家庭生命周期也是影响旅游需求的客观因素之一。在青年未婚阶段,一般经济上较为自立,没有太大的负担,而且身体状况处于最佳状况,对于旅游活动需求较为突出,因此处于这类家庭生命周期的群体是最具旅游潜力的群体;在已婚阶段,随着家庭支出压力的增加,以及家庭事务占用时间增多,人们的可自由支配收入和闲暇时间都有所减少,开展旅游活动减少;而有婴幼儿的家庭外出旅游的可能性则更小,因为婴幼儿需要特殊照顾,不适宜进行旅游活动;在中年阶段,随着家庭收入的增加,人们往往会选择组织家庭亲子游活动,故处于这个家庭生命周期的人也是出游的主力军。

3.3　旅游消费者行为

3.3.1　旅游消费者行为过程

旅游消费者行为是一个包括进行旅游决策、前往旅游目的地、参与旅游体验、回归日常生活、进行游后点评等一系列活动的过程。根据旅游活动的时间顺序,可以将旅游消费者的行为划分为决策行为、前往行为、游览行为、回归行为和趋平行为5个阶段(图3.3)。

1）决策行为

决策行为是指旅游者对众多旅游机会进行抉择的过程①,是人们从产生旅游动机到实现旅游行为之间的过渡环节,即图中所示的从X到A的过程。在决策过程中,旅游消费者要

---

① 谢彦君.基础旅游学［M］.2版.北京:中国旅游出版社,2004:186.

收集大量有关备选旅游目的地的信息,并最终做出相关决定,包括是否出游以及出游目的地的选择。

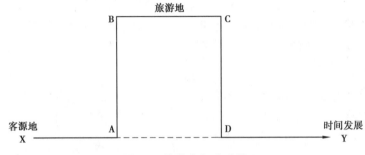

图 3.3　旅游者行为过程

由于旅游产品无法像实体产品一样标准化,旅游者在购买旅游产品时所面临的风险相对更高,因此,信息对于旅游者的决策行为参考作用更大。旅游者在进行旅游决策之前会尽可能获取更多准确的信息,以帮助做出旅游决策。一般而言,旅游决策前信息搜寻来源包括口碑信息、中立信息和广告信息等方面。

口碑效应是指旅游者的亲戚、朋友、同学、同事等熟人的言论对旅游者的决策施加的影响。口碑信息大多源于这些成员的亲身经历,不仅包含客观描述,而且富有引导性。对于旅游消费者而言,口碑信息来源于旅游者群体内部,因而具有很强的可信度。随着网络技术的发展,口碑信息已经不只限于群体内部的传播,其他旅游者的评论都可以在网络上发布,对于潜在的旅游者而言也是非常有参考价值的口碑信息。

中立信息是指通过报刊、图书、电影、电视等中立机构途径传播的,而非由旅游组织或企业提供的信息,具有较强的客观性和权威性,对旅游者的决策有着重大影响。[①] 近年来,电影、电视中的信息对人们旅游决策的影响力逐渐增强,很多旅游目的地成为某些电影或电视的外景拍摄场地之后,往往能够吸引大量旅游者前来游览。

广告信息是指来自旅游目的地政府或企业的推介信息。虽然这些信息带有明显的宣传广告性质,但是由于信息量大、影响面广,因此也会对旅游者的决策产生很大影响。

在完成信息收集工作之后,旅游者进入目的地选择阶段,这是旅游决策过程中最为重要的环节。旅游者通过前一阶段信息收集、比较和判断之后,最终权衡各个方面的情况,形成整体印象,这就是感知环境。旅游者对旅游目的地决策受到感知环境的限制,尽管客观环境中存在某个旅游目的地,但是如果这个旅游目的地未能成为旅游者感知环境的一部分,人们就不可能前往该目的地游览。

决策行为还会受到最大效益原则的影响,即旅游者在进行旅游决策时倾向于追求在资金和闲暇时间限制下的最大旅游效益。严格来说,人们追求的最大旅游效益永远只能是最满意而不是最优。在时间上,最大效益原则使得旅游者在进行旅游决策时总是追求最小的"旅—游"时间比,即从居住地到目的地的时间与在目的地进行旅游活动的时间比最小。在目的地选择上,最大效益原则使得旅游者倾向于选择高级别的旅游目的地以及自然环境、文

---

① 吴必虎,黄潇婷.旅游学概论[M].2 版.北京:中国人民大学出版社,2013:36.

化环境与居住地差异较大的旅游目的地。

2）前往行为

前往行为是指旅游消费者离开居住地，前往旅游目的地的过程，是旅游消费者从前期准备到进行旅游活动的空间移动过程，即图 3.3 中所示的从 A 阶段到 B 阶段。随着交通方式和出行环境的不断发展与改善，前往行为不仅是完成旅游者前往旅游目的地空间位移的手段，而且逐渐成为旅游体验的重要组成部分。

在前往行为中，由于旅游目的地的强烈吸引力，旅游者在旅途中的烦闷被沿途新鲜的景致和对旅游的美好向往所覆盖。随着与居住地的空间距离逐渐增大，与旅游目的地的空间距离逐渐减小，其个人和原先身份特征逐渐消失，换之而来的是一个轻松自如的新身份——旅游消费者，使其在一路上的行为、言语、神态均表现出新的身份特征。

由于异地性是旅游者最主要的特征之一，旅游活动的进行以旅游者成功的空间移动为基础。不同交通工具作为客源地与目的地之间的运输方式，由于其运速、运量等方面存在差异，使旅游者旅途时间及金钱花费存在较大差异。同时，旅游者往往会根据自身的旅游需求、闲暇时间、经济条件以及现实的旅游交通条件选择不同的旅游交通工具。

旅游者选择不同的交通方式和出游方式，其前往行为也会有所差异。如果旅游者以散客方式出游，则自行前往机场、车站、码头等地，选择乘坐飞机、火车或轮船等交通工具出游。如果旅游者以团队方式出游，则按照旅行社的安排前往集合地点，根据旅行社安排的交通方式前往旅游目的地。

3）游览行为

游览行为是指旅游者在旅游目的地进行观光、体验等活动的过程，是旅游消费者行为过程中最核心的部分，在图 3.3 中表现为从 B 阶段到 C 阶段。旅游者的游览是实现旅游体验的重要方式，是旅游者通过视听感官对所接触到的各类事物进行欣赏、体验，并从中获得审美愉悦的体验过程。

旅游者单程旅行过程结束之后，真正满足其旅游需要的活动开始，旅游者的主体身份开始进行更深层次的转换。旅游者暂时"忘却"了过去的工作、生活，全然不受原来身份的左右，而以新的社会角色——旅游者的身份按新的生活节奏活动于一个新"舞台"。旅游者在"忘我"的精神状态下，以貌似"越轨"、近乎"怪诞"的行为获得了最大的生理和心理满足，带有脱离现实生活的梦幻色彩，同时这种行为也完全得到自己和他人的理解。

根据旅游目的地的空间大小，可将游览行为划分为大、中、小三个尺度，大尺度游览行为涉及空间范围为国际、全国、省际空间；中尺度游览行为涉及省内、地区（市）内空间范围；小尺度游览行为则一般涉及更小的县（市）内、风景区内的旅游消费者行为。

在大尺度空间范围中，旅游者受旅游时间和最大信息量原则的影响，往往力图到级别高的旅游目的地进行游览活动，具体表现为：一方面，旅游者倾向于选择有高级别景点的目的地作为旅游目的地；另一方面，旅游者到达目的地后，往往只游览级别较高的景点，而对低级别的景点则不感兴趣，尽管这些景点还是有相当的游览价值。当旅游者的旅游目的地不止一个时,旅游者总试图采用闭环状路线游览,避免走回头路。

在中、小尺度空间范围内,旅游者则倾向于采用节点状旅游路线。因为在中、小尺度空间范围内,旅游者一般不愿在外地住宿,所以会尽可能在一天之内完成游览行程,数次向同一方向进行一日游活动;宁可采用往返走回头路的节点状路线,而不采用闭环状路线进行一次数天的旅游行程。

4)回归行为

回归行为是指旅游者离开旅游目的地返回居住地的过程,是旅游者完成一次旅游活动的最终行为,在图3.3中表现为从C阶段到D阶段。在回归行为阶段,旅游者会逐渐回归日常生活环境,并对旅游体验、经历进行总结,形成对旅游目的地形象的整体认知。

在此过程中,旅游者的身份会再次进行转换。旅游者逐渐脱离旅游世界,开始卸下旅游者的标记,恢复其原有生活环境中的身份特征。随着与居住地的空间距离逐渐缩短,其"主人"心态逐渐增强,对原来的工作、生活韵律的考虑,成为其心理活动的主要内容。

对旅游者而言,旅游形象是由旅游目的地众多要素叠加形成的整合体系。形象要素的叠加过程既受到时间、空间因素的影响,也受到旅游者自身经历及各种媒体信息素材的影响,更受到旅游者对目的地直观体验的影响。因此,旅游者会在完成旅游活动后修正旅游前对旅游目的地形象认知。

当旅游者在旅游目的地的游览行为结束后,会产生各种直观的体验感受和认知印象,这个叠加印象可能与旅游目的地精心宣传和包装后的旅游形象存在差异。此时,旅游者既会形成对旅游目的地的感知形象,也可能会产生希望旅游目的地进行改造提升的期望形象。在回归行为阶段,旅游者形成的旅游目的地感知形象不仅会影响自身的旅游行为,而且会通过下一阶段的质量、满意度评价和人际口碑传播行为,影响其他旅游者的决策行为。

5)趋平行为

趋平行为是指旅游者在完成旅游活动之后,逐渐回归日常生活角色并对目的地做出评价,进行口碑传播的过程,是旅游者对旅游活动的反馈,在图3.3中表现为从D阶段到Y阶段。旅游者回到原先的主流生活后,仍不同程度地受到刚刚结束的旅游活动的影响,往往表现在精神方面,也相应表现在其工作、生活适应程度和创造性行为中。

当旅游者完成旅游活动,回到惯常环境之后,整个消费行为并未完全结束,还会在一定时段内经历某种形式的评估过程。在这个阶段,旅游者往往会进行经历总结、旅游评价和口碑传播。旅游者总结旅游经历后往往会对旅游活动做出满意或不满意的质量评价,并在同他人交流时表达对旅游目的地和旅游产品的满意度评价,对他人的判断给予倾向性引导。

旅游者对旅游活动的质量评价涉及两个因素:出行前对旅游目的地的期望值;在旅游目的地所经历和感受的各种服务及整体环境形成的满意度。从理论上讲,旅游者期望值和满意度之间存在三种动态关系:高期望值、低满意度导致负向质量评价,不仅不会产生重游行为,而且还会以自身经历为例进行负面口碑传播;低期望值、高满意度导致正向质量评价,会对同一目的地或旅游产品产生再次购买行为,并愿意进行正面的口碑传播;期望值和满意度对等则产生客观的质量评价,但在现实的旅游活动中,期望值和满意度完全一致是不太可能的,旅游者因个体的差异及旅游目的地资讯来源和理解的不同,总会形成对旅游目的地质量评价的偏差。

由于携程网、去哪儿网、马蜂窝等旅游在线网站的空前发展,越来越多的旅游者倾向于在旅游社交平台上搜寻和获取信息,同时也转变为口碑信息的创造者和提供者,在网络共享平台上发布了大量照片、游记、评价等信息。在互联网时代,旅游者发布的各种评价信息,其传播范围已不仅仅局限在人际交往圈内部,口碑传播借助社交媒体的放大作用呈现出更加巨大的影响力。

3.3.2　旅游消费者行为规律

旅游消费者行为规律是指旅游行为区别于其他行为的基本特性,通常通过旅游行为的空间尺度、时间延续、选择目标、消费水平等特性反映出来。旅游消费者消费行为最为显著的表现在空间尺度上的距离衰减、时间延续上的季节波动、目标选择上的择优游览、消费水平上的超常消费四大规律。

1) 距离衰减规律

距离衰减规律是指旅游者数量随着出游距离的增加而逐渐减少的空间分布规律。旅游者在一定条件下总出游力有限,在特定时段、特定背景下只能到访一定空间距离内的旅游目的地,距离因子首先就影响了旅游者到访目的地的空间分割。一般而言,距离越近,旅游者到访概率越大;距离越远,到访概率越小。

根据距离衰减规律,旅游市场随距离衰减是惯常现象,数据显示,中国城市居民出游市场也随距离增加而衰减,80%的出游市场集中在距客源地500千米范围以内。① 因此,可以把距离在500千米之内城市居民的旅游活动称为近程旅游活动,它具有出行范围小、出游频率高的特点。在目前的经济条件下,还可以将来回双程旅行时间5小时左右或旅行距离300千米左右作为旅游者的主要出行范围,一般包括居住地附近的街区公园、城市内部景点、市郊景点及邻近省市景点。

2) 季节波动规律

季节波动规律是指旅游者数量在一定时期内不平衡波动的时间分布规律。一般而言,旅游目的地到访者数量都会出现不同程度的季节性波动,往往将一年内旅游者来访人数明显较多的时期称为旺季,来访人数明显较少的时期称为淡季,其余时期则可称为平季。

对于旅游者的季节性波动,既有目的地方面的原因,也有旅游者自身的原因。就旅游目的地方面来说,致使旅游者到访量出现季节性波动的主要原因是该地的资源和气候条件,特别是某些旅游目的地吸引旅游者到访的主要旅游资源受当地季节性气候变化影响较大,季

---

① 吴必虎,唐俊雅,黄安民,等.中国城市居民旅游目的地选择行为研究[J].地理学报,1997,52(2):97-103.

节性波动强度更为明显。从旅游者自身原因来看,影响其数量季节性波动的主要因素包括旅游消费者的出游目的和假期时间两方面,一般而言,出游目的为娱乐消遣的旅游消费者季节性波动较大,客源地带薪假期和放假时间集中度也对季节性波动具有一定影响。

3) 择优游览规律

择优游览规律是指旅游者在旅游活动中表现出优先选择高级别旅游产品的行为规律。旅游者选择旅游产品一般倾向于优先选择交通条件便捷、旅游资源丰富、接待设施完善、经营管理先进的高知名度、高级别产品,当旅游者对于这些高级别旅游产品的需求得不到满足时才转向交通条件、资源禀赋、接待设施、管理水平都次之的低级别旅游产品。

由于旅游者的择优游览行为,旅游者往往在一个目的地内部集中于某些热门景点,与之相比,许多其他景点的游客接待量在一定程度上偏少。旅游者在高级别景点的集中使得热点区域面临巨大的旅游承载压力,对交通、住宿、旅行社、景区总容量、旅游业从业人员等的需求极大。特别在旅游旺季,高级别景点交通压力和景区承载压力巨大,相对的旅游收入也较高;而低级别景点则由于知名度低,旅游接待量和旅游收入远远低于高级别景点,使得目的地内部景点之间发展差距进一步拉大。

4) 超常消费规律

超常消费规律是指旅游者在旅游过程中表现出物质消费水平攀高的行为规律。在旅游这个特殊情境中,旅游者会脱离生活世界中各种规则的限制,对于自身责任约束松弛,表现出明显的挥霍趋向。面对旅游目的地复杂的消费对象出现冲动型购买,为挣得面子、满足心理上的需要而进行炫耀型消费,从而导致物质消费水平攀高现象。

旅游活动的异地性和暂时性对消费者冲动性消费和炫耀性消费的产生具有很大的诱发影响。一般而言,空间移动越大,原惯常居住地的道德约束力量越弱,消费水平越明显高于日常生活,旅游者越容易产生冲动性消费。旅游活动的暂时性则表明旅游活动是发生在旅游消费者人生时间波谱中短暂时间段内的行为,是正常生活的逃逸,在这个过程中旅游者的消费心理与消费定势都可能发生改变,出现攀比、奢靡等明显失控倾向的消费行为,诱发炫耀性消费。

3.3.3　旅游消费者行为引导

旅游消费者行为引导是指旅游者在旅游过程所倡导的文明行为方向,通常通过旅游者所享有的权利、必须遵守的义务、应该具备的素质等来体现。

1) 旅游消费者权利

旅游消费者权利是指旅游消费者在偿获产品或接受服务过程中有权自己做出一定的行为或抑制一定的行为。旅游消费者权利包括安全权、知情权、自主选择权、公平交易权、求偿权、受尊重权、特殊旅游者优惠权等。

（1）安全权

安全权是指旅游者在购买旅游产品和接受旅游服务时,享有要求旅游经营者保障其人身、财产安全不受损害的权利。其中,生命安全权是指旅游者生命安全和健康安全不受危害或损害的权利;财产安全权是指旅游者的财产不受损失的权利,财产损失表现为财产在外观上发生损毁或价值减少。安全权是旅游者最基本、最重要的权利,旅游者的安全问题甚至关系到一个国家或地区旅游业的命运。

（2）知情权

知情权是指旅游者享有知悉其购买的旅游产品和接受的旅游服务的真实情况的权利。《中华人民共和国旅游法》(以下简称《旅游法》)第九条第二款规定,旅游者有权知悉其购买的旅游产品和服务的真实情况。旅游者的知情权具体内涵包括在旅游活动中要求经营者按照法律、法规规定的方式标明相关知识和真实信息的权利,以及在购买、使用旅游产品或服务时询问和了解产品或服务有关情况的权利。知情权是旅游者的一项基本权利,充分了解旅游产品或服务的真实情况是旅游者购买产品或接受服务的前提条件。

（3）自主选择权

自主选择权是指旅游者可以根据自己的消费需求,自主选择自己满意的商品或服务,拥有决定是否购买或接受的权利。《旅游法》第九条第一款规定,旅游者有权自主选择旅游产品和服务,有权拒绝旅游经营者的强制交易行为。旅游者的自主选择权包括自主决定是否购买一种产品或接受一项服务的权利,以及自主进行比较、鉴别和挑选的权利。自主选择权是一种相对权,旅游者自主选择行为必须是依照法律、法规,遵守社会公德,不侵害国家、集体和他人合法权益的合法行为。

（4）公平交易权

公平交易权是指旅游者在购买商品或接受服务时,享有公正、合理地进行市场交换行为的权利,即旅游者在与经营者进行交易时享有拒绝强制交易,获得质量保障、价格合理、计量正确的权利;要求旅游者与经营者的交易行为在合理的条件下进行,并由双方协作完成,符合平等、自愿、等价、有偿、公平、诚实、信用等市场交易基本原则,核心在于旅游者能够以一定的货币支付获得同等价值的旅游产品和服务。公平是指导旅游经营者与旅游者进行交易的重要法律准则,公平交易权保障了交易双方的均衡性。

（5）求偿权

求偿权是指当旅游者权利遭受侵害、损失时所具有的要求赔偿的权利。《旅游法》第十二条第二款规定,旅游者人身、财产受到侵害的,有依法获得赔偿的权利。旅游者的求偿权表现为旅游者因购买、使用旅游产品和接受服务时受到人身、财产损失时,享有依照法律规定或合同约定向旅游经营者索求赔偿的权利。旅游者求偿的范围通常包括财产损害赔偿和精神损害赔偿。求偿权是弥补旅游者所受损害必不可少的经济性权利。

（6）受尊重权

受尊重权是指旅游者在购买、使用旅游产品和接受旅游服务时,享有人格尊严、民族风俗习惯受到尊重的权利。《旅游法》第十条规定,旅游者的人格尊严、民族风俗习惯和宗教信仰应当得到尊重。旅游者的受尊重权表现为在旅游活动中,旅游经营者不得侮辱、诽谤旅游消费者,不得侵害旅游者的人格尊严,同时不得歧视旅游者的民族感情、民族尊严和民族意识,尊重旅游者宗教信仰自由。

(7)特殊旅游者优惠权

特殊旅游者是指因身体残疾、年龄、职业等原因而受到法律特殊保护和特殊对待的旅游消费者,主要包括残疾人、老年人、未成年人、军人、学生等。《旅游法》第十一条规定,残疾人、老年人、未成年人等旅游者在旅游活动中依照法律、法规和有关规定享受便利和优惠。特殊旅游者的优惠权使得他们不会因为个人经济条件、身体条件、年龄条件等方面的原因而被迫放弃参加旅游活动,通过国家、社会和旅游经营者为他们提供的各种便利和优惠,特殊旅游者能够享用各项旅游产品和服务。

2)旅游消费者义务

旅游消费者义务是指旅游消费者在偿获产品或接受服务过程所应该做的事和所应该尽的责任。旅游消费者义务包括文明旅游、不损害他人的后发权益、告知个人信息和安全配合、遵守出入境管理法规等。

(1)文明旅游

《旅游法》第十三条规定,旅游者在旅游活动中应当遵守社会公共秩序和社会公德,尊重当地的风俗习惯、文化传统和宗教信仰,爱护旅游资源,保护生态环境,遵守旅游文明行为规范。旅游者在旅游过程中应自觉提升个人修养,树立文明旅游意识,了解文明旅游常识和旅游目的地的风俗禁忌,尊重旅游目的地的风俗习惯、文化传统和宗教信仰,遵守《中国公民出境旅游文明行为指南》和《中国公民国内旅游文明行为公约》等旅游行为规范,摒弃不文明的生活习惯,做到文明旅游、友好旅游。

(2)不得损害他人的合法权益

《旅游法》第十四条规定,旅游者在旅游活动中或者在解决纠纷时,不得损害当地居民的合法权益,不得干扰他人的旅游活动,不得损害旅游经营者和旅游从业人员的合法权益。旅游者在旅游活动中要遵守兼顾他人利益的行为准则,不能侵害他人合法权益,这是对旅游者的基本要求,也是法定义务。《旅游法》还规定,旅游者从事严重影响其他旅游者权益的活动,且不听劝阻、不能制止的,旅行社可以解除合同,损害旅行社、履行辅助人、旅游从业人员或其他旅游者合法权益的,应依法承担赔偿责任。

(3)告知个人信息和安全配合

为了保障旅游者自身安全的需要,以及旅游活动的顺利进行,《旅游法》第十五条规定,旅游者在购买、接受旅游服务时,应当向旅游经营者如实告知与旅游活动相关的个人健康信息,遵守旅游活动中的安全警示规定。旅游者对国家应对重大突发事件暂时限制旅游活动的措施以及有关部门、机构或者旅游经营者采取的安全防范和应急处置措施,应当予以配合。旅游者违反安全警示规定,或者对国家应对重大突发事件暂时限制旅游活动的措施、安全防范和应急处置措施不予配合的,依法承担相应责任。

(4)遵守出入境管理法规

《旅游法》第十六条规定,出境旅游者不得在境外非法滞留,随团出境的旅游者不得擅自分团、脱团。入境旅游者不得在境内非法滞留,随团入境的旅游者不得擅自分团、脱团。我国出境旅游者赴其他国家旅游,在签证到期后不得在境外滞留不归;参加组团社的出境旅游团队后,在境外未告知旅游团、未取得该国入境管理部门同意不得擅自脱离旅游团队单独出入境,不随团完成约定行程的行为,会承担相应的法律责任。

3)旅游消费者素质

旅游消费者素质是指旅游者在旅游过程中所体现的文明水平与文明风貌,体现在对他人、对资源、对环境、对设施等处理关系之中。为进一步提高旅游者文明旅游素质,倡导文明出行,弘扬文明旅游新风,2016 年 8 月 2 日原国家旅游局发布了中国公民文明旅游 10 句话公约:"重安全,讲礼仪;不喧哗,杜陋习;守良俗,明事理;爱环境,护古迹;文明行,最得体。"该公约将文明理念渗入旅游活动的各个环节,以加强文明旅游宣传引导,强化旅游者和旅游从业者的文明意识,营造文明和谐的旅游环境。

(1)重安全,讲礼仪

安全是旅游业的生命线和发展前提,是旅游者实现精神愉悦和身心放松的基本保障。目前,安全问题仍是旅游活动中影响旅游决策、制约旅游业发展的突出问题之一,旅游安全事故近年来仍频频发生。旅游者在外出旅游过程中要加强安全意识,尽可能避免安全隐患,确保自身和他人安全,还要了解并熟练掌握事故处理技能,减小事故危害。

礼仪是人们在长期共同生活和互相交往中逐渐形成,并以风俗、习惯和传统等方式固定下来,以建立社会和谐关系、维系人们正常生活为目的的行为准则或规范,它是一个国家社会文明程度、道德修养、审美情趣和文化品位的外在表现形式。[①] 旅游礼仪涉及方方面面,不仅包括一般的人际交往礼节,还包括吃、住、行、游、购、娱等各方面的礼仪,对于旅游消费者塑造良好的风貌和形象具有重大意义。旅游者在旅游活动中应以礼待人,衣着整洁得体,不在公共场所袒胸露背,礼让老幼病残、礼让女士,不讲粗话,树立文明旅游形象。

(2)不喧哗,杜陋习

由于旅游者在旅游目的地这个异地空间内脱离了生活世界中各种规则的限制,往往会表现出道德弱化行为,出现大声喧哗、不守秩序等不文明行为,影响了旅游活动的组织和管理,而且会破坏其他旅游者的旅游体验。因此,旅游者在旅游活动中应当遵守公共秩序,不喧哗吵闹,排队遵守秩序,不并行挡道,不在公众场所高声交谈,为自身和他人提供一个良好的旅游环境和旅游氛围。

随着旅游产业的高速发展,旅游活动中旅游者陋习也层出不穷。在此背景下,原国家旅游局发布了十大不文明行为:随处乱丢垃圾、废弃物;肆意践踏花草、攀折花树;损坏公共设

---

① 蓝瑜.旅游礼仪[M].咸阳:西北农林科技大学出版社,2007:1.

施;不遵守公共秩序,随意插队;随地吐痰、大小便;拍照时攀爬文物,影响其他游客通行;在景点随意涂鸦、刻字;上洗手间不冲水;在非吸烟区吸烟;不遵守交通规则。旅游者应坚决杜绝这些陋习,自觉遵守公共秩序和社会公德。

（3）守良俗,明事理

良俗是指一般道德观念或良好道德风尚,包括社会公德、商业道德和社会良好风尚。旅游者守良俗从某种意义上来说也是旅游者社会公德的体现,遵纪守法、相互尊重、互相关心、互相帮助、诚实守信、文明礼貌、遵守公共秩序等社会公德是旅游者良俗形成和发展的基础。旅游者在旅游活动中应该遵守社会公德,提倡健康娱乐,抵制封建迷信活动,拒绝涉及黄、赌、毒的旅游活动,形成社会良好风尚。

旅游活动应该是有利于个人身心健康的活动,健康的旅游活动是个人自我完善、培养高尚人格的重要途径。旅游者应当在旅游活动中注重提升自我、不断完善自我,而不是通过旅游机会寻求自我放纵和自我堕落。此外,旅游者还应意识到在旅游活动中不仅能够行使权利,还需履行义务和责任,遵守旅游文明行为规范,尊重其他旅游者的权利,不得损害他人的合法权益。

（4）爱环境,护古迹

旅游目的地环境是旅游业和旅游活动赖以存在和发展的基础,没有良好的环境,当地的旅游业就难以发展。然而在旅游活动中,旅游者有意或无意的行为或多或少都会对景区环境造成破坏,造成旅游污染。为了减少旅游活动的环境污染,根据《中国公民国内旅游文明行为公约》,旅游者在旅游目的地应维护环境卫生,不随地吐痰和口香糖,不乱扔废弃物,不在禁烟场所吸烟。此外,还应保护生态环境,不踩踏绿地,不摘折花木和果实,不追捉、投打、乱喂动物。

文物古迹是人类历史发展过程中遗留下来的珍贵遗产。在我国,文物古迹是旅游资源的重要组成部分,文物古迹类旅游资源是历史文化旅游资源的重要类型和载体。由于文物古迹的不可逆和不可再生性,旅游消费者的踩踏、攀登、抚摸等不文明行为都会对文物古迹带来不可挽回的人为损毁。因此,旅游者在游览文物古迹时应注意保护文物古迹,不在文物古迹上涂刻,不攀爬触摸文物,拍照摄像遵守规定,避免对文物古迹造成破坏。

（5）文明行,最得体

旅游不文明行为是指旅游者在旅游过程中所表现出的不符合社会伦理、道德规范的行为。[①] 一般来说,旅游消费者不文明行为的发生以一定刺激为基础,这种刺激既可能来源于旅游内部环境,也有可能来源于旅游外部环境。在这些刺激因素中,旅游者的客观需求往往是最重要的,当旅游者的客观需求通过正当途径不能及时或有效满足时,旅游者就会观察周围环境,采取"便捷"途径及时满足,导致不文明旅游行为产生。

旅游者随时随地可能实施多种多样的不文明行为,这些行为涉及旅游活动中的每一个环节,从旅游餐饮中的自助餐饮随意浪费到旅游住宿中的客房随意污染,从旅游交通中的乱

---

① 杨懿,田里,常飞.旅游者文明消费素养评价与不文明行为矫治研究[J].消费经济,2015,31(4):66-70,75.

扔垃圾到旅游游览中的恶语相向,从旅游购物中的只"尝"不买到旅游娱乐中的黄赌毒泛滥。旅游者应该自觉以文明旅游为荣,以不文明为耻,形成文明旅游意识,用意识和观念约束自身旅游行为,防止在任何一个旅游环节出现不文明行为。

3.4　旅游消费者移动

旅游消费者移动是指旅游者作为一个消费群体的空间行为特征,通常反映在旅游者出游特征、移动模式、市场划分等方面。

3.4.1　旅游消费者出游特征

1)出游规模

出游规模是指一定时期内某一国家或地区外出旅游者的数量和质量,可以从旅游人次和旅游支出两个统计指标进行衡量。21 世纪以来,全球旅游出游规模除了在少数特殊年份遭遇挫折之外,基本上呈现出一种持续上升的趋势。根据联合国旅游组织发布的统计数据(表 3.1),2000—2017 年,全球国际旅游客流总量增长了 96.3%,年均增长率为 5.35%;国际旅游收入增长了 160%,年均增长率为 8.90%。全球国际旅游人次在 2012 年突破 10 亿人次,2017 年达到 13.23 亿人次;国际旅游收入在 2011 年突破 1 万亿美元,2017 年增至 1.34 万亿美元。

表 3.1　2000—2017 年全球国际旅游人次和国际旅游收入

年份	旅游人次/百万人次	旅游收入/10 亿美元
2000	674	515
2001	673	513
2002	693	520
2003	662	533
2004	753	634
2005	797	679
2006	842	743
2007	897	857
2008	916	940
2009	881	851

续表

年份	旅游人次/百万人次	旅游收入/10 亿美元
2010	939	928
2011	982	1 030
2012	1 035	1 075
2013	1 087	1 159
2014	1 135	1 245
2015	1 184	1 196
2016	1 235	1 220
2017	1 323	1 340

资料来源:根据联合国旅游组织有关资料整理。

从空间分布来看(表 3.2),2000—2017 年,全球五大旅游片区出游人数持续增加,其中,欧洲地区出游人数增长率为 62.6%,年平均增长率为 3.48%,是五大片区中增幅最小的地区,但欧洲地区 2017 年出游人数超过 6 亿人次,是五大区中出游人数最多的旅游区;亚太地区出游人数增幅最大,增长率高达 189%,年均增长率为 10.5%,到 2017 年出游人数已超过 3 亿人次,稳居世界第二大旅游客源输出区域;美洲地区出游人数增长率相对较低,为 68.91%,年均增长率为 3.83%,到 2017 年出游人次超过 2 亿人次,在五大区中排名第三;中东和非洲地区出游人数增幅较大,分别为 210.9% 和 182.6%,年平均增长率分别为 11.71% 和 10.14%,但是其出游人数总量偏低,2017 年出游人数分别为 3 980 万人次和 4 210 万人次。随着亚太地区的出游规模迅速扩大,欧洲地区和亚太地区 2017 年出游人数合计占全球总量的76.12%,逐渐形成了"欧—亚太—美"的出游规模排位新格局。

表 3.2　2000—2017 年全球旅游区出游人数(单位:百万人次)

地区	2000 年		2005 年		2010 年		2017 年	
	出游人数	排名	出游人数	排名	出游人数	排名	出游人数	排名
欧洲	390.3	1	452.3	1	496.7	1	634.6	1
亚太	114.1	3	152.8	2	206.0	2	329.8	2
美洲	130.6	2	136.5	3	155.6	3	220.6	3
中东	12.8	5	21.4	4	33.5	4	39.8	5
非洲	14.9	4	19.3	5	28.3	5	42.1	4

资料来源:根据联合国旅游组织有关资料整理。

从旅游支出额看(表 3.3),进入 21 世纪以来世界十大国际旅游支出国情况变化较大,排位靠前的国家仍以美国、德国、英国、法国等欧美发达国家为主。2000 年旅游支出排名前十的亚太地区国家只有日本和中国,其余均为欧美国家;但是到 2017 年,日本、荷兰、比利时已不在前十之列,澳大利亚、韩国两个亚太地区的国家则跻身其中,而且中国取代美国、德国等欧美国家成为世界最大国际旅游支出国。

表 3.3　2000—2017 年全球十大国际旅游支出国(单位:10 亿美元)

国家/地区	2000 年		2005 年		2010 年		2017 年	
	支出额	排位	支出额	排位	支出额	排位	支出额	排位
美国	65.0	1	69.2	2	77.7	2	135.0	2
德国	47.6	2	72.7	1	91.9	1	89.1	3
英国	36.6	3	59.6	3	48.6	4	71.4	4
日本	31.5	4	37.5	4	27.9	7	—	—
法国	17.2	5	31.2	5	39.4	5	41.4	5
意大利	15.5	6	22.4	6	27.1	8	27.7	10
加拿大	12.4	7	18.4	8	29.5	6	31.8	7
荷兰	11.8	8	16.2	10	—	—	—	—
中国	—	9	21.8	7	54.9	3	257.7	1
比利时	—	10	—	—	—	—	—	—
俄罗斯	—	—	17.8	9	26.5	9	31.1	8
澳大利亚	—	—	—	—	22.5	10	34.2	6
韩国	—	—	—	—	—	—	30.6	9

资料来源:根据联合国旅游组织有关资料整理。

2) 出游率

出游率是指一定时期内某一国家或地区外出旅游人数与总人口数的比率。该比率反映了该国或地区的居民的出游潜力。根据联合国旅游组织的统计数据,进入 21 世纪以来世界平均出游率和全球五大旅游片区出游率情况如表 3.4 所示。

表 3.4 2000—2017 年全球及五大区出游率(出游人数:百万人次)

地区	2000 年		2005 年		2010 年		2017 年	
	出游人数	出游率/%	出游人数	出游率/%	出游人数	出游率/%	出游人数	出游率/%
全球	674	11.0	797	12.2	939	13.5	1 266.9	16.8
欧洲	390.3	45.0	452.3	51.5	496.7	55.5	634.6	68.8
亚太	114.1	3.2	152.8	4.1	206	5.2	329.8	7.8
美洲	130.6	15.6	136.5	15.3	155.6	16.5	220.6	21.9
中东	12.8	9.0	21.4	11.1	33.5	15.1	39.8	15.3
非洲	14.9	2.0	19.3	2.6	28.3	3.9	42.1	3.7

资料来源:根据联合国旅游组织和世界银行有关资料整理。

总体来看,全球平均出游率在进入 21 世纪后持续提高并从 2010 年起增长速度显著加快,到 2017 年出游率已增至 16.8%,比 2000 年上升 5.8%。从全球五大旅游片区来看,出游率均呈现稳定增长趋势。其中,欧洲地区出游率最高,2017 年出游率达 68.8%,比 2000 年增长了 23.8%,从总量上和增速上都远高于全球平均水平和其他四个片区;美洲地区的出游率仅次于欧洲,稍高于世界平均水平,增长速度与世界平均水平基本持平,2017 年出游率达到 21.9%,比 2000 年增加了 6.3%;中东地区出游率位列第三,尤其是在进入 21 世纪后呈现波动增长的态势,2010 年出游率为 15.1%,曾超越全球平均出游率,但是 2017 年出游率相比 2010 年仅增加了 0.2%,与全球平均水平和美洲地区差距再次扩大;亚太地区出游率位列第四,远低于全球平均水平且增长缓慢,2000—2017 年出游率仅增加了 4.6%,到 2017 年亚太地区出游率仍只有 7.8%;非洲地区出游率在五大片区中最低且增长最慢,2017 年相比 2000 年仅增加了 1.7%,与其他四片区差距也呈逐步扩大趋势。

3) 出游分布

出游分布是指一定时期内旅游者的空间去向情况,可从不同区域接待旅游者数量和旅游收入情况进行分析。从全球五大旅游片区来看(表 3.5),进入 21 世纪以来五大旅游片区接待旅游者数量均稳定增长。欧洲地区接待旅游者数量从 2000—2017 年增长了 74.18%,年均增长率为 4.12%;2017 年,欧洲地区旅游者接待量达到 6.7 亿人次,占全球总量近 50%,说明欧洲地区是当今世界上国际旅游活动的中心。亚太地区的国际旅游接待量快速增长,从 2000—2017 年增长了 193.5%,年均增长率为 10.75%,接待旅游者数量开始超过美洲并逐步拉大差距;2017 年亚太地区的接待量达 3.23 亿人次,约占全球总量 25%,在五大片区中稳居第二。美洲地区的国际旅游接待量增幅在五大区中最小,从 2000—2017 年增长了 62.79%,年平均增长率仅为 3.49%,2005 年起就退居第三位;2017 年国际旅游接待量超过 2 亿人次,约占全球总量 15.8%。中东和非洲地区接待量近期增幅较大,从 2000—2017 年分别增长了

141.1%和139.3%,高于五大区平均增长率,但是两地区接待旅游者总量和所占比重较低,2017 年接待量分别为 5 810 万人次和 6 270 万人次,合计约占全球总量的9%。

表 3.5　2010—2017 年全球国际旅游接待量的地区分布格局(单位:百万人次)

地区	2000 年		2005 年		2010 年		2017 年	
	接待量	排名	接待量	排名	接待量	排名	接待量	排名
欧洲	385.0	1	440.7	1	474.8	1	670.6	1
亚太	110.1	3	153.6	2	204.4	2	323.1	2
美洲	128.2	2	133.3	3	150.7	3	208.7	3
中东	24.1	5	36.3	4	60.3	4	58.1	5
非洲	26.2	4	34.8	5	49.7	5	62.7	4

资料来源:根据联合国旅游组织有关资料整理。

从国际旅游收入看(表 3.6),2000—2017 年全球国际旅游收入快速增长,增长幅度远大于接待旅游者数量的增长幅度,说明旅游者人均消费水平不断提高。其中,欧洲地区旅游收入始终排名第一,2017 年达到 5 192 亿美元,约占全球总额的38.7%,但是增长相对较为缓慢,从 2000—2017 年增长了 124.3%,年均增长率仅为 6.9%,增幅小于平均水平。亚太地区从 2000—2017 年国际旅游收入增长了 372.2%,年均增长率为 20.7%,2017 年实现旅游收入 3 896 亿美元,约占全球总额的29.1%,超过美洲地区成为国际旅游收入第二大区。美洲地区旅游收入 2000—2017 年增幅不大,仅增长了 139.1%,年均增长率为 7.7%,低于五大区平均增长率,到 2017 年收入额为 3 262 亿美元,约占全球总额的24.3%,位列第三。中东地区是五大区中旅游收入增幅最大的旅游区,从 2000—2017 年增长了 597.9%,年均增长率为33.2%,但是旅游收入总量仍然偏低,2017 年国际旅游收入为 677 亿美元,占全球总额的5.1%。非洲地区是五大区中旅游收入最低的旅游片区,到 2017 年仅有 373 亿美元,约占全球总额的2.8%,增幅也略小于五大区平均水平,从 2000—2017 年增长了 248.6%,年平均增长率为13.8%。

表 3.6　2000—2017 年全球国际旅游收入的地区分布格局(单位:10 亿美元)

地区	2000 年		2005 年		2010 年		2017 年	
	旅游收入	排名	旅游收入	排名	旅游收入	排名	旅游收入	排名
欧洲	231.5	1	348.2	1	406.2	1	519.2	1
亚太	82.5	3	138.6	3	248.7	2	389.6	2
美洲	136.4	2	144.6	2	182.2	3	326.2	3
中东	9.7	5	27.6	4	50.3	4	67.7	4
非洲	10.7	4	21.5	5	31.6	5	37.3	5

资料来源:根据联合国旅游组织有关资料整理。

3.4.2　旅游消费者移动模式(图 3.4)

1)单一直线型模式

单一直线型模式是指旅游者在一次旅行中只选择一个目的地,从客源地直接前往目的地,然后从原路径返回,而不光顾其他旅游地。这类情况常见于目的性较强的一日游及城市居民城郊旅游等。

2)环型模式

环型模式是指旅游者在一次旅行中以环线形式,从一个方向出发又从另一方向返回,沿途游览多个旅游地。入境旅游者在我国境内就主要采取类似的模式,经北京、上海、广州、深圳等主要口岸进入我国内地,之后到著名旅游城市或旅游胜地进行环游,最后由同一个入境口岸或另一入境口岸出境。

3)直线—环型模式

直线—环型模式是指旅游者由客源地前往目的地采取直线模式,到达目的地后以环线模式游览其他旅游目的地,再按原路径返回客源地。该模式主要表现在国内省际尺度旅游者空间行为上。旅游者进行省际旅游时,一般选择该省旅游知名度最大、区位条件最好的旅游目的地作为首选目的地,再以此为中心进行省域内环游。

4)复合线型模式

复合线型模式是指旅游者在选择某一路径方向上的旅游目的地时存在主次之分,在游览主要旅游地之余会选择其他次要的旅游地。即当旅游者只选择一个旅游地作为主要目的地时,在时间许可下会对沿途距主路径较近、级别较高的旅游地进行游览,然后再返回到主路径上。采用该模式一般需满足以下条件:一是旅游地应距主路径较近,旅程应在一日游范围之内;二是次旅游地应具有较高的知名度和旅游价值。

5)基营模式

基营模式是指旅游者以某一旅游目的地为基点,采用单一直线型旅行模式选择游览其他旅游地。即当旅游者到达一级旅游目的地后,对其周边一日游范围内的较高级别的旅游地进行旅游时一般采用该模式。

3.4.3　旅游消费者市场划分

市场划分是指按照旅游消费者的消费意愿、需求倾向、流动方向、行为特征等因素将旅游消费者总体市场划分成若干具有共同特征的子市场。在此按照旅游者是否出入境将旅游消费者划分为入境旅游市场、出境旅游市场、国内旅游市场三大类。

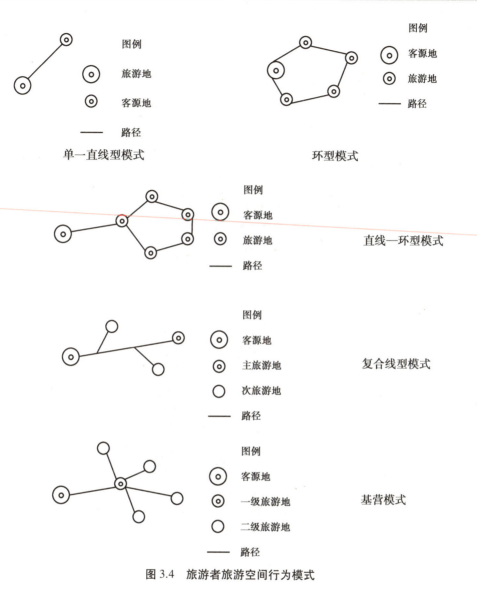

图 3.4　旅游者旅游空间行为模式

1) 入境旅游市场

入境旅游市场是指接待他国或地区旅游者前来我国内地旅游的市场。我国入境旅游市场主要包括中国港澳台客源市场和外国客源市场。

从客源结构来看,入境客源市场分布范围广泛,但亚洲地区仍然是最大的入境旅游客源市场。2017 年中国香港、中国澳门、中国台湾仍然是入境旅游市场的主力,占全部市场份额的 79.09%(图 3.5)。外国入境旅游市场排名前十的客源国分别是缅甸、越南、韩国、日本、俄罗斯、美国、蒙古国、马来西亚、菲律宾、印度(图 3.6)。

从入境旅游客流的空间尺度来看,2017 年入境旅游客流扩散的等级性与近程性特征显著,扩散路径持续多样化。其中,入境客以北京、上海、广州、西安、成都、重庆、桂林、昆明、沈阳等热点城市为节点的扩散路径中,最具代表性的分别是"北京→天津""上海→北京"

"广州→深圳""西安→北京""成都→重庆""重庆→成都""桂林→重庆""昆明→桂林""沈阳→北京"等典型扩散路径。

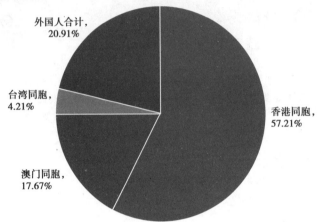

图 3.5　2017 年中国入境旅游主要客源市场结构状况

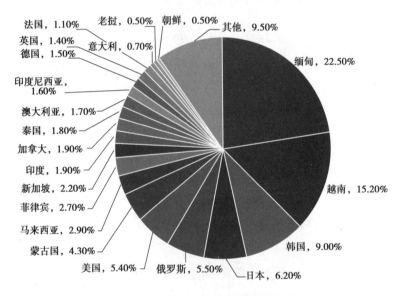

图 3.6　2017 年中国主要客源国的结构

资料来源：中国旅游研究院《中国入境旅游发展年度报告 2018》

2）出境旅游市场

出境旅游市场是指本国旅游者赴他国或地区旅游的市场。我国出境旅游市场主要包括赴中国港澳台旅游市场和出国旅游市场。改革开放以来，我国出境旅游市场规模逐步扩大。2018 年，中国出境旅游市场达到 1.497 亿人次，同比增长 14.7%。中国旅游研究院预测，2018 年我国出境旅游消费 1 200 亿美元。

从目的地来看（图 3.7），我国出境旅游目的地所涉及的国家或地区较多，但整体仍集中在距离较近的亚太地区，特别是中国港澳台地区。2017 年赴中国港澳台旅游人次占出境旅游人次约60%;2017年中国游客出境旅游前10位目的地为中国香港、中国澳门、泰国、日本、越南、韩国、美国、中国台湾、马来西亚、新加坡。

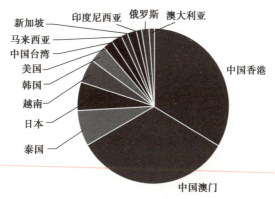

图3.7 2017年主要出境旅游目的地接待中国游客市场份额(前13位)

资料来源:中国旅游研究院《中国出境旅游发展年度报告2018》

从客源地来看,累计52.4%的出游率集中在以北京为中心的环渤海都市圈、以上海为中心的长江三角洲都市圈、以广州和深圳为中心的珠江三角洲都市圈以及西南的成渝城市群,但中西部地区与中小城市出境旅游市场活跃度也持续上升。

3)国内旅游市场

国内旅游市场是指本国旅游者在本国境内开展旅游活动的市场。我国国内旅游市场规模随着人们收入水平和生活质量的提高迅速扩大,2017年国内旅游人数达到50.01亿人次,比上年增长12.8%,国内旅游收入达到4.57万亿元,比上年增长15.9%。

从区域旅游发展趋势来看,东中西三大区域之间的差距呈现出明显的收敛趋势,区域均衡化格局逐渐显现。2017年客源地潜在出游力在东中西三大区域之间的比例大约为6.3∶2.4∶1.3,相比较长期处于7∶2∶1的三级阶梯状分布格局已有所收敛。2017年中、西部地区旅游收入的增长率分别为25.79%和27.69%,超过东部地区的9.63%,旅游人次的增长率分别为18.62%和22.65%,超过东部地区的3.55%,中西部地区旅游产业发展速度已超过东部地区。

从出游时间来看,我国国内旅游出游时间仍较为集中在节假日期间。2017年元旦节、春节、清明节、劳动节、端午节、中秋节和国庆节七大节假日期间,全国共接待游客总量15.21亿人次,旅游收入共12 783亿元,仅春节、国庆、清明三大节日,旅游收入就达到10 976亿元。

从出游目的来看,休闲度假比重提升是国内旅游市场主导特征。2017年我国城镇居民以观光游览为目的出游者占22.1%,以休闲度假为目的出游者占30.1%;我国农村居民出游以观光游览为目的出游者占21.8%,以休闲度假为目的出游者占20.7%。观光游览比重下降、休闲度假比重提升已经成为国内旅游市场的发展趋势和市场特征。

【阅读案例】

跃居全球首位的中国出境旅游消费者

自1997年《中国公民自费出国旅游管理暂行办法》发布以来，短短20多年时间，中国出境旅游规模跃居世界第一。中国旅游研究院、携程旅游集团联合发布的《2017年中国出境旅游大数据报告》显示，2017年中国公民出境旅游突破1.3亿人次，花费达1 152.9亿美元，保持世界第一大出境旅游客源国地位。出境旅游已成为衡量中国城市家庭和年轻人幸福度的一大标准。2018年11月20日，携程、万事达卡在北京联合发布《2018年中国跨境旅行消费报告》，报告显示，中国出境旅游者人均消费排名世界第一，大幅领先其他国家，尤其高于英国、美国等出境游高频国家。

1.新生代旅游者成为主力军

"90后""00后"成生力军。出境旅游者过去以"80后"为主要群体，然而，该群体的出游人次占比正处于逐年下降态势，取而代之的是"90后""00后"出境人次的迅猛增长。根据携程出境游度假产品的数据，2018年1—9月，"90后""00后"出境游人群超越"80后"，占比达到32%，意味着每3个出境游客中就有一个是"90后""00后"新生代。因为"90后""00后"经济逐渐独立且消费观念较为自由，更舍得在旅游上"下血本"。数据显示，"90后"的人均单次旅游开支已经超过"80后"，达到5 689元，而"00后"的开支更已逼近6 000元。

女性反超男性。中国女性出国看世界的热情超乎想象。携程旅游数据显示，女性在自由行中的人数占比逐年攀升，2018年达到58%，高出男性16个百分点。相当于每10个中国旅游者中就有6个是女性。女性预订旅游产品的平均花费要高于男性14%，达到6 254元。

二线城市出游增长最快。北上广深等一线城市始终是最主要的出境游客源地，但值得注意的是，随着更多直飞航线的开通和签证政策进一步开放，如贵阳、常州、南昌、昆明、太原等二线城市的出境人数迅速飙升，参加携程出境游年增长率超过250%，贵阳更是以389%的增速位列黑马城市榜首。携程数据显示，无论是人数增长速度，或是人均消费增长速度，二线城市都已经赶超一线城市。

2.自主体验受青睐成为主打产品

相比"买买买"游客更重视娱乐体验。报告数据显示，短途出境游的人均预订消费超过4 800元，年增幅达7%；而长途旅游人均预订消费则超过7 500元。其中，五钻豪华级别产品的预订消费都获得了更高的增长幅度，这表明游客对于旅游品质及体验的追求持续提升，中国跨境旅游者还需要更多样化的玩法和体验。携程旅游数据显示，海外玩乐产品的预订人数同比去年增长110%，人均玩乐预订消费同比增长24%，为此携程玩乐平台增加了35万种玩乐产品。在希腊品尝葡萄酒、在阿联酋探索IMG冒险世界，或是在斯洛文尼亚的溶洞中寻找人鱼，对旅游者来说是更珍贵的体验和回忆。此外，不同的出境目的地可以带来不同的旅游消费体验，比如到欧洲大家就会采买奢侈品；澳大利亚和日本则是保健和美容品当道；在泰国美食是消费重点；而阿联酋的珠宝则特别受欢迎。

　　个性化成关键词,私家团、当地向导成"网红"。根据携程旅游数据,出境游客中约 6 成选择跟团游。但是,中国出境旅游者跟团游不再是印象中的几十人大团队,2 个人起私密出游、不与陌生人拼团的"私家团"预订人数暴增 177%,占跟团游的 10% 左右,人均消费则超过 7 000 元。报名出境游自由行产品的人次占比接近四成,他们也更倾向于深度体验和个性化的旅游方式,"找个当地人带着玩"成为新趋势。从 2016—2018 年通过携程预订当地向导的游客年增幅达到 67%。找一名当地向导带领品尝特色美食,甚至深入到大厨家学做一门手艺成为"吃货型"游客的新玩法。数据显示,2018 年美食类向导产品已经占总向导产品的24%。目前,全球 90 多个国家 9 000 多名向导可以预订,带来常规旅游方式无法实现的大量新玩法。

　　"说走就走"成为现实。旅游者期望在空间与时间两方面都拥有更强的自主权,如决定在每个景点的滞留时间,以及旅游目的地的机动调整。追求弹性的趋势也体现在预订周期的持续下降,"说走就走"不再只是口号。携程旅游数据显示,年轻的"90 后"的出境旅游者预订周期最短,缩短至 1 个月。目前一些自由行游客的预订周期甚至缩短在 1 周以内,携程自由行产品甚至可以支持游客只需要提前一天下单,第二天就出发。而玩乐产品更是可以说走就走,据统计超过 50% 的玩乐产品是在行程中预订的。

　　3.出境旅游者脚步遍及全世界

　　"回头客"深入小众目的地。万事达卡消费数据显示,美国、澳大利亚、加拿大、日本这些传统的出境旅游大国排名基本保持不变,并保持了高速增长的态势。从接待旅游人次看,泰国、日本、越南、新加坡居高不下,赴泰国旅游的中国旅游者 2018 年超过 1 000 万人次。除了传统的出境热门目的地,报告还发现中国旅游消费者也非常愿意重复去一些国家旅游。根据万事达卡的数据,在"回头客"比率排名前 20 目的地中,就有 14 个目的地有超过 10% 的旅游者连续 3 年到访,其中加拿大、美国、澳大利亚的回头客比例最高。随着回头率增加,报告发现中国旅游者不只是集中在一两个热点城市,而是深入更多目的地。以日本为例,预订消费增速最快的 5 个地方分别为青森、镰仓市、二世古町、高山市、富山,都是相对小众的目的地。

　　"尝鲜者"探索新兴目的地。除了多次到访同一个国家,报告也发现中国旅游者的脚步正越走越远,眼界也越来越开阔。目前携程每年服务的中国出境旅游者已经到达全球近 200个国家和地区,最远已到达南极。根据万事达卡数据,在境外消费人数增速排名前 20 的国家中,9 个是新进榜国家,包括土耳其、希腊、墨西哥、葡萄牙、瑞士、俄罗斯等。

　　资料来源:杨懿、刘小迪根据微信公众号"CHAT 资讯"和《2018 年中国跨境旅行消费报告》整理编写。

思考题

1.罗马会议对应纳入旅游统计的旅游消费者是如何界定的?

2.联合国旅游组织对于国际旅游者和国际游客的定义有何区别?

3.根据不同的标准可将旅游消费者划分为哪些类型?

4.简述旅游需要、旅游动机与旅游需求之间的关系。

5.旅游需求的实现要具备哪些条件?

6.旅游消费者行为过程包括哪几个阶段?

7.旅游消费者行为过程遵循哪些原则?

8.旅游消费者行为有哪些规律?

9.旅游消费者具有哪些权利和义务?

10.我国对旅游消费者的素质有哪些要求?

11.简述旅游消费者移动行为模式。

12.怎样对旅游市场进行划分?

第4章
旅游目的地

【学习目标】

1.掌握旅游目的地的基本概念、主要类型、形成条件。

2.认识旅游目的地的旅游景观、旅游设施、旅游服务。

3.认识旅游目的地的旅游节点、旅游通道、旅游区域。

4.了解旅游目的地的演化过程、空间拓展、产业变迁。

【知识要点】

1.旅游目的地是指接待旅游消费者开展旅游活动的特定区域。具体来说是指以旅游景观为基础,配套相应的旅游设施和旅游服务,能够吸引一定规模旅游者在此作短暂停留、参观和游览的地域。按照所涉及的空间范围大小,可以将旅游目的地划分为国家旅游目的地、区域旅游目的地、城市旅游目的地和景区旅游目的地4种类型。旅游目的地的形成条件主要包括吸引物、接待设施、进入通道、辅助性服务。

2.旅游目的地形成要素是指旅游目的地形成所必须具备的核心因素,包括旅游景观、旅游设施和旅游服务。旅游景观是指能够吸引旅游者并可供旅游业开发利用的可视物像,通常分为自然旅游景观、人文旅游景观两类。旅游设施是指旅游目的地旅游行业向旅游者提供服务时依托的各项物质设施和设备,通常划分为旅游基础设施和旅游服务设施两类。旅游服务是指旅游从业人员通过各种设施设备、方法手段满足旅游者需要的系列活动,通常划分为旅游接待服务和旅游环境服务两类。

3.旅游目的地空间结构由旅游节点、旅游通道、旅游区域组成。旅游节点是旅游目的地空间结构中最基本要素单元,按照规模等级分为旅游中心地、旅游集散中心、游客服务中心。旅游通道是游客从外客源地进入旅游区的所有内外部的交通设施。按照空间尺度不同分为外部进入通道、内部运输通道和景区游览通道。旅游区域是指具有一定范围、结构及发展要素的旅游活动地域,按照行政单元可分为旅游国家、旅游城市和旅游景区。

4.旅游目的地发展是指其由简单到复杂的过程,该过程包括演化过程、空间拓展、产业变迁。旅游目的地的演化过程划分为成长阶段、成熟阶段、调整阶段3个阶段。旅游目的地空间拓展划分为点—轴结构、旅游游憩带、旅游集聚区、空间一体化4种结构类型。旅游目的地产业变迁是旅游目的地在产业组成上不断优化的过程。根据产业变迁的规律,旅游目的地存在产业集聚、产业融合、产业升级3种变迁过程。

　　旅游目的地是接待旅游消费者开展旅游活动的特定区域。旅游目的地作为一个空间复合体,既是一个独立的地理区域,又是一个完善的功能系统,还是一个业态丰富的集合体。本章将按照旅游目的地的内涵(包括旅游目的地的概念、类型、形成等内容)、旅游目的地的要素(包括旅游景观、旅游设施、旅游服务等内容)、旅游目的地的结构(包括旅游节点、旅游通道、旅游区域等内容)、旅游目的地的发展(包括演化过程、空间拓展、产业变迁等内容)进行阐述。

4.1　旅游目的地内涵

4.1.1　旅游目的地概念

　　旅游目的地(Tourism Destination),简称为旅游地,是指接待旅游消费者开展旅游活动的特定区域。具体来说是指以旅游景观为基础,配套相应的旅游设施和旅游服务,能够吸引一定规模旅游者在此作短暂停留、参观和游览的地域。旅游目的地包含3个层次含义:一是旅游目的地是以旅游景观为基础,依托足够的旅游设施和旅游服务,能够满足游客需求的功能要素集合体;二是旅游目的地具有明确的地域范围,是能够实现游客停留和活动的空间结构体系;三是旅游目的地集聚了各种旅游相关企业和支撑机构,是一个涉及面广、带动力强的产业经济系统。由于旅游发展所处阶段和制度背景不同,国内外学者对于旅游目的地的定义和认识也有所区别。

1)国外相关概念

　　国外关于旅游目的地研究始于20世纪70年代,美国学者克莱尔·A.冈恩(Clare A. Gunn)于1972年提出"目的地地带"的概念,他认为"目的地地带"是由吸引物组团(Attraction Clusters)、服务社区(Community)、对外通道(Circulation Corridor)和区内连接通道(Linkage Corridor)等要素构成的(图4.1),并指出这些要素的整合有利于旅游目的地的成功开发。英国学者C.库珀(C.Cooper)认为,旅游目的地把所有的旅游要素,包括需求、交通、供给和市场营销等都集中于一个有效框架内,可以看作是满足旅游者需求的服务和设施的中心区域。澳大利亚学者雷帕(N.Leiper)认为旅游目的地是人们旅行的地方,是人们选择逗留一段时间以体验其中具有吸引力的景点或某些特性的地方。

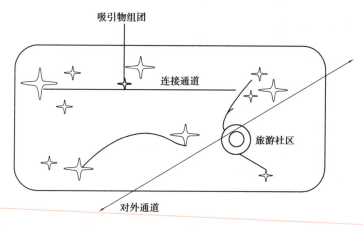

图 4.1　冈恩"目的地地带"模型

2）国内相关概念

国内关于旅游目的地研究始于 20 世纪 90 年代,保继刚于 1996 年提出,一定空间上的旅游资源与旅游专用设施、旅游基础设施以及相关的其他条件有机结合起来,就成为旅游者停留和活动的目的地,即旅游地。吴必虎指出目的地系统是旅游系统中重要的子系统,目的地系统主要是指为已经到达出行终点的游客提供游览、娱乐、食宿、购物、享受、体验等旅游需求的多种因素综合体。[①] 魏小安从效用的角度指出,旅游目的地是能够使旅游者产生动力,并追求动机实现的各类空间要素的总和。[②] 杨振之在区别"旅游目的地"与"旅游过境地"的基础上,除指出旅游目的地是一个地理空间集合外,还强调旅游地要形成旅游产业发展的格局。[③]

综上所述,旅游目的地作为一个系统是指各种要素组合的存在形式。作为一个复合系统,旅游目的地既是一个功能系统,又是一个地理系统,还是一个经济系统。主要表现在:从功能要素上来看,旅游目的地是旅游景观要素、旅游设施要素、旅游服务要素的集合,各种要素相互作用、相互配合以满足旅游者需求;从空间结构上来看,旅游目的地作为人们旅游的地方有一个明确的地域范围,其空间范围可大可小,如一个国家、一座城市、一个岛屿、一个乡村;从经济系统上来看,旅游目的地通过产业构建、产业集聚、产业融合,形成了一个区域经济单元。

4.1.2　旅游目的地类型

旅游目的地类型是指按照特定性质对旅游目的地所进行的划分。旅游目的地形态不一、主题多样、类型丰富,可以按照不同的标准划分出不同的旅游目的地类型。

---

① 吴必虎.区域旅游规划原理[M].北京:中国旅游出版社,2001:38.
② 魏小安.旅游目的地发展实证研究[M].北京:中国旅游出版社,2002:2.
③ 杨振之,陈顺明.论"旅游目的地"与"旅游过境地"[J].旅游学刊,2007,22(2):27-32.

1)按照空间范围大小分类

按照所涉及的空间范围大小,可以将旅游目的地划分为国家旅游目的地、区域旅游目的地、城市旅游目的地和景区旅游目的地4种类型。

(1)国家旅游目的地

国家旅游目的地所涉及的空间范围较大,是全球视角下的国际旅游地域划分,多属于大尺度旅游目的地,如北美洲的美国、欧洲的法国、亚洲的日本等,都可以视为国家旅游目的地。国家旅游目的地具有突出的旅游形象,主要功能是建立与世界主要客源国之间便利的国际航空交通,并能够向各区域旅游目的地分散旅游客流。

(2)区域旅游目的地

区域旅游目的地所涉及的空间范围中等,是区域视角下的跨境或国内旅游地域划分,多属于中等尺度旅游目的地,如地中海滨海度假目的地、长三角旅游目的地、大香格里拉旅游目的地等,都可以视为区域旅游目的地。区域旅游目的地具有鲜明的旅游主题,如度假旅游目的地、生态旅游目的地、文化旅游目的地等,多围绕航空港或铁路中转枢纽为中心建立。区域旅游目的地具有良好的可进入条件和完善的旅游服务体系,并能够向各旅游城市和景区输送旅游客流。

(3)城市旅游目的地

城市旅游目的地所涉及的空间范围一般,是国内视角下的城市旅游地域划分,多属于中等偏小尺度旅游目的地,如法国的巴黎、泰国的曼谷、中国的香港等,都可以视为城市旅游目的地。城市不仅是旅游目的地,同时还是重要的旅游客源地和旅游集散地。城市旅游目的地除了具有参观、游览、观光功能外,还具有完善的住宿、交通、购物等接待体系。城市旅游目的地也可以按照空间范围划分为大型旅游城市、中型旅游城市、小型旅游城市,旅游产业多属于当地的重要支柱产业。

(4)景区旅游目的地

景区旅游目的地所涉及的空间范围较小,是微观视角下的景区旅游地域划分,多属于小尺度旅游目的地,如美国的黄石公园、印度的泰姬陵、中国的故宫等,都可以视为景区旅游目的地。景区旅游目的地不同于旅游景点,而是多个旅游景点、旅游设施、旅游服务以及专门旅游管理机构的集合体。按照旅游资源类型,也可以将旅游景区划分为自然山水型景区、历史文化型景区、主题公园型景区等。

2)按照旅游活动类型分类

按照满足旅游者需求的活动类型,可以将旅游目的地划分为观光旅游目的地、度假旅游目的地和专项旅游目的地3种类型。

(1)观光旅游目的地

观光旅游目的地是以满足旅游者欣赏风景需求为主要目的的地域,旅游吸引物多为独特的自然风光或文化遗产。观光旅游目的地主要包括自然观光目的地、城市观光目的地、遗产观光目的地、农业观光目的地等类型,如法国普罗旺斯、日本富士山、北京故宫、安徽黄山等旅游目的地。

（2）度假旅游目的地

度假旅游目的地是以满足旅游者休闲度假需求为主要目的的地域,旅游吸引物多为良好的生态环境或舒适的气候条件。度假旅游目的地主要包括海滨度假目的地、山地度假目的地、温泉度假目的地、乡村度假目的地等类型,如泰国巴厘岛、瑞士阿尔卑斯山、日本箱根温泉、浙江莫干山等旅游目的地。

（3）专项旅游目的地

专项旅游目的地是以满足旅游者特殊兴趣需求为主要目的的地域,旅游吸引物多为特殊的吸引物或专业设施。专项旅游目的地主要包括购物旅游目的地、体育旅游目的地、探险旅游目的地、红色旅游目的地等类型,如香港购物旅游、新西兰皇后镇体育旅游、江西井冈山红色旅游等旅游目的地。

3）按照构成形态特征分类

按照构成形态不同,可以将旅游目的地划分为板块型旅游目的地和点线型旅游目的地。

（1）板块型旅游目的地

板块型旅游目的地是旅游吸引物相对集中在某一个特定区域,所有的旅游活动都是以该区域的旅游服务设施和服务体系为依托,并以这个核心区域为中心向周边辐射进行旅游消费。板块型旅游目的地通常是以某个主要旅游城市为中心,并依托现代化交通网络建立起来的。

（2）点线型旅游目的地

点线型旅游目的地是旅游吸引物分散于一个较大的地理空间区域内,在不同的空间点上各个吸引物之间的吸引力相对均衡,没有明显的中心吸引点。它是通过一定的交通组织方式将这些不同空间点上的吸引物以旅游线路的形式结合在一起,旅游者在某一空间点停留时间较少。点线型旅游目的地通常以交通组织方式为形成条件,如围绕旅游线路组织旅游活动的观光旅游项目多属于点线型旅游目的地范畴。

此外,按照游客从客源地到目的地所花费的时间,可以将旅游目的地划分为远程旅游目的地、中程旅游目的地和近程旅游目的地;按照开发时间和发展程度,可以将旅游目的地划分为传统旅游目的地和新兴旅游目的地;按照游览节奏关系,可以将旅游目的地划分为紧凑型旅游目的地和松散型旅游目的地。

4.1.3　旅游目的地条件

1）形成条件

冈恩于1976年认为能够真正成为旅游目的地的地区应具备以下条件:①拥有一定距离范围的客源市场;②具有发展的潜力和条件;③对潜在市场具有合理的可进入性;④其社会经济基础具备能够支持旅游业发展的最低限度水平;⑤有一定规模并包含多个社区。

王晨光于2005年认为形成旅游目的地的核心内容应包括以下方面:①有独特的旅游吸

引物;②有足够的市场空间和市场规模支持;③能提供系统、完备的旅游设施和旅游服务;④要有目的地当地居民的认同、参与并提供各种支持保障。

2) 形成要素

(1)"4A"要素说

库珀(Cooper)1998年把旅游目的地的形成要素归纳为"4A",分别是吸引物(Attractions)、接待设施(Amenities)、进入通道(Access)、辅助性服务(Ancillary Service)。其中,吸引物是旅游目的地构成的基本要素,一个地区如果不具备对潜在旅游者的吸引力,就无法构成旅游目的地;接待设施包括住宿设施、餐饮设施、娱乐设施、零售店和其他服务设施,接待设施有机结合在一起才能为旅游者提供完整、满意的旅游体验;进入通道既包括有形的硬件设施(如铁路、机场、码头等交通枢纽),也包括无形的政策保障条件(如旅行签证);辅助性服务可以保证旅游者和旅游业各种活动正常运行,这个服务系统包括政府机构(如旅游行政管理部门)和非政府机构(如旅游教育机构)。布哈里斯(Buhalis)2000年在"4A"基础上增加了包价服务(Available Package)和活动(Activities),形成了旅游目的地的"6A"构成要素(表4.1)。

表4.1　布哈里斯的旅游目的地"6A"构成要素

旅游吸引物(Attractions)	自然风景、人造景观、人工物品、主题公园、遗产、特殊事件等
交通(Accessibility)	整个旅游交通体系,包括道路、终端设施和交通工具等
设施和服务(Amenities)	住宿业和餐饮业设施、零售业、其他游客服务设施
包价服务(Available Package)	预先由旅游中间商和相关负责人安排好的旅游服务
活动(Activities)	包括所有的目的地活动,以及游客在游览期间所进行的各种消费活动
辅助性服务(Ancillary Service)	各种游客服务,例如银行、通信设施、邮政、报纸、医院等

资料来源:BUHALIS D.Marketing the competitive destination of the future[J].Tourism Management,2000,21(1):97-116.

(2)三要素说

魏小安和厉新建于2003年认为旅游目的地要素一般包括以下3个层次内容:①吸引要素,即各类旅游吸引物,是吸引旅游者从客源地到目的地的直接、基本吸引力,以此为基础形成的旅游景区(点)是"第一产品"(Primary Products);②服务要素,即各类旅游服务的综合,旅游地的其他设施及服务作为"第二产品"(Secondary Products)将会影响旅游者的整个旅游经历,与旅游吸引物共同构成旅游地的主要吸引力来源;③环境要素,环境要素既是吸引要素的组成部分,同时又是服务要素的组成部分,形成了一个旅游目的地的发展条件。其中的供水系统、供电系统、排污系统、道路系统等公共设施,医院、银行、治安管理等机构以及当地居民的友好态度等将构成"附加产品"(Additional Products),并与旅游吸引物等共同构成旅游目的地的整体吸引力。

（3）两大核心要素说

邹统钎于 2008 年认为旅游目的地的核心要素有两点：一是具有旅游吸引物；二是人类聚落，要有永久性的或者临时性的住宿设施，游客一般要在这里逗留一夜以上。因此，一般不能留宿的景点，不应该是旅游目的地。

3）利益相关方

旅游目的地具有综合性强、涉及面广、开放性高等特点，其发展过程受多个群体或个体影响，这些利益主体主要包括旅游者、旅游企业、社区居民、地方政府和其他利益集团。

（1）旅游者

旅游者是旅游目的地的消费者，其核心利益诉求是寻求最佳的旅游体验。旅游者处于利益主体的核心位置，其消费内容不仅包括参观游览旅游目的地景观，还包括追求满意的旅游产品、高质量的旅游服务和有序的市场管理。

（2）旅游企业

旅游企业是旅游目的地的开发者，其核心利益诉求是获取最大的投资回报。旅游企业包括旅游景区、旅游饭店、旅游交通等各种投资商和经营商，由于资本逐利性的存在，他们通过不断壮大发展，从而追求经济利益最大化。

（3）社区居民

社区居民是旅游目的地的参与者，其核心利益诉求是期望生存条件的改善。社区居民是利益主体中的相对弱势者，他们期望通过旅游目的地发展提高就业率、增加收入、改善基础设施和提高生活质量。

（4）地方政府

地方政府是旅游目的地的管理者，其核心利益诉求是实现综合效益最大化。地方政府既承担旅游目的地发展的责任，又承担着保护责任，处于利益主体中的领导地位。在发展旅游的同时地方政府不仅需要考虑旅游带动的经济效益，还需要考虑当地的社会效益和生态效益。

（5）其他利益集团

旅游者、旅游企业、社区居民、地方政府是构成旅游目的地的核心利益相关者，此外还有社会公众、科研机构、政治团体、专家学者等组成的其他利益集团。一个旅游目的地的长期可持续发展，需要尽可能协调各方利益相关者的需求。

4.2　旅游目的地要素

旅游目的地要素是指旅游目的地形成所必须具备的核心因素。旅游目的地是能够满足游客需求的功能要素集合体，这些组成要素主要包括旅游景观、旅游设施和旅游服务。旅游景观是旅游目的地系统的核心要素，旅游设施是旅游目的地系统的基础要素，旅游服务是旅游目的地系统的保障要素。

4.2.1 旅游景观

旅游景观是指能够吸引旅游者并可供旅游业开发利用的可视物像。具体来说是指存在于一定时间空间的事物、景物、景象的综合体,它们具有吸引功能和旅游价值。旅游景观作为旅游目的地系统的核心要素,是推动旅游者从常住地前往目的地旅游的基本吸引物。

1)旅游景观的概念

长期以来,人们对旅游景观、旅游资源、旅游吸引物等概念及其相互之间的关系存在模糊认识,甚至混淆使用。为了更准确地理解旅游景观的概念,需要对旅游资源、旅游吸引物、旅游景观的概念进行辨析。

(1)旅游资源

旅游资源(Tourism Resources)属于中文原创概念,被中国旅游学界广泛使用,但对其理解分歧较大。20世纪70年代末到80年代初,经济学、地理学、社会学等一些学者转入旅游研究。学者们分别从不同角度对旅游资源进行定义,从旅游供给的角度,认为"凡能为旅游者提供休闲、学习、社交等功能,并具有开发价值的皆为旅游资源";从地理学的角度,认为"旅游资源是指对旅游者具有吸引力的自然存在和历史文化遗产,以及直接用于旅游目的的人工创造物";从经济学的角度,认为"旅游资源是指那些对旅游者构成吸引力和对旅游经营者具有经营价值的自然和社会事物与现象的总和"。综上,关于旅游资源的认识可以归纳为3种含义:一是能够吸引旅游者前往旅游的事物;二是能被旅游业开发利用的吸引物资源;三是旅游业中各种能创造价值的资源。在长期的资源主导开发模式下,旅游资源概念备受重视。随着旅游开发模式转型升级,旅游资源的概念已经不能完全解释一些旅游对象,20世纪90年代起国内学者开始关注旅游吸引物的概念。

(2)旅游吸引物

旅游吸引物(Tourism Attractions),又称为游客吸引物(Visitor Attractions),属于西方原创并被广泛使用的概念。国内学者在使用该概念时,多数将旅游吸引物等同于旅游资源的代名词,认为两者可以通用。也有学者认为,旅游吸引物不同于旅游资源,其内涵和外延更大,旅游资源只是旅游吸引物的核心部分。有的学者将旅游吸引物理解为"景点""景区"或"旅游区",认为"吸引物是指那些为游客的兴趣、活动和享受而开发出来的有规划和管理的地方",有的学者指出旅游吸引物不应有边界的限制,认为"吸引物未必是一个地域上有明确边界的地方,海滨、海滩、气候、植被、野生动物、节庆活动等都可以是旅游吸引物",还有的学者提到旅游吸引物的范畴更大,认为"旅游吸引物通常指促进人们前往某地旅游的所有因素的总和,它包括了旅游资源、适宜的接待设施和优良的服务,甚至还包括快速舒适的旅游交通条件"。综上,关于旅游吸引物的认识可以归纳为两种含义:一是旅游吸引物是一个英文舶来名词,某些情况下可以等同于我国较为广义的旅游资源概念;二是旅游吸引物是一个综合复杂系统,既包括核心层次的旅游资源和旅游产品,也包括支持层次的旅游标识物和旅游者。

(3)旅游景观

旅游景观(Tourism Landscape)是指能够吸引旅游者并可供旅游业开发利用的可视物像。具体来说是指客观存在于一定时间空间的事物、景物、景象的综合,它们是具有旅游价值、蕴藏旅游功能,能够吸引游客开展旅游活动的自然要素、人文要素、环境要素的综合实体。旅游景观包含3个层次的含义:①旅游景观是从旅游视角认识其价值与意义,具备景观实体和旅游价值双重含义;②旅游景观是从旅游功能的视角认知其作用,其旅游功能包含景观对旅游活动的吸引功能、效益功能;③旅游景观的范畴随着旅游活动对象的扩张而不断延伸。旅游景观是客观存在的,不论是自然因素形成的还是人为因素形成的,它们通常都是在特定时间、特定地域、特定形态存在并且能够被游客所感知的综合体。

旅游景观、旅游资源、旅游吸引物3个概念既相互联系,又具有一定的差异。一方面,旅游资源的概念是从旅游开发者角度而言,旅游吸引物的概念是从旅游者角度而言,而旅游景观的概念是从旅游目的地角度而言;另一方面,旅游资源易被理解为旅游对象资源和旅游经营资源,旅游吸引物多被分类为旅游对象、旅游媒介物、旅游标识等,其概念范畴与旅游目的地中的设施要素、环境要素存在交叉重复,难以进行差别区分,而旅游景观的概念更能体现旅游目的地的吸引要素。因此,本书将旅游景观作为旅游目的地的组成要素之一。

2)旅游景观的类型

旅游景观类型的划分,既是旅游景观研究、旅游景观评价、旅游景观开发的需要,也是对旅游景观内涵外延进行深化认识的过程。旅游景观类型多样,按照不同的划分标准,可以对旅游景观进行不同的划分。

(1)属性分类法

按照旅游景观的属性,可以将旅游景观划分为自然旅游景观和人文旅游景观(表4.2)。自然旅游景观是指自然界赋予并能使人产生美感的自然环境及其景象。具体来说是指作为旅游对象的自然因素和自然环境,分为地文景观、水域景观、生物景观、天象与气候景观。人文旅游景观是指人类社会创造并具有旅游功能的社会环境及其事物。具体来说是指作为旅游对象的人类活动和人为构造,分为建筑与设施、历史遗迹、旅游购品、人文活动。根据国家标准《风景名胜区总体规划标准》(GB/T 50298—2018),从观赏角度将风景资源划分为自然景源(天景、地景、水景、生景)和人文景源(园景、建筑、胜迹、风物)。同时,按照属性划分,旅游景观有时不是以单一形态存在的,部分旅游景观既存在自然旅游景观,又蕴含丰富的文化内涵,此类景观可称为复合旅游景观。

表 4.2 旅游景观类型表

大类	主类	亚类	基本类型
自然旅游景观	地文景观	自然景观综合体	山丘型景观、台地型景观、沟谷型景观、滩地型景观
		地质与构造形迹	断裂景观、褶曲景观、地层剖面、生物化石点
		地表形态	台丘状地景、峰柱状地景、垄岗状地景、沟壑与洞穴、奇特与象形山石、岩土圈灾变遗迹
		自然标记与自然现象	奇异自然现象、自然标志地、垂直自然带

续表

大类	主类	亚类	基本类型
自然旅游景观	水域景观	河系	游憩河段、瀑布、古河道段落
		湖沼	游憩湖区、潭地、湿地
		地下水	泉、埋藏水体
		冰雪地	积雪地、现代冰川
		海面	游憩海域、涌潮与击浪现象、小型岛礁
	生物景观	植被景观	林地、独树与丛树、草地、花卉地
		野生动物栖息地	水生动物栖息地、陆地动物栖息地、鸟类栖息地、蝶类栖息地
	天象与气候景观	天象景观	太空景象观赏地、地表光现象
		天气与气候现象	云雾多发区、极端与特殊气候显示地、物候现象
人文旅游景观	建筑与设施	人文景观综合体	社会与商贸活动场所、军事遗迹与古战场、教学科研实验场所、建设工程与生产地、文化活动场所、康体游乐休闲度假地、宗教与祭祀活动场所、交通运输场站、纪念地与纪念活动场所
		实用建筑与核心设施	特色街区、特性屋舍、独立厅/室/馆、独立场/所、桥梁、渠道/运河段落、堤坝段落、港口/渡口与码头、洞窟、陵墓、景观农田、景观牧场、景观林场、景观养殖场、特色店铺、特色市场
		景观小品与建筑	形象标识物、观景点、亭、台、楼、阁、书画作、雕塑、碑碣、碑林、经幢、牌坊牌楼、影壁、门廊、廊道、塔形建筑、景观步道、甬路、花草坪、水井、喷泉、堆石
	历史遗迹	物质类文化遗存	建筑遗迹、可移动文物
		非物质类文化遗存	民间文学艺术、地方习俗、传统服饰服装、传统演艺、传统医药、传统体育赛事
	旅游购品	农业产品	种植业产品及制品、林业产品与制品、畜牧业产品与制品、水产品及制品、养殖业产品与制品
		工业产品	日用工业品、旅游装备产品

续表

大类	主类	亚类	基本类型
人文旅游景观	旅游购品	手工工艺品	文房用品、织品、染品、家具、陶瓷、金石雕刻、雕塑制品、金石器、纸艺与灯艺、画作
	人文活动	人事活动记录	地方人物、地方事件
		岁时节令	宗教活动与庙会、农时节日、现代节庆

资料来源:国家标准《旅游资源分类、调查与评价》(GB/T 18972—2017)。

（2）结构分类法

按照旅游景观的结构,可以将旅游景观划分为单一旅游景观、复式旅游景观、复合旅游景观。旅游景观结构的基本类型包括3种:一是斑点、斑块,如山体、房屋;二是廊道、带线,如河流、道路;三是基质,如草地、田野。基于斑、廊、基3种旅游景观结构关系,可以划分为单一结构旅游景观(斑块结构、廊带结构、基质结构),复式结构旅游景观(斑廊结构、斑基结构、廊基结构),复合结构旅游景观(斑廊基结构)。该分类方法是按照景观基本单元的组合结构划分旅游景观类型,能够清晰地显示旅游景观内部的异同及其空间变化特色。旅游景观结构分类对于旅游景观规划(如景观布局)、旅游景观开发(如旅游线路选择)、旅游产业布局(如旅游功能分区)具有重要意义。

（3）功能分类法

按照旅游景观功能不同,可以将旅游景观划分为观赏性旅游景观、体验性旅游景观、科考性旅游景观。观赏性旅游景观美学价值突出,适合开发为观光旅游项目;体验性旅游景观游憩价值突出,适合开发为度假旅游项目;科考性旅游景观科研价值突出,适合开发为专项旅游项目。该分类方法突出旅游景观在旅游活动中的作用,能够较准确表述旅游景观的功能,有利于将旅游景观应用于旅游规划、开发。按照旅游景观的专项旅游功能,还可以进一步将旅游景观划分为地质旅游景观、生物旅游景观、生态旅游景观、城市旅游景观、工业旅游景观、园林旅游景观等。

此外,按照旅游景观的形态不同,可以划分为动态旅游景观、静态旅游景观;按照旅游景观的规模不同,可以划分为超大型、大型、中型、小型旅游景观;按照旅游景观的开发方式不同,可以划分为原生性(非再生性)旅游景观和营造性(可再生性)旅游景观;按照旅游景观的级别不同,可以划分为世界级、国家级、省级、市县级旅游景观。旅游景观规模越大、层次越高,旅游景观分类难度越大,单一的分类标准难以表述旅游景观的属性和特征。因此,现实中旅游景观分类多采用综合分类法。

3) 旅游景观的特征

旅游景观是具有旅游价值的景观,是景观中具有旅游属性、旅游功能的部分景观。旅游景观具有旅游和景观双重属性,其特征主要表现为观赏性、多样性、地域性、异质性等。

（1）观赏性

观赏性是旅游景观的核心特征。旅游景观和一般景观的根本区别在于旅游景观具有鲜明的观赏性特征。可观赏性是旅游景观必备的功能,旅游者获得的观赏性愉悦程度是旅游吸引力的重要条件,也是旅游景观价值评价的重要内容。旅游资源是一种客观存在,不以人们旅游时观赏与否而改变其存在状态。也就是说,旅游资源强调"原始属性",而旅游景观强调"鉴赏功能"。旅游景观中,"景"是"观"的条件基础,"观"是"景"的审美结果。旅游景观具有美学特征,如景观形象之秀美、色彩之绚丽、结构之协调、造型之奇特,都能给人以审美的愉悦,人们能通过对旅游景观的观赏得到美的享受。旅游景观的美学特征是景观观赏性的决定因素,美学特征越浓郁、突出,景观观赏性越强,旅游吸引功能和效益就越好。

（2）多样性

多样性是旅游景观的基本特征。旅游景观的构成要素多样性、景观类型多样性、景观结构多样性、景观变化多样性,导致了旅游景观的多样性特征。旅游景观构成要素多样、形态千姿百态、色彩五彩缤纷、属性千差万别、造型千变万化;旅游景观类型多样,海洋景观和陆地景观天壤之别,高大乔木和低矮灌木各有千秋,绿茵草原和浩瀚沙漠各领风骚,亭台楼阁和庭院曲径别具一格;旅游景观的组合结构复杂,自然景观各种不同景物造型,生态景观斑—廊—基繁杂构型,人文景观路、桥、亭创意点缀,增添了旅游景观的多样性;旅游景观处在不断的演变过程中,瞬间即有万千变化。此外,旅游景观存在季节变化,如四时节气、天象气候。

（3）地域性

地域性是旅游景观的内部特征。任何旅游景观都存在于一定地域内,具有分布位置的固定性以及活动边界的确定性,体现出特定地域的自然和人文景象。景观是一种特殊的地理地域现象,旅游景观的地域性也是其多样性和差异性的基础。自然旅游景观存在地域性,如高纬度、高海拔地区的冰川旅游景观与低纬度、热带地区的原始雨林景观存在地域特色;人文旅游景观也存在地域性,如我国草原地区的蒙古包、黄土高原的窑洞、热带雨林的竹楼等民居各具特色,人文旅游景观还能一定程度上体现所属地域的地方历史文化,如长城反映了历史上北方动荡的政治形势。旅游景观的地域性不仅表现出自身的鲜明特性,也具有级别不等的层次,如城市旅游景观和乡村旅游景观具有地域差异,但不同旅游城市又各有自身景观特色,如北方古都景观多厚重雄浑,南方水乡多秀丽优美。

（4）异质性

异质性是旅游景观的外部特征。旅游景观异质性是指各景观要素之间的差异性或景观要素内部的差异性,可用来衡量旅游景观单元的均匀程度、景观结构的复杂程度。如旅游景观要素相似、单一、均匀,则旅游景观异质性小;反之,则旅游景观异质性大。旅游景观异质性小时,景观呈现现象单一、变化稳定,如成片的油菜花、茫茫的草地、广阔的沙漠等旅游景象;旅游景观异质性大时,景观呈现景象多样、多变复杂,如绿野中此起彼伏的峰林峰丛,群山中多姿多彩的花海林木等形成交混的旅游景观。在旅游景观开发中,有时需要维护景观异质性的单一和稳定,以求旅游景观的简朴、宽阔和宁静效果,而有时则需要增加景观异质性的多样和变化,以求旅游景观的丰富、多彩和活跃效果。

4.2.2　旅游设施

旅游设施作为旅游目的地的基础要素,是旅游目的地发展运营的必要条件。

1) 旅游设施的概念

旅游设施(Tourism Facilities)是指旅游目的地旅游行业向旅游者提供服务时依托的各项物质设施和设备。作为满足旅游者需要而提供的各种物质条件,旅游设施既包括旅游基础设施,如交通运输设施,又包括旅游服务设施,如游览娱乐设施。从消费性质上讲,虽然旅游设施是专门为满足旅游者需求提供的设施,但在一定程度上存在着公共性,如交通设施和住宿设施,旅游者和社会居民可以共同使用。

2) 旅游设施的类型

根据旅游设施的种类不同,可以将其划分为旅游基础设施和旅游服务设施。

（1）旅游基础设施

旅游基础设施是指旅游目的地为旅游运营和居民生活提供公共服务的物质工程设施。旅游基础设施是保障旅游目的地经济活动正常进行的公共服务设施系统,不仅包括公路、铁路、高铁、机场、通信、水电煤等公共设施,即通常的公共性基础设施,而且包括教育、科技、医疗、卫生、体育、文化等社会事业设施,即社会性基础设施。旅游目的地基础设施具有公共性、系统性、长期性等特性,是旅游业赖以生存与发展的一般物质条件,对加速旅游经济活动开展,促进旅游业分布形态演变起着巨大的推动作用。建立完善的基础设施往往需较长时间和巨额投资。基础设施建设具有"乘数效应",能带来几倍于投资额的旅游总需求和旅游收入。优先发展基础设施,是构筑旅游业可持续发展的基础。

根据旅游基础设施的概念,可以将其划分为基础交通设施、水电气热设施、排水排污设施、信息通信设施、环境卫生设施、风险防治设施。其中,基础交通设施包括道路、停车场、客运站等设施;水电气热设施包括供水、供电、供气、供热等设施;信息通信设施包括电缆、光缆、邮局、通信、无线网络等设施;环境卫生设施包括垃圾桶、厕所、垃圾处理厂等设施;风险防治设施包括安全预警设施、防火设施、防洪设施等设施。

（2）旅游服务设施

旅游服务设施是指为适应旅游者在旅行游览中的需要而建设的各项物质工程设施。旅游服务设施是旅游目的地功能要素的重要组成部分,也是影响旅游者旅游体验的重要因素。按照旅游服务的内容划分,包括旅游餐饮设施、旅游住宿设施、旅游交通设施、旅游游憩设施、旅游购物设施、旅游娱乐设施等。

①旅游餐饮设施。指旅游目的地为旅游者提供餐饮服务的场所和设备。可分为两大

类:一是附属于旅游饭店的餐饮设施,如饭店中的各类餐厅(中餐厅、西餐厅、自助餐厅、宴会厅、烧烤吧、酒吧、咖啡厅、音乐茶座等);二是独立的社会餐馆,如许多特色餐饮店、酒家、风味餐厅、定点餐厅等。

②旅游住宿设施。指旅游目的地为旅游者提供住宿服务的场所和设备。包括饭店、酒店、度假村、旅馆、宾馆、房车营地等。旅游住宿设施是旅游目的地重要的服务设施,其数量的多少、档次和管理水平的高低,是衡量旅游目的地接待能力和旅游业发展水平的重要标志。

③旅游交通设施。指旅游目的地中使旅游者产生移动、发生空间位置变化、完成游览体验所依托的各类道路网络、交通工具及配套设施。交通是人们实现旅游活动的重要手段,是发展旅游业的前提和物质基础。交通设施的规模和水平,对旅游目的地发展影响重大。旅游者对交通设施选择的主要依据是旅程距离和是否安全、迅速、准时、方便、舒适等。

④旅游游憩设施。指旅游目的地为旅游者提供游览和休闲服务的场所和设备。游憩设施是直接为游客服务的,游憩设施的配置直接关系到旅游者的旅游体验质量。游憩设施从空间形态上,可分为陆域游憩设施、空中游憩设施和水上游憩设施;也可划分为室内游憩设施和户外游憩设施。随着科学技术的发展,现代游憩设施充分运用了机械、声、光、电以及虚拟现实、增强现实等先进技术,集知识性、趣味性、科学性、惊险性于一体。

⑤旅游购物设施。指旅游目的地为旅游者提供购物服务的场所和设备。一般分为两类:一类是基本购物设施,指旅游购物所必须具备的主要设施等;二是辅助购物设施,包括餐饮、娱乐设施、导购系统和便利系统等。旅游购物设施既是满足旅游者购物需求的专门场所,同时其本身也会形成旅游吸引力,是提高旅游经济效益的重要渠道。

⑥旅游娱乐设施。指旅游目的地为旅游者提供娱乐服务的场所和设备。按娱乐内容,可以划分为两大类:一类是集中反映和表现当地民族历史、民族文化、民族艺术和民间风俗的场所,如各种歌舞剧院、民俗展览和表演馆等;另一类是为丰富旅游生活而提供的娱乐设施,如歌舞厅、游乐场以及其他各种参与性的娱乐设施。

3)旅游设施的特征

旅游设施作为旅游目的地的基础要素,一般具有安全性、便捷性、舒适性的特征。

(1)安全性

安全性是旅游设施最基本的要求,也是旅游设施开发的基础。一方面,旅游设施的安全性为旅游活动的开展提供了保障,使旅游者敢于参与到旅游活动中去,增强旅游地的品牌知名度;另一方面,旅游设施的安全本身也成为一种吸引物。随着科学技术的发展,越来越多的游客参与到极限项目中来,这些极限项目的旅游设施安全性将极大影响这些项目的开展,甚至会决定这些项目的未来发展。

(2)便捷性

便捷性是旅游设施最重要的需求,也是旅游设施建设的需要。从人类的发展历史来说,人类的发展过程就是不断追求设施便捷性的过程,旅游设施的发展也必然走向便捷化。从旅游设施的本质来说,旅游设施原本就是为游客服务的物质基础,而服务的本质就是便捷性,因此旅游设施本质上也具有便捷性。

（3）舒适性

舒适性是旅游设施最持久的追求,也是旅游设施发展的目标。作为旅游地的一部分,旅游设施必然要承担旅游地一定职能的发挥,由于其本身所具有的物质属性,其职能的发挥更多地体现在为旅游者提供更加舒适的物质条件方面。不同于旅游服务的"软性"舒适,旅游设施的舒适更多地体现在硬件方面,为旅游者营造一种适宜开展旅游活动的物质环境。

4.2.3　旅游服务

旅游服务作为旅游目的地的保障要素,对旅游者在旅游目的地的体验产生重大影响。

1）旅游服务的概念

旅游服务（Tourism Service）是指旅游从业人员通过各种设施设备、方法手段满足旅游者需要的系列活动。理解这个定义,必须有以下几方面的认识:①旅游服务是一种活动,而不是一种事物;②旅游服务主要是向旅游者提供的,但不排斥为其他群体服务;③旅游服务可以满足旅游者的物质需要和精神需要,而不是仅仅满足于物质需要或精神需要。长期以来,由于旅游服务的概念存在很大争议,学术界没有达成一致的观点,主要争论包括以下几个方面。

联合国旅游组织给出的"旅游服务"定义为,由旅游企业为旅游者提供的各种服务,包括旅游过程中的服务和旅游相关服务,涵盖文化、金融、娱乐、餐饮等 12 个大类的服务。国内学者主要从 3 个角度对旅游服务进行界定,分别为旅游服务供给角度、游客角度和两者反馈角度。从旅游服务供给角度来说,旅游服务是旅游服务供给者为旅游者提供的一切与旅游相关的服务,旅游服务供给者主要包括政府、旅游企业、第三方组织;从游客角度来说,旅游服务是游客在旅游活动中与旅游服务供给者所产生的互动关系,这种关系使旅游者产生各种感受与经历,不仅包含旅游中的感受,还包含旅游前和旅游后的感受;从两者反馈角度来说,旅游服务产生于旅游者与旅游服务提供者的互动过程,两者形成的反馈机制促进旅游业的长远发展。综上所述,旅游服务是一种综合性服务,是通过人与人之间的互动产生的。主要表现在:从服务类型上看,旅游服务不仅包含为大家所认知的导游、讲解等服务,还包括文化、金融、娱乐等其他方面的服务;从服务过程上看,旅游服务的发生包含旅游服务提供者与旅游服务接受者的互动。旅游服务,从提供者来说是一种经历,从旅游者来说是一种感受,从双方互动来说是一种活动。

2）旅游服务的内容

根据旅游服务提供的主体,可以将旅游服务划分为旅游接待服务和旅游环境服务（表 4.3）。

表 4.3　旅游服务分类表

大类	类型	内容
旅游接待服务	信息服务	景区(点)信息、购物信息、餐饮信息、住宿信息、交通信息、娱乐休闲信息、厕所信息、停车场信息、Wi-Fi 信息等
	产品服务	游览解说产品、旅游纪念品、基本生活产品、酒店服务产品、交通服务产品等
旅游环境服务	人居环境	人身安全服务、卫生保健服务、社区保障服务
	消费环境	自由选择服务、公平购买服务、退换保障服务
	法治环境	旅游投诉服务

（1）旅游接待服务

旅游接待服务是指旅游业为接待旅游者而提供的所有标准化和个性化的服务。这种服务涉及旅游的全过程,不仅包括旅游前的信息服务、预约服务,旅游中的食、住、行、游、购、娱服务,还包括旅游后的评价反馈服务。

（2）旅游环境服务

旅游环境服务是指旅游管理机构为改善当地旅游环境而向旅游者提供的服务。这种服务包括相关旅游政府、行业部门为旅游发展、旅游者享受旅游产品而制定、宣传、贯彻与执行的相关旅游政策、法规及旅游服务标准等活动,是旅游目的地的保障服务。

3）旅游服务的特征

旅游服务作为旅游目的地的保障要素,一般具有无形性、即时性、互动性的特征。

（1）无形性

旅游服务的无形性是由其过程性决定的,表现为形式的不固定性和质量的不确定性。从形式上看,旅游服务具有不固定性,对旅游服务提供者而言,他们要向旅游者提供的并不是固定的产品,而是由不同人进行操作的活动,这种活动由于不同人参与,产品形式并不具有固定性;从质量上看,旅游服务具有不确定性,对旅游者而言,他们也不确定自己需要的到底是什么,也不清楚需求满足到何种程度才能达到满意的程度,这种质量的不确定性增强产品形式的不固定性。

（2）即时性

旅游服务的即时性是由其无形性决定的,表现为过程的非重复性和结果的非预测性。从过程来看,旅游服务具有非重复性。旅游服务发生在特定的时间和空间条件下,其过程必须依托于一定的时间和空间,一旦时间和空间改变,旅游服务就不再发挥作用。旅游服务的生产与消费具有同一性,两者相互作用,不可分离。从结果来看,旅游服务具有非预测性,同一旅游服务对待不同的旅游者,结果具有不确定性,有些旅游服务对某些旅游者是满意的,而对另外一些旅游者也可能是不满意的。

（3）互动性

旅游服务的互动性是由其即时性决定的,表现为评价的可转换性和期望的不满足性。从评价来看,旅游服务具有可转换性,旅游服务不同于一般的产品,其质量评价并没有完全客观的评价标准,而是依赖于旅游从业者和旅游者的互动。有些旅游服务可能表现得不那么好,但由于旅游从业者和旅游者的互动,旅游者也可能认同旅游从业者的旅游服务;从期望来看,旅游服务具有不满足性,旅游服务没有最好,只有更好。伴随着旅游从业者与旅游者的互动,旅游从业者的旅游服务水平在互动中不断提高,但并不意味着旅游者一定会认同旅游从业者的旅游服务,旅游服务只有不断创新,才能赢得旅游者的满意。

4.3　旅游目的地结构

旅游目的地结构是指旅游目的地存在的空间形式。旅游目的地系统的存在需要一定的空间结构来维持,旅游目的地结构就是各功能要素在空间上的分布表现。本节从点、线、面3个空间层次对旅游目的地结构进行划分,可将其抽象表示为旅游节点、旅游通道和旅游区域3种模式。

4.3.1　旅游节点

旅游节点(Tourism Nodes)是指旅游目的地空间结构中最基本的要素单元,是旅游空间结构系统形成的基础。旅游节点由相互联系的旅游中心地和吸引物集合组成,在旅游目的地结构中起主导作用。按照规模等级不同,可分为旅游中心地、旅游集散中心、游客服务中心。

1）旅游中心地

（1）旅游中心地概念

旅游中心地是指自身或周边拥有一定的旅游资源,在区域经济发展过程中,旅游业居于重要地位、发挥重要作用的城镇中心。一般来说,旅游中心地是旅游业发达、旅游基础设施完善,能够渗透和带动周边区域旅游经济发展,为区内旅游吸引物和区内外旅游者提供综合服务功能的地方。旅游中心地既可能是一个旅游中心城市,也可以是一个旅游中心镇。旅游中心城市是某一区域的政治、文化、经济、交通和旅游中心,在区域旅游中居于龙头和中心地位,除拥有一定数量的旅游资源外,其本身也是重要的旅游吸引物。旅游中心镇一般地理位置优越,拥有便利的交通条件和一定水平的旅游接待能力,是区域的交通枢纽和旅游集散中心,旅游收入是其主要的经济来源。旅游中心镇可能本身拥有旅游资源,或自身就是旅游吸引物,或其周边分布着较高知名度的旅游景点。

（2）旅游中心地功能

旅游中心地拥有一定数量的旅游人口、旅游景点、旅游设施，并能承担满足该区旅游需求及旅游供给功能。总的来说，旅游中心地具有吸引功能和枢纽功能两大功能，既可以是旅游吸引中心地，又可以是旅游枢纽中心地。旅游中心地的作用范围可大可小，大者可作为一个国家的旅游枢纽，如美国的纽约、法国的巴黎、西班牙的马德里、中国的北京等；中者为一个旅游区的中心，如佛罗伦萨是意大利亚平宁半岛中部的旅游中心，蒂卡尔是危地马拉西北部旅游中心，清迈是泰国北部旅游中心，中国的西安、昆明、杭州分别是该地区的旅游中心等；小者可以是一个旅游景区的周转中心，如黄山市汤口镇是世界遗产地黄山风景名胜区的旅游中转中心，四川川主寺镇、儋州市兰洋镇、北京怀柔区怀北镇等都属于区域旅游中心地。旅游中心地一般具有如下特征：①位置优越，拥有一定规模的旅游吸引范围；②交通便利，便于把景点构成旅游网络；③资源集中，能够满足游客的各种需求；④地域开阔，可承载众多的游客和服务人员；⑤设施齐全，可为游客提供方便的游览和生活条件。

2）旅游集散中心

（1）旅游集散中心概念

旅游集散中心是指以企业或事业单位形式存在，以旅游散客为服务主体，集旅游信息咨询、旅游客运集散、旅游产品展销和其他相关业务办理于一体的旅游资源整合平台。旅游集散中心包含以下含义：①旅游集散中心位于旅游目的地，是旅游活动的中间节点，起到连接旅游景区和旅游目的地的重要作用。②旅游集散中心既服务于团队旅游市场，又服务于散客旅游市场，并以散客市场为主体。为适应自助游比重扩大形势，旅游集散中心重点解决外来旅游散客和本市居民短途出游的问题。③旅游集散中心是一个交通平台、服务平台、展示平台，既有公益性质的服务，如旅游目的地形象展示、旅游厕所、旅游信息咨询等，又有盈利形式的服务，如旅游交通换乘、旅游购物、门票预订、导游服务等。

（2）旅游集散中心功能

1998年上海市建立了全国第一家旅游集散中心，随后旅游集散中心在长三角地区乃至全国相继建立。旅游集散中心成为规范散客市场和促进自助旅游的综合性平台，越来越受到地方重视。旅游集散中心主要具有以下功能：①旅游集散服务功能，指通过发售联票等方式组织游客来本地、外地旅游，或组织游客在旅游集散中心就地换乘后继续游程的旅游服务；②旅游咨询服务功能，指通过专门培训的人员或有关载体，向游客提供有关旅行、游览、休闲、度假等活动相关信息的非商业性咨询功能；③旅游换乘服务功能，指为进入本地区、景区的旅游车辆提供停放场地，为游客提供旅游专线交通工具到达目的地的旅游服务。此外，有些旅游集散中心还能够提供票务服务、购物服务、投诉服务、救援服务等功能。从动态角度分析，旅游集散中心发展初期以交通功能为主，基本发挥着旅游"客运中心"作用，成为游客"集聚—扩散"的交通节点。而随着旅游集散中心业务拓展和规模扩大，其功能会逐渐向综合旅游方向延伸。2011年我国发布实施《城市旅游集散中心设施与服务》（LB/T 010—2011），规定了城市旅游集散中心设施与服务的基本要求，包括设立条件、设施要求、服务内容等。2015 年我国发布并实施《城市旅游集散中心等级划分与评定》(GB/T 31381—2015),规定了城市旅游集散中心等级划分的依据和条件,将城市旅游集散中心划分为 3 个等次,从高到低依次为一级旅游集散中心、二级旅游集散中心、三级旅游集散中心。

3) 游客服务中心

(1) 游客服务中心的概念

游客服务中心是指旅游景区设立的为游客提供信息咨询、游程安排、讲解、休息等旅游设施和服务的专门场所。旅游服务中心通常包含以下几个方面的含义:①游客服务中心是最基础性的旅游节点,游客服务中心作为进入景区前的最后一个节点,交通职能在一定程度上减少,更多的是服务于景区整体发展;②游客服务中心相对于景区其他场所来说是独特的,由于自身特点和空间需要,这个专门场所一般位于景区显著位置并区别于景区其他场所;③游客服务中心为游客提供的服务更加细致,不仅可以使游客对景区的了解更加深入,还为游客提供了一个"一站式服务"的场所。

(2) 游客服务中心的功能

作为"便利游客"的场所,游客服务中心的功能主要包括展示、接待、解说 3 个方面。①展示功能方面,游客服务中心可以提供各种静态和动态的展览,使游客合理安排行程,并可以使游客树立保护景区自然人文景观的观念;②接待功能方面,游客服务中心为游客提供相关的咨询服务和接待设施,以满足游客的旅游需要;③解说功能方面,游客服务中心可以提供解说服务,使游客了解景区的历史以及一些文化景观。随着游客需求多样化发展,游客服务中心在建筑风格、服务形式、服务内容方面都随之改变。从建筑风格来看,游客服务中心的整体建筑与景区逐渐融为一体,甚至成为景区吸引游客的一个景观;从服务形式来看,游客服务中心不仅提供大众性服务,还为一些特殊人群提供一些定制化服务;从服务内容来看,游客服务中心的服务内容更趋于多样化,为不同旅游者提供形式多样的产品。

4.3.2　旅游通道

旅游通道(Tourism Routes)是指旅游者从外部客源地进入旅游区的所有内外部的交通设施。旅游通道不仅是旅游活动得以实现和运行所必需的空间载体,同时还是承载着资金流、信息流、物资流、能源流等的流动载体。旅游通道是旅游节点集聚和扩散效应发挥的空间媒介,在旅游目的地结构中起连接作用。按照空间尺度不同,可分为外部进入通道、内部运输通道和景区游览通道。

1) 外部进入通道

(1) 外部进入通道概念

外部进入通道是指由外部客源地进入旅游目的地的交通设施,其核心功能是可达性。外部进入通道通常存在两种情形:一种是洲域性的外部通道,如世界各地的旅游者前往欧洲旅游,法兰克福就是进入欧洲最大的外部通道,很多游客就是通过法兰克福进入欧洲其他国家旅游的;另一种是地区性的外部通道,如旅游者准备前往长三角地区旅游,通常会选择上海作为其旅游的第一站,上海就成为旅游者前往长三角其他地区旅游的外部通道。外部进入通道的运输方式、交通工具和新通道开辟直接决定了旅游客流的流向和强度,对区域旅游业的发展具有至关重要的意义。

(2)外部进入通道功能

作为连通客源地与目的地的通道,外部进入通道具有以下功能。一是支撑旅游目的地发展。旅游目的地的外部进入通道决定着旅游目的地发展,若旅游目的地拥有良好的旅游发展条件但缺少游客进入旅游目的地的通道,旅游活动将因为缺少旅游者而无法发展。二是决定旅游发展规模。旅游目的地拥有畅通而快捷的外部进入通道,比如拥有国际旅游枢纽的,则旅游活动将获得极大发展。三是扩展旅游者的活动空间。外部通道的开辟与延伸,如诸多新航线的开通,极大地扩展了旅游者的旅游活动范围,如我国除传统北上广外,重庆、成都、昆明、西安、杭州、武汉、郑州等多个城市已开通了直航欧洲的航线,极大地推动了中国旅游者的欧洲游。

2)内部运输通道

(1)内部运输通道概念

内部运输通道是指存在于旅游目的地内部连通各个景区的交通设施,其核心功能是顺畅性。内部运输通道存在以下特点。一是对于不同类型旅游目的地,内部运输通道大不相同。如位于经济发达地区,可以乘坐磁悬浮、城际列车等比较先进的交通工具前往旅游目的地;而位于经济欠发达地区的旅游目的地,只有传统汽车或者普通火车。二是随着旅游目的地的范围变化,内部运输通道的类型也存在不同方式。如对于大尺度旅游目的地,可以选择支线飞机、高速铁路、高速公路等交通方式;而对于小尺度旅游目的地,可以选择普通公路、水上游船等交通方式。三是内部运输通道是区域内旅游流动的载体,交通方式和运输工具的选择直接决定了旅游的舒适性和便捷性,进而对区域旅游中心地集聚和扩散效应的发挥产生重要影响。

(2)内部运输通道功能

作为连通各个景区的通道,内部运输通道的主要作用是提升目的地旅游体验质量。就一定层面而言,内部运输通道建设在很大程度上影响着游客对旅游目的地的形象评价。如果一个旅游目的地的内部运输通道条件比较差,就会影响游客到达景区之前的游览体验,从而使游客产生对旅游目的地的负面评价;好的内部运输通道会为旅游目的地加分,增强游客体验,提升旅游目的地形象。因此旅游目的地通常会建设高标准的内部运输通道。随着旅游目的地的建设,内部运输通道的重要性为人们普遍重视,最主要体现在景观大道和轨道交通的建设上。

3)景区游览通道

(1)景区游览通道概念

景区游览通道是指存在于旅游景区内部连通各个景点的交通设施,其核心功能是体验性。景区游览通道一般具有以下几方面的特点。一是景区游览通道具有景观吸引性,很多景区在建设游览通道时,会将游览通道纳入景区整体规划,提升游览通道的美观与体验特性,增强游览通道的景观吸引力。二是景区游览通道具有景区依附性,不同景区具有不同主题,对于通道建设也有不同要求,如对于自然景观型景区,景区游览通道的建设更偏向于生态方面;而对于文化景观型景区,景区游览通道的建设更倾向于融入景区文化。三是景区游览通道的承载容量限制性,旅游景区环境容量是有限的,因而景区游览通道着眼于提高游客在景区游玩的质量时必须兼顾通道的承载量,游览通道合理的承载量不仅涉及游客的旅游体验质量,还涉及旅游者在旅游景区的安全性。

（2）景区游览通道功能

作为连通各个景点的通道,景区游览通道主要功能是便利游客和增加亮点。在便利游客方面,很多景区不仅在景区建设上增添很多无障碍通道,满足残疾人以及行动不便人群的通行需求,而且注重与休憩元素的结合,在通道周围修建一些游憩场所。在增加亮点方面,很多景区不仅在修建通道的过程中增加道路的趣味性,而且把一些科技元素融入道路建设,成为景区的一大亮点。从景区发展实践来看,景区游览通道正在朝着科技化和多样化方向发展。在科技应用方面,很多景区把科技发展与通道建设结合,打造具有现代元素的通道。例如,一些景区开设一些玻璃栈道、音乐栈道等,增强游客游览体验。在多样化发展方面,不少景区着重突出景区通道的"特色",如哈尔滨冰雪大世界的冰雪游览通道等,依托景区特点建造具有自身特色的景区游览通道。

4.3.3　旅游区域

旅游区域(Tourist Region)是指具有一定范围、结构及发展要素的旅游活动地域。旅游区域的构成要素包括旅游区域中心、旅游辐射地域和旅游区域网络。旅游区域是旅游节点和旅游通道所依托和覆盖的地域,是旅游目的地结构的基础。按照行政单元不同,可分为旅游国家、旅游城市和旅游景区等。

1）旅游国家

（1）旅游国家概念

旅游国家是指具有丰富旅游资源,拥有旅游接待能力,并以旅游业为主导产业的国家。旅游国家的概念具有以下几个方面的含义。一是拥有丰富而独特的旅游资源。旅游国家通常都拥有异常丰富的旅游资源,或为自然风光旅游,或为历史文化,或为现代设施,并具有特殊旅游吸引力。二是旅游业比较发达。旅游国家通常把旅游业作为其经济发展的主导产业,旅游管理机构在国家管理机构中地位显著,并重视制定系统性的旅游业发展鼓励政策与措施。三是与主要客源国或地区关系密切。旅游国家通常与主要旅游客源国或地区具有千丝万缕的联系,或是因历史原因形成的传统关系,或是因地理距离相近而形成的地缘关系,或是因商业贸易往来频繁而结成的商贸关系等。

（2）旅游国家功能

旅游国家具有以下几个方面的功能。一是作为国际政治、经济、文化交流的载体。旅游国家吸引大量海外旅游者,各国之间的旅游往来与合作也成为一种重要的外交手段。二是具有独特的旅游形象。受各国旅游资源、环境、文化等影响,旅游国家一般具有独特鲜明的旅游形象,如热情奔放的西班牙、典雅浪漫的法国、古老辉煌的意大利等。三是提供高水平的旅游设施和服务。旅游国家中的旅游设施完善,旅游服务优良,围绕旅游产业形成了较为完善的产业链,吸引大量国际旅游者。

2) 旅游城市

(1) 旅游城市概念

旅游城市是指具有独特的旅游资源,能够吸引旅游者并具备一定旅游接待能力的城市。旅游城市的概念包含以下含义。一是旅游城市是以旅游为主要职能的城市。城市的规划、建设都以满足旅游需要为主要职能,具备完善的旅游功能。二是旅游产业是该城市的重要支柱产业。旅游城市发展过程中,各类经济要素投入(例如劳动力、资金)不断向旅游行业集中,旅游产业及其相关产业在经济中占有较大比例。三是旅游城市具有自己特定的旅游形象。这种形象可能来自城市本身,也可能来自旅游城市的旅游景观。

(2) 旅游城市功能

作为旅游区的组成部分,旅游城市的主要功能包括以下三点。一是展示旅游目的地形象。从某种意义上讲,游客对旅游城市的形象评价决定着是否前往该旅游目的地,旅游城市是旅游目的地形象的集中展示地。二是构成旅游集散中心。旅游者进入旅游目的地都是以旅游城市作为游览的集散基地,进而前往旅游景区进行游览,因而旅游城市的集散功能决定着旅游目的地旅游活动的开展规模。三是本身即是旅游吸引物。旅游城市因其拥有特殊的旅游资源、精良的旅游设施、传奇的文化积淀等因素,其本身就是旅游者感兴趣的旅游景观,如购物天堂香港、博彩之都拉斯维加斯等。

3) 旅游景区

(1) 旅游景区概念

旅游景区是指具有参观游览、休闲度假、康乐健身等功能,具备相应旅游服务设施并提供相应旅游服务的管理区。旅游景区的概念包含以下几个层面的含义。一是旅游景区具有明确的地域空间范围,并由管理机构对其进行独立的开发、经营与管理;二是旅游景区通常拥有旅游吸引物,由若干旅游景点、游览通道、旅游设施等组成;三是旅游景区能够提供旅游服务,向旅游者提供信息咨询、游览引导、安全提示、交通疏导等服务。

(2) 旅游景区功能

作为旅游区基本构成单元的旅游景区,具有以下几个方面的功能。一是展示旅游目的地魅力。旅游景区通常为旅游区的主体构成区域,是旅游目的地的吸引物集聚区和核心景观所在地,是吸引旅游者前往的关键要素区。二是提供旅游体验。旅游景区是旅游者游览体验的承载区,是旅游者完成游览行为、达成游览意愿、作出游览评价的核心区域。三是实施旅游管理。旅游景区既是管理者开发经营的基本单元,又是旅游者进行游览体验的依托单元,还是旅游者与服务提供者互动的管理单元。

4.4　旅游目的地发展

旅游目的地发展是指旅游目的地由低级到高级、由小尺度到大尺度、由简单到复杂的变化过程。本节主要探索旅游目的地的演化过程(发展进程)、空间拓展(发展规模)、产业变迁(发展质量)。

4.4.1　旅游目的地演化过程

旅游目的地演化过程是指旅游目的地演变所呈现的阶段性特征。在旅游目的地演化过程的研究中,广为人知的理论是旅游地生命周期理论。根据 R.巴特勒(R.Butler)的旅游地生命周期理论,旅游目的地的过程演化可以划分为 6 个阶段:探索(Exploration)、参与(Involvement)、发展(Development)、巩固(Consolidation)、停滞(Stagnation)、衰落(Decline)或复兴(Rejuvenation)。但在旅游发展过程中,很多阶段的独立特征并不显著,它们之间的界限十分模糊。本节根据旅游目的地真实发展过程,将旅游目的地的演化过程划分为 3 个阶段,即成长阶段、成熟阶段、调整阶段。

1)旅游目的地成长阶段

(1)阶段内涵

旅游目的地成长阶段(Tourism Destination Growth Stage)是旅游目的地已经取得初步发展但未取得完全发展的阶段。在旅游地生命周期中,旅游目的地成长阶段可以划分为探索、参与、发展 3 个小阶段。在探索阶段,旅游目的地只有探险型游客,且数量有限,分布零散;在参与阶段,旅游者的人数逐渐增多,旅游目的地开始专门为旅游者提供一些简易的设施;在发展阶段,旅游者人数继续上涨,旅游目的地的交通条件和当地设施都得到极大改善,旅游业发展迅速。处于成长阶段的旅游目的地可能出现 3 种结果:一是发展能力欠缺,长期处于成长阶段,需要经过长时间发展才能进入成熟阶段;二是拥有极大的发展优势,成长阶段进一步压缩,快速进入成熟阶段;三是发展能力先天不足,在成长阶段已出现发展停滞的现象,直接进入调整阶段。

(2)阶段特征

旅游目的地成长阶段最明显的特征是旅游人数和旅游收入的显著增长。从旅游景观角度来说,处于成长阶段的旅游目的地对旅游者具有一定神秘性,基于这种神秘性旅游目的地对旅游者的吸引力显著增加,促使大量旅游者前往旅游目的地;从旅游设施角度来说,处于成长阶段的旅游目的地必然伴随着大规模的旅游设施建设,旅游设施的成本支出必然促使旅游目的地增加对旅游者的营销力度,以填补大量旅游设施投入所带来的损失。

（3）影响因素

影响旅游目的地成长的主要因素包括3个方面。一是高质量的旅游景观开发。高质量旅游景观的开发将极大增强旅游目的地的成长能力,提升旅游目的地独特性和吸引力,促进旅游目的地快速发展。二是大规模的旅游投资。旅游目的地发展初期,旅游投资规模对于旅游设施建设、旅游景观提升等方面影响巨大,是旅游目的地持续成长的动力来源。三是有效的旅游市场营销。有效的旅游市场营销将扩大旅游目的地成长规模,既可提升旅游目的地形象,又可提高市场知名度、加快旅游目的地市场扩张步伐和投资收回速度。

2）旅游目的地成熟阶段

（1）阶段内涵

旅游目的地成熟阶段（Tourism Destination Maturity Stage）是旅游目的地已经取得完全发展并处于巅峰状态的阶段。在旅游地生命周期中,旅游目的地成熟阶段通常包含两个阶段,即巩固阶段和停滞阶段。在巩固阶段,游客增长率已经出现下降,但游客总量将保持一定规模,游客数量还在继续增加,旅游目的地的社会经济发展与旅游业息息相关;在停滞阶段,旅游目的地的游客数量已达到或超过旅游环境承载量,接待设施开始出现过剩,旅游纠纷甚至矛盾冲突开始增多,旅游目的地负面报道增加,导致许多经济、社会和环境问题的产生。处于成熟阶段的旅游目的地可能出现两种结果:一是获得源源不断的客流,旅游业持续发展,使其能够一直维持在成熟阶段;二是发展能力衰退,发展潜力欠缺,持续发展能力不足,进入调整阶段。

（2）阶段特征

旅游目的地成熟阶段的最显著特征是旅游人数和旅游收入到达一定规模之后增长率开始下降。在成熟阶段,增长率的下降并不代表没有增量,而是增长速度的放缓。一方面,处于成熟阶段的旅游目的地,由于本身基数就很大,获得同样增长率的难度要比成长阶段大很多;另一方面,由于大规模开展旅游,大量游客到访使旅游目的地本身埋下诸多隐患,纠纷矛盾增多,难以维持较高的增长率。

（3）影响因素

影响旅游目的地成熟的主要因素包含3个方面。一是旅游目的地精细化管理。旅游目的地精细化管理能够减少旅游目的地运营成本,提升旅游目的地服务水平,扩大旅游目的地盈利空间,将会夯实旅游目的地发展基础。二是旅游目的地持续推广。旅游目的地持续推广不仅能够巩固原有客源市场,还能挖掘潜在旅游客源市场,能够扩大旅游目的地市场群体。三是旅游目的地产品创新。旅游目的地产品创新促进了原有旅游产品的升级换代,开发了新的旅游产品,将提升旅游目的地竞争力,增强旅游目的地发展动力。

3）旅游目的地调整阶段

（1）阶段内涵

旅游目的地调整阶段（Tourism Destination Adjusting Stage）是旅游目的地已进入停滞期并出现衰退迹象的阶段。在旅游地生命周期中，旅游目的地调整阶段通常包含两种可能性阶段。一是开始衰落，由于旅游目的地被新的旅游目的地所代替，目的地在旅游市场的份额不断缩小，只留下一些周末度假游客、不留宿游客、特殊感情游客；二是重新复苏，旅游目的地通过创造一系列新的人造景观或开发尚未开发的旅游资源，大规模进行市场促销以吸引原有游客和潜在的游客。处于调整阶段的旅游目的地可能出现 5 种结果：一是重新开发取得成效，游客数量继续上升，旅游目的地进入复苏阶段；二是限于小规模的调整和改造，游客数量以较小幅度增长，旅游目的地复苏幅度缓慢；三是重点集中于维持现有游客量，避免游客数量出现大幅下滑；四是资源过度使用，环境破坏，导致竞争力下降，游客量剧减；五是战争、瘟疫或其他灾难性事件导致游客量急剧下降，难以恢复到原有水平。

（2）阶段特征

旅游目的地调整阶段的最显著特征是旅游发展的不确定性。首先，这种不确定性体现在发展前途的不确定性。在旅游目的地调整的过程中，旅游目的地可能获得重新复苏，也有可能走向衰落。其次，这种不确定性体现在发展过程的不确定性。对于一些旅游目的地来说，某些调整措施可能是有效的；但对于另一些旅游目的地来说，这些调整措施可能是无效的。最后，这种不确定性体现在发展速度的不确定性。在调整之后，有些旅游目的地可能取得快速复苏，有些旅游目的地也可能缓慢复苏。

（3）影响因素

影响旅游目的地调整的主要因素包括 3 个方面。一是旅游目的地管理。旅游目的地从衰落到复苏是一段复杂的过程，需要旅游目的地各个利益相关者的共同配合，如果旅游目的地管理机构没有积极发挥其职能，将导致旅游目的地管理的混乱，而使旅游目的地陷入持续衰落的困局。二是旅游从业人员管理。如果旅游从业人员不遵守相关的规章制度，将导致旅游市场的混乱，从而影响旅游者的消费体验，进而影响旅游目的地形象。三是旅游目的地居民管理。如果当地居民对旅游者产生了厌烦情绪，抵制旅游者的到来，将对旅游活动造成毁灭性的打击。

4.4.2　旅游目的地空间拓展

旅游目的地空间拓展是指旅游目的地在发展规模上的扩大过程。根据空间结构状态，旅游目的地空间扩展可划分为点—轴结构、旅游游憩带、旅游集聚区、空间一体化 4 种结构类型。

1）点—轴结构

（1）点—轴结构内涵

点—轴结构（Point-Axe Structures）是由"点"和"轴"组成的空间结构形态，是最简单的旅游目的地空间结构。"点"是指在一定地域的旅游中心地,包括各级区域的集聚点、"增长极"等;而"轴"是由交通干线、通信干线、能源输送线和水源干线结合起来的"基础设施束",对附近区域有很强的经济吸引力和凝聚力,又可将其称作"旅游开发轴线"或"旅游发展轴线"。点—轴结构可以划分为单一型结构、放射型结构、环绕型结构、网络型结构等多种结构形态(图4.2)。单一型结构是由高级别旅游中心地与低级别旅游中心地直接相连构成;放射型结构是由一个高级别旅游中心地与多个低级别旅游中心地构成,呈现放射状分布;环绕型结构是由一个高级别旅游中心地与多个低级别旅游中心地串联构成,呈现环状相连分布;网络型结构是由高级别旅游中心地与低级别旅游中心地呈网络化连接构成。

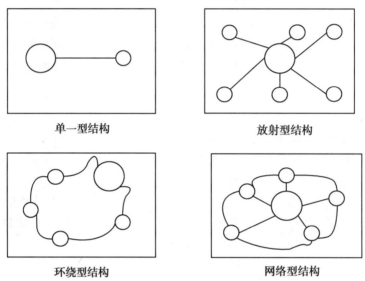

图4.2　点—轴结构的4种结构形态

（2）点—轴结构特点

点—轴结构的主要特点是层次清晰性和操作简单性。从层次上看,无论是哪种类型的点—轴结构,都可以清晰地呈现旅游目的地所包含的要素。通过点—轴结构的展现,旅游者可以看到旅游目的地的旅游节点和旅游区。从操作上看,点—轴结构是由旅游中心地和旅游发展轴线构成,旅游管理机构可以根据旅游中心地的分布,安排旅游车辆,准备应急预案,进行旅游目的地管理。

（3）点—轴结构应用

点—轴结构的应用主要体现在旅游目的地的分析和规划领域。通过点—轴结构图的展现,不仅可以识别旅游目的地中的高级别旅游中心地和低级别旅游中心地,还可以通过空间结构发现结构中存在的问题,以便及时解决。在旅游目的地的规划设计中,很多地方采用点—轴结构来展现旅游区与旅游节点之间的关系、规划旅游线路、设计旅游导览图等。

2) 旅游游憩带

（1）旅游游憩带内涵

旅游游憩带（Tourism Recreational Belt）是由相互连接的旅游区构成的带状游憩空间，是旅游目的地发展到一定阶段所形成的空间结构形态。美国著名学者冈恩（Gunn）1988 年通过把将郊区旅游带与城市旅游系统结合研究发现了特殊的现象，他把城市的核心作为空间上的旅游中心，在外围用了 4 个环线来划分各个带状区域的旅游特点与功能，通过归纳总结提出都市旅游理论模型，学术界称之为"都市旅游环带模式"（图 4.3）。国内学者吴必虎在对上海市郊区旅游开发实证研究的基础上，提出了环城游憩带（Recreational Belt Around Metropolis，ReBAM）理论：发生在大城市郊区，主要为城市居民光顾的游憩设施、场所和公共空间，特定情况下还包括位于城郊的外来旅游者经常光顾的各级旅游目的地形成的环大城市游憩活动频发地带。在旅游实践中，除了围绕城市发展的环城游憩带，还出现了环湖游憩带、环岛游憩带、滨水游憩带等旅游游憩带。环湖游憩带是以某个湖泊为中心发展的游憩带；环岛游憩带是以某个岛屿为中心发展的游憩带；滨水游憩带是沿着某条水系发展的游憩带。

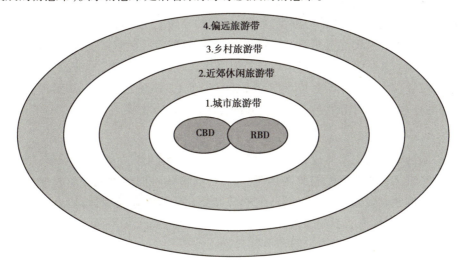

图 4.3　都市旅游环带模式

（2）旅游游憩带特点

旅游游憩带的主要特点是距离目标市场比较近。从形状来看，旅游游憩带是带状分布的旅游空间，是串联多个旅游区的发展纽带。如果周边没有足够的市场作为支撑，多个旅游区之间的连接将难以实现。从内容来看，旅游游憩带的存在具有一定的公益性。在旅游游憩带的发展过程中，很多游憩带分布在大城市周围，以满足当地居民的日常游憩需要。

（3）旅游游憩带应用

旅游游憩带的应用主要体现在各个城市的环城游憩带建设领域。环城游憩带的本质是城市居民游憩在城市周边空间上的投影，是城市居民游憩的重要场所，是城市游憩系统的重要组成部分。为了满足人们对幸福生活的追求，各个城市开始通过加强城市游憩带的建设，改善城市的生活空间,提升居民的生活品质。如西安的环城公园,不仅为居民提供了一个游憩的空间,还保护了西安的古城墙,提升了西安的城市旅游吸引力。

3)旅游集聚区

(1)旅游集聚区内涵

旅游集聚区(Tourism Spatial Structure)是由多个旅游区集聚所形成的旅游区域,是旅游目的地为促进自身发展自然或人为形成的空间结构形态。旅游集聚区是旅游产业集聚区的简称,旅游产业集聚现象在西方的旅游空间发展中多有实例,不同的国家或城市,都有旅游集聚区的空间发展实例。如美国首都华盛顿城市中心区以国会山庄和白宫为中心发散两条纪念性轴线,并以轴线为依托布置一系列的纪念碑、纪念馆、重要建筑、广场、开敞绿地和水面,结合周边完善的商业金融等旅游配套设施,发展中心区的旅游空间,如今该城市致力发展的旅游空间已成为国际著名的旅游目的地,并呈现出旅游产业集聚现象。

(2)旅游集聚区特点

旅游集聚区的主要特点是空间集聚性和功能互补性。从空间上来看,旅游集聚区表现为以旅游景观为依托,各关联单位围绕景观在一定的地理空间内集聚发展,相互连接形成相关产业的地理集中。从功能上来看,旅游集聚区可以打破传统旅游区的发展极限,推动传统旅游区升级发展。如很多风景名胜区以自然风光为背景,游客在景区的主要活动是观光,且时间仅限于白天。为了消除游客夜晚时间上的活动空白,旅游集聚区在功能上与之形成互补,以多样的住宿、餐饮、休闲、度假、商务等来推动旅游区的发展。

(3)旅游集聚区应用

旅游集聚区的应用主要体现在各个旅游目的地对旅游集聚区的建设领域。近年来,由于旅游产业集聚区在弥补传统旅游区功能上的巨大优势,不同类型的旅游目的地开始加强对旅游集聚区的建设。如位于北京的八达岭长城文化旅游产业集聚区,以八达岭地区丰富的历史文化资源、当代艺术事业为依托,大力发展文化旅游业、文艺演出业、广告会展业、设计创意业四大主导产业,使自身发展能力得到有效提升。

4)空间一体化

(1)空间一体化内涵

空间一体化(Spatial Integration)是由多个旅游目的地重新组合形成的旅游区域,是旅游目的地高度发展的一种空间结构形态。空间一体化并不是一个静止的状态,而是一个区域旅游不断发展完善的动态过程。空间一体化是旅游业发展的必然阶段,但不是最终阶段,空间一体化要求区域内部和区域之间不断联结与合作,完善区域内相关旅游设施的建设,推行"无障碍化"旅游,从而带动区域内经济的融合。伴随着空间一体化的发展,旅游实践中产生了一种"全域旅游"发展模式。所谓全域旅游,是指在一定区域内以旅游业为优势产业,通过对区域内经济社会资源尤其是旅游资源、相关产业、生态环境、公共服务、体制机制、政策法规、文明素质等进行全方位、系统化的优化提升,实现区域资源有机整合、产业融合发展、社会共建共享,以旅游业带动和促进经济社会协调发展的一种新的区域协调发展理念和模式。

(2)空间一体化特点

空间一体化的主要特点是目标市场一致性和旅游效应溢出性。从目标市场上来看,为了推动区域内各地区之间旅游行业的不断融合,空间一体化要求建立统一的目标市场,增强区域内各地区之间的协同性,强化了区域内旅游业的整体性;从旅游效应上来看,空间一体化在带动区域旅游业不断发展的同时,也会使旅游效应溢出,推动区域内旅游资源、市场、人才、技术等要素的相互流通与共享,促进区域内其他产业的发展。

(3)空间一体化应用

空间一体化的应用主要体现在全域旅游的建设领域。为推进以示范引领全域旅游发展,原国家旅游局启动了全域旅游示范区创建工作,示范区分为县级(县市级)、市(州)级、省级示范区创建,其中以县(市、区)级为重点。目前,全国共有 500 家全域旅游示范区创建单位,包括海南、宁夏两省(区),91 个市(州)以及 407 个县(市)创建单位。此外,原国家旅游局还批准了海南、宁夏、陕西、贵州、山东、河北、浙江 7 个省区整体为全域旅游示范区创建单位。

4.4.3 旅游目的地产业变迁

旅游目的地产业变迁是指旅游目的地产业组成上不断优化的过程。根据产业变迁的规律,旅游目的地主要存在产业集聚、产业融合、产业升级 3 种变迁过程(图 4.4)。

图 4.4 旅游目的地产业变迁

1)产业集聚

(1)产业集聚内涵

产业集聚(Industrial Agglomeration)是指旅游目的地相关产业在空间上集中的过程。一般来说,产业集聚属于动态的运行过程,往往强调特定产业在特定区域的空间集聚现象。旅游目的地产业集聚的形成,是空间上不断集中的趋向和过程,先有旅游集中,再有旅游集聚。在旅游目的地,以旅游景观为基础,以旅游企业主体或某旅游行业为龙头,相互关联的企业或机构在一定的地域内集中,形成上、中、下游结构完整的具有一定规模的旅游产业链,共同为旅游者提供更为完善的服务。在旅游目的地产业集聚的过程中,主要形成 3 个层次产业支撑,即旅游核心产业、旅游相关产业、旅游支持产业(图 4.5)。

(2)产业集聚作用

产业集聚的作用主要有以下几个方面。一是扩大企业盈利性。多种产业的集聚减少了中间环节的时间花费,降低了旅游产品的生产成本,使旅游企业的盈利得以提高。二是提升游客满意度。产业集聚使旅游目的地提供的服务类型显著增多,服务数量显著增加,给予了旅游者更多的产品选择权。三是增强旅游竞争力。在产业集聚的过程中,旅游产品的数量不断增加,使旅游目的地的竞争力显著增强。

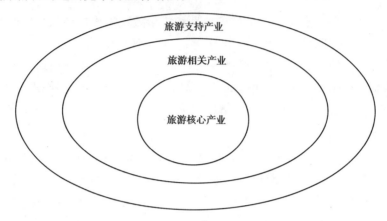

图 4.5　旅游目的地产业集聚图

(3)产业集聚发展

产业集聚的发展主要体现在旅游产业链的不断延伸上。在发展初期,很多旅游目的地都面临着旅游产业链过短的问题,甚至有些旅游目的地仅仅停留在"门票经济"时代。旅游产业链过短导致旅游收入过度依赖于景区门票,不仅使旅游目的地的获利能力降低,而且不利于旅游目的地的形象提升。而产业集聚的发展使得旅游产业链不断延伸,扩大了旅游收入的来源,将进一步增强旅游目的地的可持续发展能力。

2)产业融合

(1)产业融合内涵

产业融合(Industrial Integration)是旅游目的地相关产业相互渗透协调的过程。产业融合的过程包括两个方面。其一,旅游接待业和旅游目的地融合的过程。作为从外部集聚而来的旅游接待业,必然面临着本地化的过程,产业融合使相关旅游企业融入当地的文化之中,增强旅游接待业的地方性和文化性。其二,旅游接待业和其他产业融合的过程。作为一个融合性极强的产业,旅游业与其他产业的融合将带动其他产业的发展,同时旅游业在与其他产业融合的过程中,也产生了很多新的旅游形式。

(2)产业融合作用

产业融合的作用主要有以下几个方面。一是增强旅游吸引力。通过产业融合,旅游企业加深了对当地的理解,提升了对当地文化的认识,以便开发出更适合当地发展的旅游产品。二是提高资源利用率。对于某些产业来说,旅游产业可以带给它们新的发展机会。例如一些工业发展被遗弃的工厂,可以用来开发工业旅游。三是创造发展新机遇。产业融合不仅提升了旅游产业的文化适应力,还使其他产业意识到旅游产业的巨大作用,为旅游的进一步发展创造了新的机遇。

（3）产业融合发展

产业融合发展主要体现在"旅游+"的快速发展上。2015 年 8 月原国家旅游局在《开明开放开拓迎接中国"旅游+"新时代》中首次明确阐述了"旅游+"概念,提出"旅游+"能充分发挥旅游业的拉动力、融合能力及催化、集成作用,为相关产业和领域发展提供旅游平台。在此之后,"旅游+"在很多行业得到响应,逐渐形成了"旅游+地产""旅游+研学""旅游+互联网""旅游+外交"等多种融合发展的模式。

3）产业升级

（1）产业升级内涵

产业升级（Industrial Upgrading）是旅游目的地相关产业内外部适应的过程。产业升级的过程包含两个方面。一是内部融合性升级。在产业融合之后,部分产业对自身的理解有更加深刻的认识,这样的认识促使它们去开发出更多更具有本地特色的产品,来推动本地发展。二是外部刺激性升级。伴随着旅游消费的发展,很多新潮流、新理念、新模式传入旅游目的地,促使旅游目的地不断升级,满足旅游者的消费需要。

（2）产业升级作用

产业升级的作用主要有以下几个方面。一是开发旅游新产品。通过产业之间的内部融合,旅游目的地可以根据本地特点开发出新的旅游产品,来推动旅游目的地的发展。二是满足旅游新需求。对于产业升级来说,旅游目的地很大程度上是为了适应旅游市场的发展需要,满足不断变化的旅游需求。三是打造旅游新形象。随着旅游的发展,旅游目的地形象变得越来越重要,甚至影响旅游目的地的发展。为了改善负面形象或提升旧形象,旅游目的地往往需要通过产业升级打造旅游新形象。

（3）产业升级发展

产业升级的发展主要体现在优质旅游的快速发展上。经过几十年的发展,中国旅游业取得巨大成就,但也存在很多问题。诸如"零负团费""强制购物"等问题,一直困扰着中国旅游业的发展。2018 年全国旅游工作会议提出,中国旅游业已经从高速旅游增长阶段转向优质旅游发展阶段。这是对中国旅游业发展的准确定位,优质旅游已经成为中国旅游业发展的新方向,将引领下一阶段的旅游产业升级。

【阅读案例】

海南国际旅游岛的华丽蜕变

国际岛屿旅游目的地开发模式主要有美国佛罗里达模式、夏威夷模式、中国香港模式和中国澳门模式等,其中佛罗里达模式适宜发展大众度假旅游、新型旅游业态,与商业、娱乐业等融合度更高;夏威夷模式主要发展高端度假旅游和精品特种旅游;中国香港模式通常发展以观光、购物、商务休闲等快节奏的都市旅游为主;中国澳门模式以博彩旅游等特种旅游为亮点。海南岛作为中国第二大海岛,依靠独特的资源、环境和区位优势,从自身实际和战略需求出发,完成了一个从边陲海岛到国际旅游岛的华丽蜕变。

1.国际旅游岛赢得空前发展机遇

(1)曾经地产开发商的"盛宴"。海南岛气候条件优越,尤其是避寒气候优势在中国独一无二。20世纪90年代初,受"建省办特区"政策刺激,海南房地产市场存在严重"泡沫"。自国际旅游岛建设以来,更是云集众多国内一线知名房企投资开发地产项目。由于土地财政带来的甜头,以及旅游经济发展延伸至旅游地产项目,海南经济发展高度依赖房地产业,旅游目的地建设并未取得预期效果。

(2)先行先试的改革试验区。2010年国务院发布《关于推进海南国际旅游岛建设发展的若干意见》,从此海南国际旅游岛建设正式启动。国际旅游岛战略把海南发展结合到"国家开放战略、国家区域发展战略和国家旅游战略"的全局,正逢其时,抓住了机遇,迅速得到国家相关部委和国务院的认同,海南成为国家扩内需、调结构、保增长,加快发展旅游业的"综合配套改革试验区",发挥着先行先试的作用。

(3)尚存差距的国际旅游岛。2017年海南接待游客达6 745万人次,其中入境游客量达到111.94万人次,同比增长49.5%,提前3年实现了海南省政府设定的"2020年入境游客将达到100万人次"的工作目标。然而,与普吉岛、巴厘岛、马尔代夫等世界著名海岛型休闲旅游度假目的地相比,海南国际旅游岛仍面临较大差距,尤其是在国际化程度上。

2.国际旅游岛坐拥诸多优势条件

(1)坐拥高质量的旅游景观。海南省拥有优良的滨海景观、沙滩质量、海水质量和空气质量,是中国唯一的四季无冬旅游海岛。海南岛文化旅游资源丰富,以黎苗文化为特色,包括海上丝路文化、时尚文化、非物质文化遗产、历史文化、名人文化、红色文化、军垦文化、侨乡文化、宗教文化等。从空间上看,海南省拥有山地森林、台地、滨海、海洋等四大自然圈层,与历史民俗、渔家文化、南海文化、民族文化等人文资源组团叠加融合,形成多元发展潜力。

(2)重大旅游设施相继落地。如今的海南早已不只椰风海韵,碧浪白沙。从环岛高速公路到环岛高铁,从国际机场到国际邮轮母港,从客栈民宿到五星级酒店,海南的旅游基础设施和服务设施日益完善。近年来,海南岛各地兴建了各类大型配套设施,陵水海南国际旅游岛先行试验区、海花岛旅游综合体、三亚亚特兰蒂斯、富力海洋欢乐世界、海口如意岛、海口南海明珠、三亚海棠湾水稻国家公园、国家南海博物馆、格莱美博物馆等一批旅游重大项目相继建成运营。

(3)全国典范的旅游监管服务。2012年三亚天价海鲜宰客事件经互联网放大和传播,对海南岛旅游形象造成重大影响。痛定思痛,针对旅游乱象问题,海南通过不断完善旅游警察、旅游巡回法庭、旅游纠纷调解委员会和行政执法部门"四位一体"监管体系,旅游市场日趋规范并成为全国典范而被推广。为了满足自助游时代的游客需求,海南岛规划到2020年前所有市县至少建设完成1处功能完善、布局合理的游客集散中心,为游客提供便捷的旅游公共服务。

3.国际旅游岛建设呈现勃勃生机

(1)打造优质旅游项目。着力打造吸引点,加快建设海口、三亚、儋州3个精品旅游城市,重点打造海口观澜湖旅游度假区、三亚海棠湾国家海岸休闲度假区等6大旅游产业园,开发中国雷琼海口火山群世界地质公园、长影环球 100 电影产业园区等 25 个重点旅游度假区,推进万达文化旅游城、亚特兰蒂斯等一批标志性旅游综合体建设,提升和新建一批高等级旅游景区,建设 100 个特色产业小镇。

(2)建设立体交通走廊。一是开通空中航线,计划到 2020 年境外航线达到 100 条,其中境外直飞航线不低于 70 条。提高入境游客"可进入性",实现主要客源地"朝发夕至、通达覆盖"。二是完善地面交通,2015 年底海南环岛高铁开通,搭乘动车环岛一圈仅需 3 个多小时。"十三五"期间万宁至洋浦、文昌至琼海、琼中至乐东高速公路相继建成开通,将形成一条纵贯中部、连通南北的"田字形"高速公路网。三是开辟海上航线,海南已开通境外邮轮航线共 14 条,并将加快海口、三亚邮轮母港建设,开通环海南岛邮轮航线、海南始发的母港航线、以海南为访问港的入境航线,开展公海游航线,逐步形成"海上丝绸之路沿线邮轮旅游圈"。

(3)全域旅游花开全岛。把海南岛作为一个大景区来规划建设,以"点、线、面"结合的方式推动全域旅游建设。在"点"的建设上,集中打造一批旅游景区景点、乡村旅游点、美丽城镇观光点、休闲度假健康点、民族民俗体验点、新业态承载点等。在"线"的建设上,扩大通达面,提升舒适性和便捷性,完善机场、高铁、码头等站点通过各旅游景点的客运公交体系,并把从出发地到目的地的沿途风景和人文景观打造成赏心悦目的风景线。在"面"的建设上,加大旅游标识以及旅游指引系统建设力度,充分体现国际化元素,提高国际化程度。提高全社会文明程度,塑造讲文明、重礼仪、诚信友爱、热情好客的国际旅游岛形象。

4.海南国际旅游岛发展进入新纪元

(1)"制度红利"助推海南旅游发展。2016 年海南被确定为全国首个"全域旅游创建示范省"。2018 年相继发布的《中共中央国务院关于支持海南全面深化改革开放的指导意见》《海南省建设国际旅游消费中心的实施方案》等,为推动海南国际旅游岛建设,中国政府赋予了海南一系列的优惠政策和措施,如入境免签政策、购物退免税政策等。多重政策利好为海南国际旅游岛建设注入新的活力,海南旅游前景备受期待。

(2)雄心勃勃建设世界一流旅游目的地。在国际媒体中,海南岛经常被称为"中国的夏威夷"或"中国的佛罗里达"。然而,海南国际旅游岛建设目标不仅如此。2017 年海南发布的《海南省旅游发展总体规划(2017—2030)》提出,至 2025 年建成世界一流的海岛休闲度假旅游胜地,至 2030 年建成世界一流的国际旅游目的地。如今,海南岛紧紧围绕建设全面深化改革开放试验区、国家生态文明试验区、国际旅游消费中心和国家重大战略服务保障区等战略目标,力图将海南岛打造成为中国新一轮改革开放的重要窗口。

资料来源:张鹏杨、孟帅康根据《海南省旅游发展总体规划(2017—2030)》及《中国旅游报》相关资料整理编写。

思考题

1.怎样划分旅游目的地的基本类型?

2.旅游目的地形成需要哪些条件因素?

3.怎样区分旅游资源、旅游吸引物、旅游景观?

4.旅游景观具有哪些特征?

5.旅游服务设施包括哪些内容?

6.怎样理解旅游服务概念与特征?

7.旅游目的地由哪些要素构成?

8.旅游集散中心具有哪些功能?

9.旅游通道包括哪些类型并各具有什么功能?

10.如何从演化角度分析旅游目的地发展?

11.怎样理解旅游集聚区内涵与特点?

12.如何推动旅游目的地产业转型升级?

第5章
旅游接待业

【学习目标】

1.掌握旅游接待业含义、要素、特点。

2.认识旅游接待业招徕、接待、溢出三大功能。

3.认识旅游供给商、旅游招揽商、旅游平台商三类企业。

4.了解旅游接待业运营模式、商业链条、服务质量。

【知识要点】

1.旅游接待业是指为旅游消费者提供产品和服务的行业集合体。旅游接待业的三大要素包括产业要素、行业要素和发展要素。旅游接待业具有产业关联度高、行业协调面广、服务感知性强三大特点。

2.旅游接待业具有招徕功能、接待功能、溢出功能三大功能。招徕功能包括政策招徕、形象招徕、渠道招徕。接待功能包括国内接待、国际接待。溢出功能包括经济溢出、文化溢出、生态溢出。

3.旅游接待业企业由旅游供给商、旅游招揽商和旅游平台商三大类企业构成。旅游供给商包括景区景点企业、住宿餐饮企业和购物娱乐企业。旅游招揽商包括旅行社、旅游行业组织和旅游交通企业。旅游平台商包括电子平台企业、会展平台企业和支付平台企业。

4.旅游接待业运营指运营模式、商业链条、服务质量等。运营模式包括集团化运营、基地型运营、连锁性运营等。商业链条包括旅游产业链、旅游价值链、旅游利润链。服务质量包括服务设计、服务感知、服务评价。

　　旅游接待业简称旅游业,是指为旅游消费者提供产品和服务的行业集合体。旅游接待业构成包括旅游企业、旅游组织和旅游平台。旅游接待业兼有"产业""行业"和"事业"三种含义,因此,旅游接待业包括三大要素:产业要素、行业要素和发展要素。产业关联度高、行业协调面广、服务感知性强是旅游接待业的三大特点,这三大特点凸显出旅游接待业对全球政治、经济、文化的广泛影响。旅游接待业的三大特点是其区别于其他产业的独有功能,具体表现为招徕功能、接待功能和溢出功能,这三大功能的实现对象是旅游消费者。旅游接待业企业是指以旅游资源为依托,以有形的设施设备、实体资源和无形的服务为手段,在旅游消费服务领域中进行独立经营核算的经济单位。旅游接待业企业按照运营方式和业态特征分为三大类:旅游供给商,包括景点、景区、住宿、餐饮、购物、娱乐等企业;旅游招揽商,包括旅行社、旅游行业组织、旅游交通企业等;旅游平台商,包括电子平台、会展平台、支付平台等企业。旅游接待业运营是指围绕旅游消费者的生产活动与服务过程。旅游的跨空间活动将旅游消费者与旅游目的地有机结合起来,通过旅游接待业要素形成旅游接待业体系。旅游接待业运营包括运营模式、商业链条和服务质量三项内容。

5.1　旅游接待业概述

虽然公认旅游接待业涉及行业最广、综合产值最大、影响最为广泛,并且是人类历史上最古老的行业之一,但学术界在对旅游接待业的概念界定上至今缺乏共识。有些学者往往把旅游接待业与旅游产业、旅游行业、旅游业态、旅游企业和旅游产品的概念及范围混淆,从而使旅游学科陷入概念使用交叉、讨论主题混淆、研究结论备受质疑的困境。尽管如此,随着旅游活动的大规模增长,旅游接待业仍然成为许多相关领域的热门话题。例如,伴随着我国旅游目的地供给条件的不断完善和旅游消费者消费能力的不断提升,我国的入境游和出境游已经成为影响世界政治、经济和文化发展的重要因素。在欧美国家大学课程设置中,所提供的学士学位教育项目中有66%的项目提供旅游接待业(Hospitality)课程。这意味着,在旅游研究中,缺乏共识必然会导致旅游学科在认识论上存在缺陷。这种缺陷反过来阻碍了旅游领域的理论发展。

5.1.1　旅游接待业含义

1)相关概念辨析

(1)旅游业

旅游业是指为旅游消费者开展旅游活动,提供产品和服务的综合性产业。旅游业从词义上讲,既包括了"旅游产业"的含义,也包括了"旅游行业"的含义。然而,"产业"和"行业"的内涵及所包括的内容却存在差异。"产业"(Industry)是指主要业务或产品大体相同的企业类别总称。1985年,我国国家统计局明确地把我国产业划分为三大产业。把农业(包括林业、牧业、渔业)定为第一产业,把工业(包括采掘业、制造业、自来水、电力、蒸汽、煤气)和建筑业定为第二产业。把第一、第二产业以外的各行业定为第三产业。很显然,旅游接待业被看作一项产业是不准确的。因为与旅游相关的企业,如旅行社、饭店、交通、餐饮等,并不是提供同一种产品,也不是以同类技术生产该产品,它不是一个完整的产业,而是一个由不同行业组成的领域。每个行业的产出与另一个行业明显不同。例如,住宿业中的酒店、旅馆主要产出与休闲业的公园、徒步旅行和户外及室内活动主要产出相比,存在明显不同。然而,在这些相关行业的产出中,它们的服务对象都是旅游消费者。"行业"(Industry, Profession)是指生产相同产品或提供同类服务的活动类别。《国民经济行业分类》(GB/T 4754—2017),将行业分为 20 个门类,97 个大类,970 个中类和 9 700 个小类。"行业"与"产业"的最大不同,是包括了如政府组织、社会组织、民主党派、群众组织、宗教团体、国际组织等非经济活动类别。

(2)旅游接待业

旅游接待业是为旅游消费者提供产品和服务的行业集合体。旅游接待业兼有"产业""行业"和"事业"三种含义,"事业"(Undertaking)是指从事具有一定目标、规模和系统的经常活动。因此,旅游接待业既是旅游企业类别的总称,又囊括了旅游活动类别,也是一项具有一定目标、规模和系统的社会事业(图 5.1)。

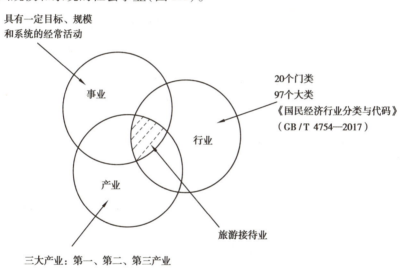

图 5.1　旅游接待业构成

英文单词"Hospitality"源于古希腊,包含了几个词根。拉丁词根"Hospes"(客人),"Hospitari"(成为客人),"Hospitate"意为"招待客人";"Hospital"(医院)、"Hospice"(救济院)、"Hotel"(酒店)等单词的主要含义都集中在"host"(主人)上,意思是接待、欢迎并努力满足暂时离家的人的需要。对古希腊人来说,好客与宗教密切相关,他们认为任何违反"hospitate"义务的行为都可能激起众神的愤怒。这种好客款待的早期观点体现在《牛津英语词典》中,将"Hospitality"定义为"好客的行为或实践;对客人、来访者或陌生人的接待和娱乐,具有慷慨或善意"。

同样地,英美国家对"Hospitality"的界定没有形成统一认识。随着旅游接待业的发展,旅游接待业所包含的行业或部门从单一到多元演变。英语国家的教育机构和产业组织采用"旅游接待业"这一术语来定义与提供食物、饮料和住宿有关的一组服务公司。相比之下,美国学者认为应该以更广阔的视角来定义旅游接待业。例如,莱斯利(Lashley,2000)认为旅游接待业由商业、社会和私人三大领域构成,每个领域都体现了旅游接待业的一个方面,而三者的集合就是旅游接待业。

2)旅游接待业性质

我国学者较多地将"旅游业""旅游产业"等概念混淆,目前对"旅游接待业"概念仍较少使用,核心原因是对旅游接待业的连接性、融合性和服务性这三大性质认识不足。

(1)连接性

旅游接待业是旅游系统中实现旅游消费者与旅游目的地结合的"连接器"。旅游接待业在旅游消费需求与旅游目的地供给之间产生的连接作用,使其系统功能超越了"产业"的范畴。由于旅游接待业的连接作用,产生了以满足旅游消费者新需求为目标的创新动力,推动了产品生产和服务改善,促使旅游系统要素的更新和变革。因此,旅游接待业的连接性,是对旅游新业态产生和发展的最佳解释。理解和界定旅游接待业的最有用的方法是基于系统论,以系统论特定的方式构建和分析旅游系统,在本质上更能体现旅游接待业的整体性和行业价值。

(2)融合性

旅游接待业的融合性主要体现在产品创新、产业融合和行业演进三个方面。对新技术的使用促进了旅游接待业产品创新发展,产业政策和金融资本促使产业融合发展,产业融合产生的新业态、新服务促进行业演进。目前,我国国民经济统计是按国家标准《国民经济行业分类与代码》(GB/T 4754—2017)来统计和核算的,这一分类标准自1984年发布至今已经修订了4次(1984年首次发布,1994年、2002年、2011年和2017年分别修订),目前最新的版本将国民经济行业分成20个门类97个大类。这一分类方案是全社会经济活动的基础性分类,主要应用于国家宏观管理和统计工作,但无法反映像旅游接待业这种跨门类跨行业的服务业。由此带来的问题是,旅游接待业无法作为一个相对独立的生产部门直接被统计和核算,而这正是由旅游接待业本身的融合性决定的。

(3)服务性

服务是一个与服务对象共同创造顾客感知价值的过程。尽管服务方式和类型众多,但都具有一个共同特征:围绕顾客的需求,创造顾客价值。现代服务业的发展越来越以消费者的需求为导向,而旅游接待业正是21世纪需求增长最快的领域。旅游接待业体现了以服务为核心的社会属性,超越了传统经济学意义上以经济属性为标准界定旅游业的方式。这主要是由旅游服务的特性所决定的,旅游服务的特性包括无形性、不可存储性、不可分割性和互动性。旅游服务分为三种类别:消费型服务、生产型服务和社会型服务。消费型服务包括住宿餐饮、娱乐休闲等;生产型服务包括了为生产者、流通者提供的服务,如建筑、租赁、金融、运输、通信等;社会型服务是为大众提供的包括政府管理、医疗卫生、教育文化、非营利活动等服务。

3) 旅游接待业构成

(1) 旅游企业

旅游企业是指提供旅游产品和服务的经济组织。按照与服务对象接触的方式和程度，分为直接旅游企业和间接旅游企业两大类。直接旅游企业(Direct Tourist Firms)是指其大部分业务直接面向旅游消费者，即离开旅游消费者便无法生存的企业，包括食、住、行、游、购、娱等旅游要素部门企业，这类企业中典型的代表是旅行社、饭店企业和航空公司。间接旅游企业(Indirect Tourist Firms)是指间接地向旅游消费者提供服务或产品要素，即旅游消费者的存在与否并不危及其生存的企业，这类企业的典型代表有出租汽车公司、礼品商店、娱乐企业、餐馆等。

(2) 旅游组织

旅游组织是指为实现旅游发展目标而建立起来的集体或专门机构。按照旅游组织的职能范围划分，可分为国际性旅游组织、国家旅游组织和地方旅游组织。按照旅游组织的职能性质划分，可分为旅游行政组织和旅游行业组织。例如，1946 年在巴黎成立的"国际酒店与餐馆协会"是一个顶级的国际性旅游组织，也是一个行业组织，其组织目标是为成员提供行业信息和调研服务，在联合国世界旅游组织等机构为协会成员争取利益。每个国家都有自己的行业接待组织，如美国的两大行业组织是美国酒店和住宿协会(American Hotel & Lodging Association)、国家饭店协会(National Restaurant Association)。就目的地而言，代表旅游接待业的旅游组织也很多，例如，一个旅游目的地既可能有旅行社协会，同时也还有酒店协会、餐饮协会等。在任何一个国家中，凡是为中央政府所认可，全面负责对全国旅游发展行使管理职能的组织机构，皆可称为该国的国家旅游组织。这意味着国家旅游组织的设置形式可以是政府机构，也可以不是政府机构。综观世界各国的情况，旅游组织的设置形式大致可划分为三类：国家政府的一个部门或机构、旅游行政管理机构、民间组织。表 5.1 为部分旅游组织的类型及名称。

表 5.1　部分旅游组织的类型及名称

旅游组织的类型	旅游组织的名称
我国的旅游行政组织	国家文化和旅游部；省、自治区和直辖市的文化和旅游厅(局/委)；地级市县的地方旅游行政机构
我国的旅游行业组织	中国旅游协会；中国旅游饭店业协会；中国旅行社协会；中国旅游车船协会；中国妇女旅游委员会；中国乡村旅游协会
国际旅游组织	联合国旅游组织(UN Tourism)；世界旅行社协会联合会(UFTAA)；世界旅行社协会(WATA)；国际饭店协会(IHA)；国际民用航空组织(ICAO)；国际航空运输协会(IATA)；国际旅游科学专家协会(AIEST)；国际旅游协会(IAT)；国际汽车联合会(IAF)；欧洲旅游委员会(ETC)；美洲饭店及汽车旅馆协会(AH&MA)；欧洲运输部长会议(ECMT)；国际铁路联盟(UIC)；国际旅游联盟(AIT)

（3）旅游平台

旅游平台是一个宽泛的概念，泛指开展旅游活动所需的结构元素，包括基础设施、信息平台、交通条件以及通信网络等。旅游平台可以被社会公众和旅游消费者双重使用。旅游接待业的发展必须建立在旅游平台之上。由于大多数旅游平台的建设一般由公共部门出资，因此，旅游平台的建设水平决定了旅游接待业的发展程度。在一些发展中国家，联合国开发计划署或世界银行为旅游平台的建设提供贷款或资助，但也有一些旅游平台由企业或社会组织投资建设，如一些度假岛屿的私人港口或机场。欧盟作为当今全球唯一的、成熟的区域旅游一体化地区，也是区域性旅游从国际合作走向一体化的世界级旅游目的地，其在多国间跨境旅游合作建立的旅游平台，堪称典范。

贾法·贾法里（Jefar Jafari，2005）通过近50年来对旅游现象的研究，提出旅游平台分为四大类的观点：公共部门鼓励旅游发展的"公共平台"、大众旅游发展的"宣传平台"、对旅游发展不良影响的"警示平台"、旅游可持续发展的"调整平台"。[①] 这种分类方法立足于政府行业管理视角，忽视了旅游接待业的经济属性。

5.1.2　旅游接待业要素

旅游接待业要素由三个维度构成：产业要素、行业要素和发展要素。产业要素包括经济环境、政治环境和技术环境；行业要素包括行业周期、行业结构和行业规模；发展要素包括事业单元和社会目标。

1）产业要素

旅游接待业产业要素是指构成同类型产品和服务的旅游企业的必要因素。由于旅游接待业本身具有的产业特征，其产业要素包括经济环境、政治环境和技术环境三个要素。

（1）经济环境

经济因素会对企业行为和产业绩效产生深远的影响，而旅游企业可采取多种经济行动以抵消运营环境中的不利影响，因此，经济环境成为旅游接待业的重要影响因素。经济增速、利率水平、通货膨胀、汇率水平、贸易平衡等是关键的经济因素（表5.2）。以美国为例，早在20世纪60年代初，美国政府便提出美国发展旅游业的首要宗旨就是"尽最大可能为美国的国际收支平衡作贡献"。随着美国国际收支的赤字不断增大，美国政府把鼓励外国游客来美旅游作为增加外汇收入的重要手段。事实上，以增加外汇创收为主要动机来发展旅游业的国家很多，西班牙可谓是其中最具代表性的典型。自20世纪80年代中后期以来，西班牙来自旅游业的年外汇收入约占其贸易出口创汇总额的40%以上。

---

① JAFARI J. The scientification of tourism[J]. Politica y sociedad, 2005, 42(1): 39-56.

表 5.2　经济环境因素对旅游接待业的潜在影响

经济因素	潜在的产业影响
经济增速	旅游消费者需求、生产要素成本、资源的可获得性
利率水平	资金成本、新项目投资成本、融资成本、消费者支出
通货膨胀	利息率、生产要素成本、利益相关者的乐观或悲观态度
汇率水平	投资海外业务的盈利能力、政府政策
贸易平衡	签证政策、海关关税、贸易壁垒

资料来源：杰弗里·S.哈里森，卡西·A.恩兹.旅游接待业战略管理：概念与案例［M］.秦宇，等译.北京：旅游教育出版社，2007.

（2）政治环境

不管是国内还是国外旅游接待业，政治因素都是重要的影响因素之一。一般来讲，在政治上实行中央集权、在经济上实行计划经济的国家中，旅游接待业中的私营部分很小，主要旅游企业多为国家所有。相比之下，在实行资本主义政治制度和自由市场经济的国家中，旅游业中的私营部分十分强大，旅游业的经营主要靠民间力量。这意味着在实行中央集权的社会主义国家和发展中国家中，旅游业的发展通常需要政府较大程度地直接干预，否则旅游业难以实现迅速发展。在社会主义国家和发展中国家中，国家旅游组织往往都是直接由政府设立，并将其作为政府部门编制。国家政府通过这一机构直接指挥、管理和参与旅游业的发展工作。换言之，这些国家中的国家旅游组织在很大程度上既是国家政府的代表，又是旅游业的代表。

随着现代旅游活动的国际化，因旅游活动的开展而发生的民间交往客观上也会起到增进国与国之间的相互了解和促进民间友谊的作用。政府对旅游发展进行干预的形式很多，既包括通过建立旅游行政机构进行直接干预，也涉及通过其他形式进行间接干预，如出入境政策、相关的立法、基础设施的规划与建设以及通过国有旅游企业进行示范和影响等。

（3）技术环境

技术变革创造出的新产品、新业态、新服务，对旅游接待业的发展产生重要的影响和作用，某些技术变革甚至对人们的出行方式、旅游体验产生重大改变。现代航空业的发展、通信技术的进步、虚拟技术的运用等技术创新在近年获得了惊人的发展，使得一些传统产业受到了颠覆性的影响。新技术创造出来的新兴业态，影响和改变了许多人的工作、娱乐方式。例如，酒店客房内的传真机、移动电话出租已经不再是受欢迎的技术，取而代之的是互联网预订系统、Wi-Fi、人工智能机器人服务等。

随着现代科技的发展，一些新兴应用技术的出现会为旅游景点的建设和更新改造带来新的机会。例如，声、光、电、激光等现代技术以及塑料和碳纤维等新型材料都已应用于景点，过山车之类游乐设施所使用的传统滑道也早已让位于新式的螺旋轨道和立式环形轨道。2016 年开园的上海迪士尼乐园，为喜爱刺激的游客量身打造了一座"惊悚"级别的弹射式过山车"创极速光轮"。创极速光轮不只是迪士尼全球首创的项目,也是全球迪士尼乐园中最刺激的项目之一,在市场上产生了巨大的轰动效应。此外,随着技术的发展和生产能力的提高,利用电脑操纵的各种模拟器已不再像过去那样昂贵。由于这些模拟技术可以创造出令人身临其境的逼真动感和视听效果,因而也越来越多地应用于旅游景点的建设和更新改造之中。

2)行业要素

旅游接待业行业要素是指构成同类型产品和服务的旅游活动的必要因素。由于旅游接待业本身具有的行业特征,其行业要素包括行业周期、行业结构和行业规模三个要素。

(1)行业周期

每个行业都要经历一个由产生、成长到衰退的过程,这个过程被称为行业周期。行业周期可分为4个阶段:初始期、成长期、成熟期和衰退期。

旅游接待业不仅表现为高增长性,同时伴有高波动性。国民经济的周期性变化也会对旅游业产生影响:在经济景气时期,居民可支配收入提高,旅游消费需求随之增长;在经济萧条时期,居民可支配收入减少,旅游消费需求亦随之下降。影响旅游业周期循环波动的因素包括:旅游供给因素、旅游需求因素、自然因素和经济因素。例如,根据我国文化和旅游部公布的星级酒店收入及客房数据,国内星级饭店在经历了一个初创期、成长期、成熟期、衰落期的完整周期后,于2017年开始复苏。一般而言,出租率是酒店行业周期变化的先行指标,从2012年至今酒店行业出租率先出现负增长,随后平均房价也开始下跌;自2014年下半年开始,出租率和平均房价保持底部震荡稳定,出租率同比增速开始恢复正值,预示着酒店行业已经见底。

(2)行业结构

旅游接待业行业结构是指餐饮业、交通运输业、旅游景观等行业部门在旅游系统中的地位、职能和比例关系。除旅游主体行业以外,旅游接待业还包括商业、娱乐业、文物、园林、邮电通信、旅游组织等相关行业,它们从不同的方面参与了旅游活动,向旅游消费者提供了产品和服务。因此,从广义上讲,旅游接待业行业结构包括了直接或间接为旅游消费者提供产品和服务的各个行业、各个部门之间的联系和比例关系,这些行业和部门既相互促进又相互制约,共同组成了一个国家或地区的旅游接待业行业结构。

经过20年的发展,我国旅游接待业已经形成了较大的行业组织和行业规模,但在社会化程度和行业结构上仍然处于初级阶段,主要表现在:各个供给要素之间缺乏有机的联系,大多处于条块分割的状态,整体效用没有充分发挥;主导行业或部门的作用和效益还不突出,即住宿、交通、通信等部门的一般性收入较多,饮食、购物、娱乐等部门的高弹性收入较少;旅游行业的整体结构和内部结构不合理,即旅游景观偏少,旅行社和旅游酒店偏多,由此导致了旅游接待业行业结构性矛盾,经济效益和经济效率水平偏低。

(3)行业规模

早在1992年,世界旅行和旅游理事会(WTTC)就宣布"旅行和旅游业是世界上最大的行业之一"。旅游接待业由不同性质的行业与部门组成,很难与其所依托的相关产业划清界限,因而不能准确计算它的投入与产出。旅游接待业规模与其发展速度直接相关,旅游接待业发展速度越快,行业规模就会越大。旅游接待业现有规模,是前一时期行业发展速度的结果;旅游接待业今后所能达到的行业规模,又取决于现在和今后的速度。因此,旅游接待业行业规模和其发展速度是紧密联系在一起的,一个是相对静态的,一个是动态的。

旅游接待业的行业规模,一方面取决于一定时期社会所能直接或间接分配给旅游接待业的资源或要素的多少,当然,国民经济总量越大,所能给旅游接待业分配的资源或要素就有可能越大;另一方面,旅游接待业的行业规模还取决于国家的产业政策。国家的产业政策,对一国和一定时期旅游接待业的发展具有较大的影响。一定时期内,旅游业可以较之国民经济增量比例更大的比例发展,也可以较之国民经济增量比例更小的比例发展。这种不同的情况,与国家一定时期的产业政策有很大关系。

3) 发展要素

旅游接待业发展要素是指构成具有一定目标、规模和系统的社会事业的必要因素。由于旅游接待业本身具有的公共服务特征,其发展要素包括事业单元和社会目标两个要素。

(1) 事业单元

旅游接待业的事业单元是指在旅游目的地范围及周边区域,由政府组织和非政府组织向旅游消费者、当地居民、旅游企业和旅游社区提供的,不以营利为目的的公共产品和服务的总称。政府旅游组织及其公共部门运用公共权力和资源,基于社会公共利益而向旅游者提供不以营利为目标的服务。各国政府旅游组织在国家间和国家层面都对旅游活动进行干预,主要方式包括制定旅游规划、控制旅游进入、吸引旅游投资等。非政府旅游组织包括志愿者组织、行业协会、基金会、公益性社会单位等,具有非营利性、志愿性、独立性和互助性等特征。在政府能力有限、市场机制不成熟的情况下,非政府旅游组织参与旅游社会服务工作,可以弥补政府在提供公共事业服务职能方面的不足和欠缺。

(2) 社会目标

旅游业的可持续发展是在全球旅游业急剧膨胀、繁荣背后的危机日益暴露的现实下提出来的,并迅速得到了广泛的接受。旅游业是一个依靠自然禀赋和社会馈赠的产业,因此,保持优良的生态环境和人文环境是旅游业赖以生存和发展的基础。然而,由于旅游业"起飞"速度较快,很多旅游企业的决策者将旅游业的发展简单化为数量型增长和外延的扩大再生产,对旅游资源进行掠夺式开发,对旅游景区实施粗放式管理,自然资源遭到严重破坏。在这种情况下,做好旅游规划,规范旅游企业和旅游者行为,实现旅游业的可持续发展,更具有重要的现实意义和深远的历史意义。

5.1.3　旅游接待业特点

旅游接待业的主要特点包括产业关联度高、行业协调面广和服务感知性强等。

1）产业关联度高

（1）多产业部门联动

旅游接待业的产业关联性是由旅游活动的综合性所决定的。旅游消费者的旅游活动不仅包括食、住、行、游、购、娱等若干环节，还涉及为旅游消费者的旅游活动提供服务的建筑业、银行业、邮电业、商业、农业以及文物、卫生、教育、轻工、纺织等行业和部门。它的发展需要得到这些行业的协作、配合与支持。例如，发展旅游产业，必须修筑机场、码头、车站、城乡道路，以解决行的问题；必须开辟旅游景点，建造博物馆、展览馆，以解决游的问题；必须兴建饭店、餐馆、商店、娱乐场，以解决住、吃、购、娱的问题。与之相适应方面的供水、供电、供暖、供气、排水、排气、噪声处理、垃圾处理、卫生设施、邮政电信等市政工程就应跟上去，这就为建筑业的发展带来了机遇。

旅游是现代人们生活方式中的一种综合性、高层次的消费。这种消费特点，不仅刺激着生产的发展，而且对消费产品和服务质量提出了较高的要求。与之相应的是，轻工业、农副业、装修业、商业等生产和服务部门必然大显身手，尽量采用新材料、新设备、新技术、新工艺，不断为旅游者和旅游业提供花色多样、品类齐全、货真价实、适销对路的产品。旅游消费刺激旅游生产，推动着旅游业的发展。因此，旅游消费和旅游产业不仅需要轻工业、农副业、装饰业、商业等相关产业和部门的支持，而且对相关产业和部门的发展也给予促进。

（2）行业波动干扰

旅游接待业的产业关联性是造成其行业波动性较大的主要原因。如地震、瘟疫、战争、政治动乱以及经济危机等，自然、社会的因素都会直接影响到旅游业的发展，甚至产生致命的打击。20世纪60年代末与70年代初的石油危机，首先受挫的是民航业与旅游业。到20世纪80年代初，世界性的经济危机又使国际旅游业遭受重创。国际主要货币汇率的变化，又大大影响了国际旅游者的流向，导致旅游业在不同地区和国家之间出现较大波动。

（3）产业政策影响

旅游接待业的产业关联性对国家间的外交关系和产业政策产生影响。世界政治形势的变化，国家间外交关系的改善与恶化，也理所当然地影响着国际旅游活动。南非是旅游资源很丰富的国家，旅游业也曾很发达，但由于当局推行种族隔离政策，受到世界许多国家政府的反对，很多航空公司、国际旅游代理商纷纷停止了与南非的业务往来。1984—1986年，去南非的旅游者由79.2万减少到64.5万，每年递减10%，旅游外汇收入由6.1亿美元减少到3.88亿美元，每年递减20%。

2）行业协同面广

（1）与环境协同

旅游作为一种复杂的社会经济活动，与环境之间的作用关系是一个双向的交互过程。一方面，环境资源为旅游产品的生产提供一个基本的成分，一个关键性的生产要素，即自然或人为的可供旅游者欣赏并生活和放松于其中的各种条件。另一方面，旅游也生产出许多令人反感的副产品。这些副产品被直接排放到环境中去,从而改变了环境的固有状态,这便是所谓消极的环境外部性问题。另外,凡是经济活动(旅游当然也不例外)都耗用环境资源并改变其结构,因此,旅游活动会进而影响用于满足旅游需求的资源的数量和质量。由此可以看出,旅游与环境的关系是一种相互依赖又相生相克的关系。维持高质量的自然环境是旅游开发的首要原则,因为做不到这一点,旅游目的地的魅力就会丧失;而旅游却日益明显地造成环境质量的下降,要在旅游与环境之间做出取舍的话,将是一种两难的选择。

（2）与经济协同

旅游发展会给不同的国家或地区带来不同的收益,这一般要看各国家或各地区的经济发展水平、经济结构状态和区位特征。从国家的角度看,发展中国家与发达国家相比,由于经济基础薄弱,国民收入水平低,失业和待业程度高,为了谋求经济腾飞,因此对外汇的需求量很大,但限于生产水平和能力,所需外汇主要依赖于原材料或初级产品的出口来获得,用以推动经济的发展,实现国民经济从传统的农业经济向现代的工业经济转化。因此,不少国家把发展旅游业作为推动本国经济发展的重要手段。在中国,自从20世纪70年代末开始发展旅游业以来,就一直把旅游业发展作为带动本国经济发展的重要产业部门来对待,实行适度超前政策。虽然1998年经济较为不景气,但相关部门依旧将旅游业确定为国民经济的主要增长点之一,说明了人们对旅游发展与经济发展关系的积极认识。在世界不少国家都能找到类似的发展典型。而在地区尺度上,有更多的国家把旅游业作为地区的支柱产业来发展。当然,一国国民经济对旅游业的依赖程度过高,也会削弱该国经济的基础,并在动荡的世界政局之中难以自持。

（3）与就业协同

一般认为,旅游业是一个劳动密集型行业。它所吸纳的就业人口,包括直接从事旅游企业的劳动人员和间接为旅游者或旅游企业服务的劳动人员。一般直接就业人数比较容易统计,而间接就业人数却需要做专门的调查研究。前者是由于旅游者的直接消费而产生的,即各种旅游企业中的就业人数,包括各种接待设施、商店、旅馆、酒吧、运输及有关管理部门在内的就业。中国在2019年,旅游直接就业2 825万人,旅游直接和间接就业7 987万人,占全国就业总人口的10.31%。旅游所引发的间接就业一般多发生在建筑业、渔业、制造业、轻工食品和商业服务等行业。一方面,一个国家或地区的旅游业越发达,这些相关产业与旅游业的关系越紧密,由此推断,旅游业所产生的间接就业人数就越多。但是,在另一方面,旅游就业的明显的季节性特点也使得这一行业中的就业人员处于很不平衡的就业状态。

（4）与文化协同

旅游是一种高层次消费。旅游活动是一种精神享受。像欣赏音乐一样,旅游者应该能从旅游活动中获得美的享受、精神的满足。对于一些人文旅游资源来说更是如此,它需要旅游者掌握一定的知识,因此,我们说旅游需求的产生需要一定的文化背景,从而旅游者是有一定文化素养的人。至于人文旅游资源更不必说,从历史古迹、文物、民族风情、生活方式、建筑、美术、城市建设无一不具有文化的性质。近年来,还出现了体育旅游、烹饪旅游、丝绸之路旅游等名目繁多的文化专题旅游。文化旅游在旅游业中的地位日渐提高,能去维也纳听听歌剧,摸摸古希腊的建筑,看看意大利文艺复兴时期的油画,走访一下莎士比亚的故乡,欣赏一下埃及的金字塔,这些都是旅游者梦寐以求的文化旅游活动。

3) 服务感知性强

旅游服务感知是指旅游消费者在旅游活动过程中对旅游体验的认识和感受。感知是心理现象系统中最基本的部分,即外界刺激作用于人的感觉器官,把所接收到的信息资料加以组织、整理和解释的过程。旅游消费者的旅游过程就是对旅游目的地的社会环境、自然和人文景观等的认识和审美的过程。认识和审美是以感觉和知觉为基础,从而形成旅游认识、旅游行为和旅游审美判断。有了一定的感知后人们才会开始关注,以此产生旅游需求、旅游动机、旅游决策,最后形成旅游体验。因此,旅游接待业是一个服务感知性强的行业。

旅游消费者在选定旅游目的地之后,会通过他人口述、书籍查阅、旅行社介绍、上网查询等方式对旅游目的地形成第一感知,并转化为预期印象,成为后期赴实地旅游的参照标准。当游客抵达旅游目的地后,通过对景观、文化、餐饮、住宿、交通等服务的接触,将感知与预期印象进行对比。当认知的旅游服务质量超过预期时,旅游消费者感知为满意;当认知的旅游服务质量低于预期时,旅游消费者感知为不满意;而当两者趋于一致时,则旅游消费者感知一般。旅游消费者的感知将决定满意度的高低,从而影响重游率、旅游形象口碑等与旅游景区可持续发展相关的问题。

5.2　旅游接待业功能

旅游接待业功能是指旅游活动所发挥的作用和效能。学习旅游接待业功能,对深入理解旅游现象和本质,以及促进旅游可持续发展具有重要意义。

5.2.1　招徕功能

招徕一词源自《史记》,包含"招引""延揽""招揽"生意之意。旅游招徕是指将旅游消费者吸引前往旅游目的地的手段和策略。旅游招徕的功能包括政策招徕、形象招徕和渠道招徕。

1) 政策招徕

政策招徕是指通过旅游政策吸引旅游消费者前往旅游目的地的手段和策略。旅游政策由国家和旅游行政管理部门制定,其目的是为实现一定时期内的旅游发展目标,基于现有旅游发展水平和社会经济条件而制定的行动准则。旅游接待业的政策招徕功能包括产业政策、财政政策和外交政策。

(1)产业政策

产业政策是管理部门为了实现旅游发展,根据当前社会经济条件和旅游发展具体情况,所制订的一系列措施和办法。随着旅游接待业的快速发展,世界各国均出台大量的旅游产业政策来调控旅游接待业的发展。旅游产业政策作为旅游接待业发展的重要组成部分,在经济全球化和市场经济的背景下,不仅可以推动和促进旅游接待业的发展,还会对整个社会经济发展产生重要的影响。在欧洲,处于西欧中心位置的法国、瑞士、意大利在传统的历史文化、经济交往的基础上自发性地形成了常规旅游目的地。而处于大陆边缘的西班牙旅游发展则相对落后,为扭转旅游接待业落后的局面,1911 年西班牙成立官方旅游机构"皇家委员会"(Royal Commission,RC),出台了一系列的鼓励性产业政策以促进旅游发展,这也开启了运用专门旅游产业政策以促进旅游经济发展的先河。

（2）财政政策

旅游接待业在拉动消费、回笼资金、创汇等方面扮演着重要角色,并可以为社会提供更多的就业机会、提升人民福祉。因此,各国政府加大对旅游接待业的财政支出,增加政府对公共基础设施建设的财政资金投入,以促进旅游接待业的发展。税收政策是财政政策的重要组成部分,很早就被各国当作管理或支持旅游业发展的工具。对旅游接待业征税是增加政府财政收入的一种方法。不管是在发展中国家,还是发达国家,政府普遍存在这样的偏见,即提高对旅游业的税率可有效增加财政收入。但是,这种做法会对旅游业发展起到一定阻碍作用,反而会降低政府财政收入,进而影响整个社会福利。同时,很多国家通过直接投资或设立旅游发展基金的形式发展旅游。比如,墨西哥设立的"全国旅游发展基金",韩国设立的"旅游开发基金",土耳其建立的"旅游周转金",以及近年来美国每年拨款 25 亿美元作为旅游发展基金,都为旅游接待业的发展提供了充足的资金支持。

（3）外交政策

许多国家都在政府机构中设立旅游行政管理部门,以此来指导和调节本国旅游业的发展。旅游行政管理部门制定本国或本地旅游的发展规划和发展目标规划和确定旅游区及其发展政策。在旅游区的开发中,政府引导投资者进行旅游投资,并经常采取某些优惠的政策,使旅游投资者的利益与政府目标结合起来。目前,我国在国际旅游和国内旅游方面的政策是:大力发展入境国际旅游,积极推进国内旅游,有规范地发展出境国际旅游。这种政策还会再持续一段时期。从发展趋势上看,国际入境旅游和国内旅游都将得到很大发展,但就旅游者的人次数和旅游收入来说,国内旅游将逐渐占到重要地位。在我国居民出境旅游方面,会随着各种条件的成熟,得到进一步的扩大和发展。

2）形象招徕

形象招徕是指通过旅游形象吸引旅游消费者前往旅游目的地的手段和策略。旅游形象是指旅游消费者对旅游目的地的综合感知和印象。从旅游形象的塑造主体来划分,形象招徕分为目的地形象和企业形象两大类。

（1）目的地形象

目的地形象是指人们对旅游目的地所持有的一种态度、感知和认知的总和。旅游目的地形象包括两个层面。一个层面是旅游目的地在旅游消费者心目中的形象,即旅游消费者所实际怀有的感知形象;另一个层面是旅游目的地的自我形象,即旅游接待业企业或组织为其设计和塑造的宣传形象。在旅游消费者选择出游目的地的决策过程中,对旅游目的地所持有的感知形象起着非常重要的作用。旅游目的地形象根据目的地类型,可分为国家旅游形象、城市旅游形象、地区旅游形象、景区景点旅游形象等。

在丽江旅游开发之前,丽江古城对游客来说是非常陌生的,当地居民对旅游的认知也是有限的。随着旅游者的不断涌入,外地游客对丽江古城的目的地形象不断发生变化。无论是到丽江的旅游者群体,还是旅游社区商户,还是在这里繁衍生息的本地居民,有一个基本的旅游目的地形象是:丽江很美,是一个适合"发呆"的地方。但人们对丽江的旅游目的地的自我形象则有不同的认识。有人认为丽江古城有着浓郁的纳西风情,但也有人认为丽江古城正变得世俗化、商业化,其原有的纳西风情正在消失,取而代之的是小市民的文化情调。

(2)企业形象

企业形象是指旅游企业在公众心目中留下的总体印象。这种印象主要通过人体感官传递。旅游消费者通过企业的各种标志,建立起对企业的初步印象,通过与旅游企业的服务接触和消费体验,对企业产生总体印象。旅游消费者对旅游企业形象的认识,是从认知到信赖再到产生好感的过程。旅游企业形象主要由产品形象、服务形象、员工形象、组织形象和管理形象等构成。旅游消费者在购买旅游产品之前无法通过其外在形象判断产品的好与坏,大多只能通过消费体验获得深入了解。旅游消费体验的过程,对旅游消费者认知程度产生影响。如果旅游企业拥有良好的企业形象就会增加游客的信任感,对游客产生吸引力。

品牌是企业形象的代表。在日益激烈的旅游市场竞争中,众多的旅游企业通过创建品牌来稳定自己的忠实消费群体。可口可乐是当今世界上最具价值的品牌之一,从它诞生的那天起,管理者就十分注重企业形象的宣传与塑造,其品牌在消费者中有着广泛的口碑和品牌忠诚度。可口可乐之父坎德尔曾经说过:"即使我的企业一夜之间被烧光,只要我的品牌还在,我就能马上恢复生产。"

3) 渠道招徕

渠道招徕是指通过旅游产品的生产、供应渠道吸引旅游消费者前往旅游目的地的手段和策略。渠道招徕的过程既包括旅游供给商向旅游消费者直接提供产品和服务的过程,也包括在其生产或消费现场以外的其他地方间接向旅游消费者提供产品和服务的过程。因此,旅游接待业招徕渠道分为直接渠道和间接渠道两类。

(1)直接渠道

直接渠道是指旅游供给商直接面向旅游消费者,不涉及任何中间环节的向旅游消费者提供产品和服务的招徕途径。直接渠道的起点是旅游产品生产者和供应者,终点是旅游者,招徕过程包括了从起点到终点的各个环节。旅游企业选择直接渠道,可以省去支付给中间商的费用,从而降低运营成本,使旅游企业有可能以较低的价格向旅游者销售其产品,在价格上赢得竞争优势。同时,采用直接渠道方式,有利于旅游企业及时了解和掌握旅游者对其产品的购买态度和其他相关市场需求信息,及时根据市场需求改进产品和经营;有利于企业控制旅游产品的质量和信誉。

（2）间接渠道

间接渠道是指旅游供给商间接面向旅游消费者,经过一个或多个中间环节向旅游消费者提供产品和服务的招徕途径。按照科特勒(Philip Kotler)的解释,间接渠道包括 3 种模式:单层次渠道,即经过某一中间环节的销售途径;双层次渠道,即经过两个中间环节的销售途径;多层次渠道,即经过 3 个或更多中间环节的销售途径。[①] 间接渠道是相关经营组织和旅游消费者的组合,除了起点和终点外,还包括各种类型旅游中间商,如旅游批发商、旅游代理商、旅游零售商等。旅行社就是典型的旅游中间商。旅游批发商通过大批量地购买航空公司、饭店、景点等单项旅游产品,并将其组合、编排成适应市场需求的包价旅游产品,但他们并不直接面向旅游者出售其产品,而是通过旅游零售商进行销售。

5.2.2　接待功能

旅游接待是指旅游目的地对来访旅游者所进行一系列的迎接、接纳、相待的方式。接待是社会生产力发展到一定阶段,人们实现交流需要而发生空间位移的必然产物,它与旅游活动密切相关,需要一定的空间作为接待场所。接待涉及接待双方的主客关系,需要建立在平等、尊重和自愿的基础上。接待在不同时期以不同的方式和形态存在和运作。同时,接待需要异地的物质条件来保障,它与交通方式、建筑物及服务水平息息相关。接待是人类社会中不可缺少的一种交流和管理行为,社会经济越发达,接待的规模和层次越高。接待功能从服务对象来划分,可分为国内接待和国外接待两类。

1）国内接待

国内接待是指为某一国家的居民在本国境内开展旅游活动提供的产品和服务。按照地理范围划分,可分为地方性接待、区域性接待和全国性接待 3 类。

（1）地方性接待

地方性接待是指为旅游消费者在某市、某区、某县范围内开展旅游活动提供的产品和服务。地方性接待注重主客双方的情感接触,重视地方的文化差异、资源特色和生活习俗在主客关系中产生的作用和影响。任何旅游目的地都具有其自身独特的地方特性。一个地方是否在地理特性方面具有与其他地区截然不同的特征,或占有特殊地位,都有可能被强化为地方性接待,成为吸引旅游者的事物。例如,吐鲁番是中国炎热日数和极端最高气温最多最高的地点,素有"火炉"之称;四川省雅安市是年降水日数最多的城市之一,被称为"雨城";青海湖是我国最大的内陆湖泊等。

（2）区域性接待

区域性接待是指为旅游消费者离开居住地,到临近地区开展旅游活动提供的产品和服务。我国地大物博,旅游资源差异性较大,区域性旅游接待发展各具特色。例如,北京、

---

① 科特勒.市场营销管理.亚洲版:汉语[M].梅豪清,译.2 版.北京:中国人民大学出版社,2000.

上海和广州作为我国一线城市,经济发展水平较高,国内旅游与入境旅游发展水平均名列前茅,具有显著的经济发展与旅游发展地位,使其成为国际级的城市旅游目的地。东北地区作为国家传统的工业区,旅游开发意识觉醒较晚,但近几年对旅游业的重视程度明显增强,通过积极推出旅游品牌、旅游产品等方式,使体育旅游、工业旅游、冰雪旅游成为东北地区旅游接待业的区域性特征。西南地区旅游资源条件较为优越,随着近两年高铁产业发展速度较快,缩短了旅游距离,极大地促进了西南地区旅游接待业的发展。中部地区如湖北、湖南等地,当前旅游发展正处于转型期,传统的旅游产品已不能满足游客日渐差异化的需求。

（3）全国性接待

全国性接待是指为旅游消费者跨越省份到全国各地开展旅游活动提供的产品和服务。中国五千年的历史长河中留下了众多的名胜古迹、秀丽山川。随着大众旅游时代的到来,特别是中国成功举办奥运会、世博会、亚冬会等大型活动之后,我国的国内旅游得到空前发展。2018 年国内旅游超过 55.39 亿人次,实现旅游总收入 5.97 万亿元,增长 10.5%。国内旅游发展迅速的同时,对全国性旅游接待设施和服务提出了新的要求。全国范围内的旅游活动在旅游空间、旅游线路、旅游形式等方面不再依赖于传统的公共化的服务供给模式,而是通过不断创新,尝试着更多地通过公益供给与商业供给相协同的目的地公共服务供给。我国国内旅游发展总的来说仍然处于一种低消费、大众化、低水平、中近距离旅游的状况。旅游基础设施、服务设施建设发展很快,但仍不能适应国内旅游发展速度的要求。

2）国际接待

国际接待是指为居民出境与入境旅游活动提供的产品和服务。国际接待包括出境旅游接待、入境旅游接待两类。

（1）出境旅游接待

出境旅游接待是指为一个国家的居民,跨越国界到另一个或几个国家开展旅游活动提供的产品和服务。根据我国《旅行社条例》的规定,申请经营出境旅游业务的旅行社,应当向国务院旅游行政主管部门或者其委托的省、自治区、直辖市旅游行政管理部门提出申请,经营出境旅游业务的旅行社不得组织旅游者到国务院旅游行政主管部门公布的中国公民出境旅游目的地之外的国家和地区旅游。随着人们经济水平的提高、闲暇时间的增多和我国旅游政策的放宽,出境旅游市场得以发展和壮大。越来越多的国家对我国大陆公民开放了旅游签证政策。截至 2018 年,我国旅游签证（Approved Destination Status, ADS）开放国家和地区已达 117 个,其中,有 67 个国家和地区免签或落地签,遍布亚洲、非洲、欧洲、美洲和大洋洲,极大地促进了我国公民出境旅游。2017 年联合国世界旅游组织发布报告称,中国出境旅游消费额达 2 580 亿美元,成为世界第一大出境旅游客源国。中国游客不仅促进了很多国际旅游目的地的经济增长,也带动了市场多元化发展。

（2）入境旅游接待

入境旅游接待是指为其他国家的旅游消费者到本国开展旅游活动提供的产品和服务。

我国的入境旅游通常指外国公民及港澳台地区居民到我国大陆境内的旅游活动。根据我国《旅行社条例》的规定,申请设立旅行社经营入境旅游业务的,应当向所在地省、自治区、直辖市旅游行政管理部门或者其委托的设区的市级旅游行政管理部门提出申请,旅行社接待入境旅游发生旅游者非法滞留我国境内的,应当及时向旅游行政管理部门、公安机关和外事部门报告,并协助提供非法滞留者的信息。例如,2018 年,我国入境游客 14 120 万人次,增长 1.2%。其中,外国人 3 054 万人次,增长 4.7%;香港、澳门和台湾同胞 11 066 万人次,增长 4%。在入境游客中,过夜游客 6 290 万人次,增长 5.2%。

5.2.3　溢出功能

旅游溢出是指旅游接待业发展产生的预期结果和外部性影响。旅游溢出主要有经济溢出、文化溢出和生态溢出 3 种形式。

1)经济溢出

经济溢出是指区域间经济相互影响而导致旅游经济增长溢出。它具有正向溢出和负向溢出两种特征。旅游接待业作为具有全球性意义的活动,为企业、社区、旅游目的地、地区和国家作出了巨大的经济贡献。简单来说,旅游的经济意义在于旅游消费者将在自己居住地赚到的钱在旅游目的地消费。在一个开放的旅游接待业体系中,区域经济的增长不再仅仅依靠旅游接待业因素,而是越来越受到外部因素的影响,并表现出其外生性特征,这种影响被称为旅游经济溢出。诸如增加外汇收入、促进经济发展、调整产业结构、增加就业机会、改善投资环境等。旅游经济溢出主要体现在收入、就业和地区发展 3 个方面。

（1）收入

旅游接待业最主要的经济溢出之一就是旅游消费者在旅游目的地的消费。在旅游经济学中,将旅游消费者的原始消费使旅游目的地增加的成倍收入称为"旅游乘数"。旅游乘数实际上是一个系数,显示旅游消费者的原始花费是旅游目的地收入增加的倍数。旅游乘数的系数越大,产生的额外收入越多。这些收入通过乘数效应产生出更多的收益,为地区和国家的经济发展做出巨大贡献。世界旅游和旅行理事会（WTTC）测算出的旅游接待业对全球各国的 GDP 的贡献率平均为 9.5%。[①]

在国家层面,国际旅游消费者被视为无形的外汇收入来源。因为旅游者在 A 国赚取的收入在 B 国的旅游目的地消费,这笔收入被统计为国际旅游收入。许多入境旅游发达的国家如西班牙,其旅游账户是盈余状态,而像英国或德国主要国际客源市场,其旅游账户是逆差状态。在未来,旅游接待业对发展中国家将起到越来越重要的作用。许多国家将旅游接待业作为刺激和推动本国经济发展的一种选择,用旅游接待业带动多元经济发展,如盛产石油的中东。

（2）就业

旅游接待业因其能够创造和维持大量工作岗位而备受欢迎。旅游接待业创造的就业机

---

① 世界旅游及旅行理事会官网。

会不仅跨越各个行业,从住宿到交通,从购物到餐饮,而且涵盖了不同水平的就业岗位。根据世界旅游组织测算,旅游收入每增加1元,可带动相关行业增收4.3元;每增加1个就业岗位,可间接带动7个人就业。我国文化和旅游部发布的数据显示,2018年全国旅游业对GDP的综合贡献为9.94万亿元,占GDP总量的11.04%。旅游直接就业2 826万人,旅游直接和间接就业7 991万人,占全国就业总人口的10.29%。

(3)地区发展

旅游接待业在经济中扮演的最主要角色之一就是促进区域发展,在落后地区旅游的作用尤为突出。旅游常被一些地区作为主导性产业,并制定政策重点支持发展。在发展中国家,外汇缺乏是制约国民经济发展的一个重要障碍,而发展中国家单纯靠传统的出口初级产品的途径所能赚取的外汇不仅数量有限,而且代价昂贵,还要承受进口国的种种关税和其他壁垒,因此往往不能满足国家发展经济的需要。与此相比,旅游业在赚取外汇方面有明显的优势。其一,旅游业提供的是不需要运输到国外的观光和服务产品,这决定了在产品价值构成、资源消耗结构、运输成本以及贸易条件方面的巨大优势。其二,旅游业的产品和服务的价格建立在一定的国家垄断的基础上(现实中广泛存在的削价竞争属于国内宏观管理方面的问题),因此,国家间的竞争在一定程度上被弱化,价格的自主权较大。

2)文化溢出

文化溢出是指旅游活动对旅游目的地社会结构、价值观念、生活方式、习俗民风和文化特征等方面产生的影响。旅游接待业不仅是世界服务贸易往来的主要内容,也是传播文明、交流文化、增进友谊的桥梁。旅游接待业的出境旅游、入境旅游,是让全世界相互了解、发展友谊与达成合作的有效途径。旅游是一种移动的文化碰撞,对旅游主体和客体来说都是一场思想盛宴。本地居民通过与游客交往看到了不一样的世界,思想变得更加开阔和丰富。外来游客通过旅游活动看到了别开生面的异地风情,增加了学识,提升了修养。发展旅游还能有效推动文化遗产保护和传统文化传承。一些已经或濒临消逝的习俗,在旅游带来的商业滋养下呈现出新的价值和活力。婺源的晒秋、布依族的八音坐唱、丽江的纳西古乐,如果不是因为旅游带来的市场需求,恐怕早被现代文明所遗忘。

美国文化产业与旅游经济相互借力、互补发展,最为完美的当属"好莱坞模式"。迪士尼集团,产业覆盖电影、动漫、游戏、互联网等各大文化、休闲、娱乐与旅游领域。迪士尼集团从1955年开始陆续建成6处迪士尼主题乐园,分布在美国加利福尼亚州、佛罗里达州,法国巴黎、日本东京、中国上海及中国香港。在美国文化产业高度市场化背景下,影业集团在发展过程中,灵活地应用兼并重组、融资做强等资本市场手段,促进了文化产业与旅游、休闲、娱乐、高新技术、互联网、建筑等各大产业的跨界整合。

3)生态溢出

生态溢出是指旅游活动对生态环境造成的影响。旅游活动是一种以旅游者为主体,以旅游资源和旅游设施为客体,通过旅游者的流动来表现的一种社会经济文化活动。随着旅游业的快速发展,旅游活动所引发的生态环境破坏等外部不经济性问题日益突出,这种不经济性既包括旅游供给者在开发旅游产品过程中所带来的负面影响,又包括旅游者在从事旅游活动时所产生的负面影响或对一定旅游产品的消费与占用。因此,旅游有如一把"双刃剑",其发展可能促成某个优秀的自然或人文环境的保护,但也可能改变某个纯洁原始的旅游地。由于现代旅游往往依赖于良好的生态环境,因此对环境的破坏反过来对旅游的可持续发展造成影响。旅游开发与营运对生态环境造成的影响主要表现在以下几方面:占用绿地、砍伐树木、减少植被覆盖率;影响和破坏野生动物的栖息环境与迁徙路线,使野生生物数量、种类减少;影响和破坏原始生态系统的特征、结构和功能;对地质、古生物遗迹和文化遗迹人为破坏;干扰和影响当地居民的正常生活、文化及风俗习惯等。

5.3　旅游接待业企业

旅游接待业企业是指提供旅游产品和服务的经济组织。旅游接待业企业按功能可分为旅游供给商、旅游招揽商和旅游平台商 3 大类。

5.3.1　旅游供给商

旅游供给商是指向旅游消费者提供旅游产品和服务的经营组织。旅游供给商按照提供产品类别可分为 3 大类供给商企业:景区景点企业、住宿餐饮企业和购物娱乐企业。

1)景区景点企业

景区景点企业是指开发和经营景区景点的企业。景区景点企业在开发和经营景区景点的过程中,需要依法成立、自主经营。旅游企业具有营利性质,而旅游组织具有公益性质。

（1）经营对象

景区景点企业的经营对象主要包括主题公园、旅游度假区、风景名胜区、森林公园、自然保护区、历史文化保护单位等。根据中华人民共和国国家质量监督检验检疫总局发布的《旅游景区质量等级的划分与评定》(GB/T 17775—2003)规定,我国的旅游景区景点应有统一的经营管理机构和明确的地域范围,并按质量划分为 5 级,从高到低依次为 AAAAA、AAAA、AAA、AA、A 级旅游景区。旅游区(点)质量等级的标志、标牌、证书,由国家旅游行政主管部门统一制作和颁发。旅游区(点)质量等级评定工作按国家和地方两级进行。具体从旅游交通、游览、旅游安全、卫生、邮电服务、旅游购物、经营管理、资源和环境的保护、旅游资源吸引力、市场吸引力等方面提出相应要求。截至 2018 年底我国 AAAAA 级景区一共有 259 个。

（2）经营内容

景区景点企业对景区景点的人、财、物、信息等多种资源进行有效整合,以实现景区景点的经济效益、社会效益和生态效益为目标。景区景点企业的经营内容包括旅游资源开发、企业经营管理和服务质量管理。企业通过对经营对象的投资、开发和运营管理,实现旅游景区景点的综合效益。企业经营管理既包括对物的管理,也包括对人的管理,前者包括旅游资源、设施、环境等,后者包括游客、景区景点内部工作人员等。服务质量管理是景区景点企业参与市场竞争、提高经济效应和提升旅游形象的主要手段。

(3)经营特点

景区景点企业具有经营规范性、经营安全性两大特点。景区景点经营的规范性,是指景区景点的健康、可持续和稳定发展,需要对游客中心选址、旅游咨询、旅游投诉、环保环卫设施、公共信息标识等进行规范。景区景点经营的安全性,是指景区景点经营管理的安全因素,主要有可控因素、可影响因素和不可控因素。可控因素包括出入口管理、景区容量、游览通道和线路、警示标识系统等;可影响因素包括员工管理、特许经营活动、游览区域限制等;不可控因素包括气候变化、地质灾害、游客非正常行为等。

2)住宿餐饮企业

住宿餐饮企业是指为旅游消费者提供住宿、餐饮及多种综合服务的企业。根据《国民经济行业分类注释》的定义,餐饮企业需要具备一定的经营场所,对食物进行烹饪、调制,并出售给顾客。由于大多数旅游住宿企业中也包含了餐饮企业的相关经营活动,餐饮企业和住宿企业融为一体,因此将其统称为住宿餐饮企业。

(1)企业类型

人们对住宿餐饮企业有着多种不同的称谓,如宾馆、饭店、酒店、旅馆、客栈、度假村、度假营地等。按照主要业务或服务对象可分为度假型、商务型和会议型住宿餐饮企业三类。按照经济类型可分为国有企业、民营企业、外资企业和合资企业四类。按照经营规模和档次可分为豪华型、中档型、经济型和廉价型四类。

(2)企业等级

世界各地对于酒店、宾馆、饭店等涌现许多独立评级制度,包括中国、美国、德国、英国、法国、日本、比利时等国家。如美国饭店等级标准,最著名的体系就是美孚旅行指南体系(美孚星级评级)和美国汽车协会体系(AAA 钻石评级);欧洲饭店,2007 年设立了欧洲饭店业质量评价体系,之后德国、奥地利和荷兰等饭店协会创建了"饭店星级联盟"。目前,我国饭店星级的划分与评定主要以 2023 年发布的中国国家标准《旅游饭店星级的划分与评定》(GB/T 14308—2023)为标准。将旅游饭店星级分为 5 个级别,即一星级、二星级、三星级、四星级、五星级(含白金五星级)。

(3)经营特点

信息化经营和品牌化经营是住宿餐饮企业的两大经营特点。信息化经营指的是住宿餐饮企业特别重视信息化对企业经营效率和效益产生的作用,其信息系统主要包括前台系统、后台系统和营销系统三部分。前台系统的主要功能如预订管理、房态显示、入住登记、账单汇总、客户结算等,后台系统是管理人事、财务、采购、库存等重要后台运营机构,营销系统的主要功能包括企业宣传、互联网预订等。品牌化经营指的是住宿餐饮企业为了方便旅游消费者识别其产品或服务,将名称、标识、术语等进行品牌化塑造和运营,使其与竞争对手区别的策略。住宿餐饮企业品牌化的要素包括经营理念、服务特色、产品品质、企业形象、文化特质等。

3) 购物娱乐企业

购物娱乐企业是指为旅游消费者提供购物、娱乐及多种综合服务的企业。购物娱乐企业又分为旅游购物企业和旅游娱乐企业两类。

（1）旅游购物企业

旅游购物企业是指为旅游消费者在旅游活动中提供旅游商品的企业。旅游消费者一次完整的旅游购物活动涉及旅游商品、购物设施和服务人员三大方面。由于旅游购物不仅是满足旅游消费者的消费需要，还是一种旅游经历和体验，因此，购物安全、购物诚信、购物满意度、购物投诉等成为旅游购物企业管理的重点。旅游购物企业包括旅游商品生产企业、旅游商品专营商店、大型商场（商店）、纪念品经营商贩（摊点）、传统手工艺制作销售专门店、专业旅游用品生产经营企业、旅游商品鉴定机构等。云南省 2016 年 11 月发布的地方标准《旅游购物场所等级划分与评定》，将旅游购物场所分为五星级、四星级、三星级、二星级、一星级 5 个等级。星级越高表示该旅游购物场所的经营规模越大，服务质量越好。

（2）旅游娱乐企业

旅游娱乐企业是指为旅游消费者在旅游活动中提供娱乐产品和服务的企业。旅游娱乐活动大致可分为演艺、健身、博彩、游乐等。旅游娱乐场馆主要包括具有休闲娱乐功能的剧院、健身场馆、游艺馆等。迪士尼集团（美国）、默林娱乐集团（英国）、环球影城娱乐集团（美国）是全球最大的旅游娱乐企业，我国旅游企业华侨城集团开发的欢乐谷项目、宋城集团开发的宋城演艺系列是国内著名的旅游娱乐产品。博彩娱乐的方式包括赌场、赛马、彩票等，美国拉斯维加斯和中国澳门是最具有代表性的博彩旅游目的地，靠博彩业享誉世界。

（3）企业经营特征

旅游购物娱乐企业的经营特征主要表现在三个方面：创新性、地方性和综合性。创新性，指旅游者大多喜欢新奇、新颖的东西，旅游企业需要不断创新进行精心设计，利用高新技术等手段提供创新的娱乐项目和旅游购物品；地方性，指当地的旅游娱乐企业在经营内容上具备当地的特色或符合当地的合法政策而经营，如博彩在拉斯维加斯合法，而在中国内地则非法；综合性，旅游者进行旅游购物和娱乐并不是单纯满足购买和放松的需求，他们往往有在购物中体验和传递旅游地文化的需求，因此，旅游购物娱乐企业在经营中的文化特色显得十分重要，具有综合性的企业性质。

5.3.2　旅游招揽商

旅游招揽商是指吸引和组织旅游消费者参与旅游活动的经营企业或组织。旅游招揽商按照招揽方式可分为旅行社、旅游行业组织和旅游交通企业三大类。

1) 旅行社

旅行社是指经管理部门认可，从事以营利为目的的旅游活动服务的企业。世界旅游组织将旅行社(Travel Agency)定义为"零售代理机构向公众提供关于可能的旅行、居住和相关服务的行业机构"。我国《旅行社条例》中指出,旅行社旅游业务是指为旅游者代办出境、入境和签证手续,招徕、接待旅游者,为旅游者安排食宿等有偿服务的经营活动。

(1)旅行社类型

按照业务范围,欧美国家的旅行社可以分为三类:旅游批发商(Tour Wholesalers)、旅游经营商(Tour Operator)和旅游零售商(Retail Travel Agency)三类。旅游批发商主要指从事旅游产品的组织、宣传和推销旅行团等包价旅游业务的旅行社组织。旅游经营商与旅游批发商业务基本相同,只是旅游经营商一般还拥有自己经营的零售网点。旅游零售商是指专门提供代办服务的旅行社,按照可经营活动范围还可分为"A""B""C"三类。A类旅行社可以经营一切旅游业务;B类只可在国内经营各项旅行业务;C类只能代售机票,不能从事其他旅游代办业务和组团工作。

我国最初按照经营业务的范围将旅行社分为"一类社""二类社"和"三类社"三种。"一类社"和"二类社"主要从事国际旅游业务的经营活动,"三类社"主要面向国内旅游者,经营国内业务。2000年以后,我国旅行社分为:国内社、国际社(国际社又分为有出境权和无出境权两种)两类。国内旅行社则只能经营国内旅游业务。有出境权的国际旅行社可开展出境旅游业务等一系列国际旅游业务,无出境权的国际旅行社只能从事除出境旅游以外的国际旅游业务。

(2)旅行社经营特征

旅行社经营特征主要表现在5个方面:依赖性、低投入性、竞争性、季节性、风险性。①依赖性,指旅行社提供的旅游产品具有较强的综合性,其存在与发展离不开其他相关企业的协作。旅行社对客源市场与服务市场的严重依赖说明旅行社经营具有较强的依赖性。②低投入性,旅行社是通过提供旅游中介服务取得营利的企业,除经营场所、办公通信设备外,无须投入巨额资金购置设备来完成产品生产,因此经营资金投入较少。③竞争性,指因为旅行社所需投资较少,因此行业壁垒较低,进入者较为容易就能进入该行业,从而形成激烈的市场竞争。④季节性,指旅游活动具有季节性,旅行社的经营表现出很强的季节性,容易受到价格、环境、节假日、气候等因素的影响。⑤风险性,指旅行社由于经营的依赖性和季节性,使得旅行社受制于种种被动因素,造成经营困难和较大风险。

2)旅游行业组织

旅游行业组织是指由社会组织和企事业单位采用会员制形成的各种行业协会。旅游行业组织通常都是非官方的非营利性组织,对促进旅游业发展、规范旅游市场秩序具有独特作用。按照地域范围,旅游行业组织可分为全球性旅游组织、世界区域性旅游组织、全国性旅游组织和地方性旅游组织四大类。

(1)全球性旅游组织

全球性旅游组织的代表是联合国旅游组织(UN Tourism)和世界旅游和旅行理事会(WTTC)。联合国旅游组织是目前世界上唯一的全面涉及国家间旅游事务的国际性组织,具有较高的知名度和影响力。联合国旅游组织目前有将近 500 个成员,总部设在西班牙的马德里,其宗旨是通过推动和发展旅游接待业,促进各国经济发展与繁荣,增进国家间的相互了解,维护世界和平。在努力实现这一目标的过程中,联合国旅游组织特别关注发展中国家在旅游领域中的利益。世界旅游和旅行理事会是一个全球性的非政府间组织,其成员由世界上百家著名旅游企业的总裁、董事长或首席执行官所组成。这些企业的业务都直接或间接地涉及餐饮住宿、购物娱乐、交通运输等行业。

(2)世界区域性旅游组织

世界区域性旅游组织的代表是亚太旅游协会(PATA),该组织会员范围涉及 40 多个国家和地区,包括 2 000 多个来自不同国家或地区的旅游行业组织,40 多家航空公司和海运企业,400 多家住宿企业,600 多家旅行社。亚太旅游协会的宗旨是:发展、促进和服务全球游客前往太平洋周边各国旅游,以及发展、促进和服务该地区各国居民在该地区开展国际旅游。亚太旅游协会的行政总部设在美国加州的奥克兰,运营总部设在泰国曼谷,并在悉尼和摩纳哥设有办事机构,我国国家旅游局于 1993 年加入该协会。

(3)全国性旅游组织

全国性旅游组织包括中国旅游协会(CTA)、中国旅行社协会(CATS)等。中国旅游协会(CTA)是我国目前最具代表性的全国性旅游组织。该组织是由中国旅游行业相关的企事业单位、社会团体自愿结成的全国性、行业性、非营利性社团组织,是经国家民政部核准登记的独立社团法人。中国旅游协会共有会员单位 3 500 余家,其中自有会员 300 家,涵盖六大类会员主体,同时下设 10 个分支机构共有会员 3 200 余家。中国旅游协会作为国务院批准正式成立的第一个旅游全行业组织,自 1986 年 1 月 30 日成立以来,秉承"依法设立、自主办会、服务为本、治理规范、行为自律"的宗旨,充分发挥桥梁和纽带作用,搭建行业资源对接平台,为旅游业持续、快速、健康的发展贡献独特力量。

(4)地方性旅游组织

在地方层次上,我国各省、自治区、直辖市大都成立了各种名称不一的旅游行业协会。如云南省旅游业协会。云南省旅游业协会成立于 2000 年,2017 年 9 月 29 日在昆明花之城国际会议厅召开了云南省旅游业协会换届大会暨第四届一次会员大会。大会选举产生理事会理事单位共 49 家,其中包含会长单位 1 家、副会长单位 13 家、秘书长 1 名。协会的宗旨是:依法设立、自主办会、服务为本、治理规范、行为自律,代表行业的共同利益,维护会员的合法权益,努力为会员服务、为行业服务、为政府服务,充分发挥在促进旅游经济发展中的独特优势和应有作用,为促进云南旅游健康、持续、快速发展做出积极贡献。

3)旅游交通企业

旅游交通企业是指依托各种交通工具,在旅游活动中专门从事旅游者运输或游览服务的企业。

(1)旅游交通企业类型

根据交通运输方式的不同,可将旅游交通企业分为航空企业、铁路运输企业、旅游汽车企业和水路运输企业。航空企业是指以各种航空飞行器为运输工具,以空中运输的方式运载人员或货物的企业。按照飞行范围分为国际航空公司(如中国国际航空公司)、国内航空公司(如中国南方航空公司),按照运输的种类分为客运航空公司、货运航空公司(如中国货运航空有限公司)。铁路运输企业是指以铁路客货运输服务为主业的企业。如中国铁路总公司,负责铁路运输统一调度指挥,负责国家铁路客货运输经营管理。旅游汽车企业是指从事客运接待的道路运输企业。水路企业是指使用船舶运送客货作为运输方式的企业。水运的优点是成本低,能进行低成本、大批量、远距离的运输。但是水运也有显而易见的缺点,主要是运输速度慢,受港口、水位、季节、气候影响较大。

(2)旅游交通企业特点

旅游交通企业不同于一般的交通企业,除了满足旅游消费者的运输需求,还在交通工具、运输方式和服务方式上存在差异。旅游交通企业注重交通过程中的安全性、舒适性和线路的可游览性。旅游交通企业是国民经济交通运输业和旅游业的重要组成部分。其基本功能是向旅游者提供居住地与旅游地之间的空间位置位移,同时也具有为旅游者提供物质与精神享受功能。旅游交通设施由 3 个部分组成,即旅游交通线路、旅游交通运载工具和旅游交通终点。[①] 因此,旅游交通企业注重旅游线路的游览性,强调旅游交通的舒适性,关注旅游的季节性。同时,由于旅游交通具有无形性和不可存储性特征,因此只有制定高效、便利的营运计划,提供科学合理的营运调度和服务,才能避免运力浪费,增加旅游交通企业的经济效益。

5.3.3 旅游平台商

旅游平台商是指为旅游接待业企业或旅游消费者提供电子商务、网络信息、客户资源等服务平台的运营企业。旅游平台商按照运营方式可分为电子平台企业、会展平台企业和支付平台企业三大类。

1)电子平台企业

电子平台企业是指依托电子平台为旅游接待业企业或旅游消费者提供旅游产品、信息服务的企业。按照业务功能可分为在线旅游企业、预订平台企业两类。

(1)在线旅游企业

在线旅游企业是指以互联网销售旅游产品和服务为主营业务的企业,也称为在线旅行社。在线旅游企业作为渠道中间商,通过网络汇集旅游需求信息,向上游供应商申请较低的折扣价格,再以比线下更有优势的价格批发给旅游零售企业或旅游消费者,从而赚取中间利润。其目标客户大多是地接旅行社或商务游、自助游消费者。我国的在线旅游企业主要以同程、艺龙、携程为代表。

(2)预订平台企业

预订平台企业是指以呼叫中心系统或票务平台销售旅游产品和服务的企业。呼叫中心

---

① 邵琪伟.中国旅游大辞典[M].上海:上海辞书出版社,2012:334.

系统,是指通过自动语音导航方便快捷地为游客提供旅游产品查询、票务预订、旅游投保等各项服务,还可以提供景点介绍、旅游路线查询、交通路线查询等自助服务,成为"电话导游"。例如,12301旅游服务热线提供各个旅游目的地、景区、旅行社、餐饮、住宿、交通、投诉、救援等一系列服务。票务中心,是指提供网上查询、网上订票、电话订票、门票邮寄等票务相关服务的票务电子商务平台。例如,中国票务网是以演出、赛事票务为核心,逐步形成涵盖交通、电影、旅游、生活等票务服务的专业票务平台。

2)会展平台企业

会展平台企业是指依托会议、展览、大型活动的组织服务,为相关企业或旅游消费者提供旅游产品、信息服务的经济组织。按照业务内容可以分为会展场馆企业、会展经营企业。

(1)会展场馆企业

会展场馆企业是指以提供场馆经营、展览工程为主营业务的企业。会展企业从事会议、展览和节事活动的策划、组织和经营管理等相关活动,以营利为主要目标,具有相对独立性的经济组织。如中国会展网,创立于2003年,是国内最早的会展门户官方网站,是中国领先的综合性会展服务公司,会员涉及参展商、展会主办方、展馆方、展会服务商及个人。

(2)会展经营企业

根据不同的标准,会展企业可以划分为以下不同的类型。

一是按照经营业务划分,会展企业可以分为会展经营公司、会展场馆公司,以及为会展提供搭建、物流等服务的公司等;二是按照经营规模划分,会展企业可以分为大型会展企业、中型会展企业和小型会展企业3种类型;三是按照投资主体划分,会展企业可以分为国有会展企业、民营会展企业、合资会展企业、外商投资会展企业、港澳台投资会展企业等多种类型;四是按照与会展活动的密切程度,会展企业可以分为直接会展企业(如专业会议组织公司、展览公司、场馆经营公司)、间接会展企业(如酒店、餐饮、广告等企业)和配套会展企业(如装饰公司、建筑企业、物流公司等)3种类型。

(3)会展企业的经营特征

会展企业的经营特征主要表现在3个方面。①依赖性,是指会展产业是服务产业,会展活动的开展依赖其他产业的产品和服务作为中间投入的生产要素,与国民经济其他产业的关联性很强。一个城市的经济发达程度对该地区会展企业的发展具有重要影响。②敏感性,是指会展活动本身受国内外政治、经济、文化、外交以及恐怖事件、自然灾害、疾病等多因素的影响,会展企业的经营活动往往具有较强的敏感性。③时效性,是指会展活动通常是在特定的时间和地点举办,因而具有一定的时空条件约束,要求会展企业必须在特定的时空下为参展商、参会人员和观众提供及时有效的服务,才能取得最大收益。

3)支付平台企业

支付平台企业是指单位、个人通过电子终端,直接或间接向银行业金融机构发出支付指令,实现货币支付与资金转移的经济组织。在线旅游支付平台是指为旅游者提供旅游服务的小微商户和公司提供支付结算的电子支付平台。

（1）支付结算方式

随着互联网和电子商务的迅速发展，人们在旅游消费过程中的结算方式发生了明显的变化，旅游者可以选择在抵达旅游目的地之前就将涉及的"吃""住""行""游""购""娱"六要素中的任何一个环节进行提前预订支付，也可在抵达时进行支付。目前在线旅游的支付结算分为移动终端支付、银行卡支付、PayPal 支付。移动终端支付、银行卡支付是指用户使用移动终端（通常是手机）、银行卡对消费的商品或服务进行账务支付。根据支付公司合利宝发布的《2019 年全球跨境支付报告》，全球范围内众多第三方支付公司在不同区域的跨境支付行业取得了巨大成功，比如北美的 PayPal、欧洲的 SOFORTBanking、中国的支付宝和微信支付、俄罗斯的 QiWi，阿拉伯地区的 CashU、大洋洲的 POLi 等，电子支付已经成为全球跨境支付市场中不可忽视的力量。

（2）在线支付原理

目前在线支付可分为网络银行直接支付、第三方辅助支付、第三方支付平台。网络银行直接支付，是指由用户向网上银行发出申请，将银行里的金钱直接划到商家名下的账户，完成交易。例如，网上买卖股票、债券等，可以直接确认购买，通过网上银行将钱款汇入证券交易所账户。第三方辅助支付是除了用户、商户和银行还会经过第三方的参与，但与第三方支付平台不同，此种支付方式不需要用户在第三方机构拥有独立的账户。例如，超级网银，是2009 年央行最新研发的标准化跨银行网上金融服务产品。第三方支付平台，就是一些和产品所在国家以及国外各大银行签约，并具备一定实力和信誉保障的第三方独立机构提供的交易支持平台。例如，在购买机票、火车票、门票时，买卖双方都必须要有一个账号，买方先将钱款支付给第三方平台，由第三方平台确认整个购买流程已经结束，再将钱款汇入卖家账户。

5.4 旅游接待业运营

旅游接待业运营是指对旅游接待业提供产品与服务过程的计划、组织、实施和控制，是与产品生产和服务创造密切相关的各项工作的总称。旅游接待业运营包括运营模式、商业链条、服务质量 3 个方面内容。

5.4.1 运营模式

旅游接待业运营模式是指旅游接待业企业在经营活动中所采取的经营方式。旅游接待业企业的运营模式包括集团化运营、基地型运营和连锁性运营 3 种主要模式。

1）集团化运营

集团化运营是指以母公司为基础，以产权关系为纽带，通过合资、合作或股权投资等方式把 3 个及 3 个以上的独立企业联系在一起的运营模式。旅游接待业企业集团化运营,按主体业务,可分为景区企业集团、酒店企业集团、主题公园企业集团、交通企业集团、投资企业集团等。

（1）景区企业集团

景区企业集团是指以景区运营管理为主营业务的集团企业。景区企业集团是以打造带动所在省份旅游业发展的省级旅游企业为目标。这类集团以旅游景点为主,以旅游资源为运作模式,以景区运营为主营业务的企业集团。例如,云南金孔雀旅游集团公司,由云南省旅游投资有限公司和云南湄公河旅游投资公司合资组成,主要经营业务以投资建设、经营管理西双版纳旅游景区景点为主,集团企业包括西双版纳原始森林公园（国家 AAAA 级旅游景区）、西双版纳野象谷景区（国家 AAAA 级景点）、"中缅第一寨"勐景来景区以及基诺山寨景区。

（2）酒店企业集团

酒店企业集团是指以酒店运营管理为主营业务的集团企业。酒店企业集团是指在本国或世界各地直接或间接地控制 3 个及 3 个以上的酒店,以相同的店名和店标、统一的经营形式和管理水平,一致的操作程序和服务标准进行联合经营的酒店企业。按照酒店企业集团与所属酒店之间的产权关联程度,可以将酒店企业集团分为全资酒店集团、控股酒店集团及酒店管理公司 3 类。根据酒店企业集团的经营形式,可以划分为直线经营、合作经营、租赁经营、委托经营和特许经营 5 种类型。例如,洲际酒店集团,成立于 1777 年,是目前全球最大及网络分布最广的专业酒店管理集团,拥有洲际、皇冠假日、假日酒店等多个国际知名酒店品牌和超过 60 年的国际酒店管理经验。

（3）主题公园企业集团

主题公园企业集团是指以主题公园运营管理为主营业务的集团企业。主题公园是现代旅游业中成长较快的一种现代旅游资源,被世界旅游组织称为当前乃至未来世界旅游发展的三大趋势之一,是后工业时代发展起来的一项综合性旅游项目。作为一种新的旅游吸引物,主题公园以其独特的文化主题将科技、娱乐、休闲和接待设施服务的元素融入其中。因而主题公园企业集团是为了满足游客多元化旅游度假需求,以运营管理主题公园各项旅游项目为主营业务的企业集团。例如,广东长隆集团,集主题公园、豪华酒店、商务会展、高档餐饮、娱乐休闲等运营于一体,是中国旅游行业的龙头集团企业。

（4）交通企业集团

交通企业集团是指以旅游交通运营管理为主营业务的集团企业。旅游交通企业集团依托各种交通工具,在旅游活动中专门从事旅游者运输或游览服务。旅游交通企业不同于一般的交通企业,除了满足旅游者的运输需求,还在交通工具、运输方式、服务特点等方面存在着差异。旅游交通更强调行车的安全性、乘坐的舒适性、线路的可浏览性。旅游交通企业主要包括两类:一是以提供运输服务为主要功能,包括旅游铁路企业、旅游航空企业、旅游汽车企业等;二是以提供游览服务为主要功能,包括旅游船运企业等。

（5）投资企业集团

投资企业集团是指以旅游项目投资运营为主营业务的集团企业。旅游投资企业是指利用旅游地丰富的旅游资源,在旅游地进行旅游项目投资开发的企业。如云南省旅游投资集团有限公司,是由云南省投资控股集团有限公司和云南世博旅游控股集团有限公司共同投资,主要经营范围是旅游重点项目开发、旅游基础设施、旅游精品工程及相关配套产业的投资建设和经营管理。在全省旅游核心区域共拥有大理旅游集团有限公司、云南金孔雀集团有限公司等9家控股公司;参股丽江旅游上市公司;正在运作包括勐仑安纳塔酒店、嘎洒喜来登酒店、曲靖麒麟温泉、苍山大索道、鸡足山景区提升改造等多个全省重大、重点旅游建设项目。旗下共拥有各类景区景点和经营项目12个,其中1个AAAAA级景区、5个AAAA级景区、3个AAA级景区、1个AA级景区。

2) 基地型运营

基地型运营是指在一定的旅游区范围内进行旅游资源开发与保护、旅游产品生产与经营的运营模式。旅游接待业企业的基地型运营模式主要分为度假胜地模式和国家公园模式。

(1) 度假胜地模式

度假胜地模式是指以某一度假资源为特色进行旅游开发的运营模式。按照资源特色大致可分为都市度假、乡村度假、森林山地度假、温泉疗养度假、滨海滨湖度假、庄园度假等。度假胜地一般特指知名度较高和特色鲜明,对旅游者产生较大吸引力的游览区或游览地。它可以是风光优美的山水名胜,如中国的桂林山水、瑞士的日内瓦湖;也可以是人文荟萃的文化名邦,如北京、巴黎、阿姆斯特丹、爱丁堡和佛罗伦萨。气候温暖、阳光充足的地中海海湾是世界首屈一指的沿海度假胜地;海湾隐蔽、港口优良的英格兰考斯胜地是国际快艇航游的重要中心;以开展滑雪等现代冬季体育运动为特色的阿尔卑斯山和喀尔巴阡山脉是著名的冬游胜地。

(2) 国家公园模式

国家公园模式是指由国家批准设立并主导管理,以保护具有国家代表性的大面积自然生态系统为主要目的进行适度旅游开发的管理模式。国家公园既不同于严格的自然保护区,也不同于一般的旅游景区。世界上各种类型、各种规模的国家公园,具有两个比较明显的特征:一是国家公园都以天然形成的环境为基础,以自然景观为主要内容,人为的建筑、设施为辅助;二是国家公园景观资源往往为一国所罕见,具有珍稀性和独特性。自从1872年世界上第一个国家公园——美国黄石国家公园建立以来,国家公园在世界各国迅速发展,在200多个国家和地区已建立了近10 000个国家公园。各国在国家公园的具体实践中都根据国情和自身特点采取了不同的管理模式。目前基本上可分为三大类:以美国、巴西等为代表的中央政府集中管理模式,以德国及欧洲诸多国家采取的地方主导型管理模式,以及介于两者之间以日本、韩国等为代表的中央—地方结合型管理模式。不同的模式都有各自的优缺点,但都保持着国家公园最根本的特性,即公益性、国家主导性和科学性。2019年6月我国政府部门发布的《关于建立以国家公园为主体的自然保护地体系的指导意见》提出,到2035年我国要全面建成以国家公园为主体的自然保护地体系。

3)连锁性运营

连锁性运营是指经营同类产品和服务的若干个企业,以一定的形式组成一个联合体实施集中化管理的运营模式。旅游接待业企业的连锁性运营主要分为企业连锁模式和品牌连锁模式。

（1）企业连锁模式

企业连锁模式是指将多个企业或业务单位组成一个联合体,在整体规划下进行专业化分工,并在分工基础上实施集中化管理的运营模式。企业连锁模式分为 3 种形式:直营连锁、自由连锁和特许连锁。直营连锁是指总公司直接经营的连锁店,即由公司本部直接经营并投资管理各个零售点的经营形态,此连锁形态并无加盟店的存在,属于资本运作,主要任务在于"渠道经营",透过经营渠道的拓展从消费者手中获取利润;自由连锁即自愿加入连锁体系的企业,自愿加盟体系中,商品所有权属于加盟主所有,而运作技术及商店品牌则归总部持有;特许连锁是由拥有技术和管理经验的总部,指导传授加盟店各项经营的技术经验,并收取一定比例的权利金及指导费,此种契约关系即为特许加盟。我国旅行社连锁经营采用直营连锁模式的有中国青年旅行社、国际旅行社、康辉旅行社、上海春秋旅行社等。采用特许连锁模式的旅行社有旅游百事通、易游天下、海航乐游等。

（2）品牌连锁模式

品牌连锁模式是指以某一品牌为核心组成的连锁企业,并实施集中化管理的运营模式。品牌是旅游企业塑造企业核心竞争力以及扩展市场网络的核心要素之一,它能够使旅游企业获得差异化的竞争优势,塑造良好的企业形象,赢得顾客的忠诚度,促进市场拓展以及产业价值链的延伸等。品牌连锁模式是一种有效的、低成本的市场扩张和品牌输出方式。在酒店企业中,通常由国际饭店管理集团将其具有知识产权性质的国际品牌,包括先进的全球预订网络与营销系统、成熟定型的国际管理模式与服务标准等的使用权出售给饭店业主,由饭店业主依照国际品牌的质量标准与规范运营要求自主经营管理饭店。例如,中国的首旅集团与法国雅高（Accor）集团合作,成立首家合资饭店管理公司,采用特许经营的方式引进"美居"（Mercure）品牌进入中国酒店市场。锦江集团、如家等连锁酒店则发挥了本土资源优势进行特许经营的扩张。

5.4.2　商业链条

商业链条是指旅游接待业的相关企业在提供旅游产品和服务过程中的商业纽带和关系。商业链包括产业链、价值链和利润链三个维度的链条,这三个维度的链条关系是旅游接待业商业链条的内生模式,作为一种客观规律,体现了旅游接待业的结构属性和价值属性。

1)旅游产业链

旅游产业链是指提供旅游产品和服务的相关企业在产品、技术、资金、服务等环节形成的分工和协作关系。旅游产业链中,通常以具有竞争力或竞争潜力的企业为链条核心,以关联企业为纽带,通过包价、租售、批发、零售等方式将旅游产品和服务传递给旅游消费者,以满足其在旅游活动中的消费需求。旅游消费者在旅游活动过程中对吃、住、行、游、购、娱的需求决定了产业链的长短和组合方式。旅游产业链有两种链条形式:一种是从上游旅游产品生产企业、中游旅游产品销售企业、下游产品消费企业形成的旅游核心产业链(图5.2);另一种是旅游产品从生产到消费各环节中涉及的诸多产业部门,形成的旅游相关产业链(图5.3)。从理论上说,无论是哪种形式的旅游产业链,都强调产业链中各个企业之间的分工与协作。

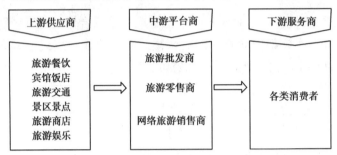

图 5.2　旅游核心产业链

资料来源:赵小芸.旅游产业的特殊性与旅游产业链的基本形态研究[J].上海经济研究,2010,22(6):42-47.有改动。

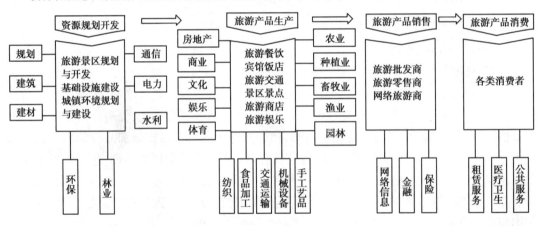

图 5.3　旅游相关产业链

资料来源:赵小芸.旅游产业的特殊性与旅游产业链的基本形态研究[J].上海经济研究,2010,22(6):42-47.有改动。

在欧美,旅行社、航空公司、酒店等各个环节已经形成完整的旅游产业链。如美国运通公司(American Express)是全球最大的旅游服务及综合性财务、金融投资及信息处理的环球公司。美国运通旅游有关服务(American Express Travel Related Services)是世界最大的旅行社之一,在全球设有1 700多个旅游办事处,拥有84 000多名员工。欧洲最大的旅行社图伊(TUI)集团占领了欧洲旅游市场的近九成,在全世界拥有7万名员工、81家大旅游公司、3 700家旅行社、287家饭店和88架飞机。

2)旅游价值链

旅游价值链是旅游产业链的价值形态,体现的是以旅游体验为核心的旅游产品设计、生产、传递、消费等环节形成的供给与分配链条。旅游价值链本质上是从知识的分工协作入手,以不同的价值创造来划分产业环节,并将各环节以网状结构联系起来。坦佩尔和冯特(Tapper、Font)将旅游价值链定义为一条包含了所有旅游产品与服务的供应与分配的链条,认为旅游价值链可分为赢得订单(Win Order)、分配前的支持(Pre-delivery Support)、分配(Delivery)以及分配后的支持(Post-delivery Support)4 个阶段,形成旅游产品从始到末的无缝连接。[①] 在互联网时代,旅游价值链的模式开始由"一对一"的模式向网状的模式转变,价值链开始演变为价值网。透过价值网可以看到价值链的成员之间实行的是"多对多模式",即通过互联网和电子商务媒介将众多的旅游供应商、旅游中间商、客源地旅游者纵横交错地联系起来。

旅游价值链涵盖了旅游产品从设计、生产、营销、体验、服务、消费等各个环节和流程,每个环节对旅游产品所赋予的价值各不相同,其分布呈现出一条旅游价值链的"微笑曲线"。从旅游消费者对旅游产品或活动的体验视角来看,凡是直接参与旅游体验生产和消费过程的企业都属于核心价值企业,而对于旅游体验进行价值再创造的企业则属于价值链中的追加价值部分。如图 5.4 所示,旅游价值链"微笑曲线"的左边部分是旅游体验的基本构成环节,体现的是旅游价值链中旅游体验的基本价值;右边部分则是旅游体验的价值提升环节,体现了旅游体验的追加发展价值。

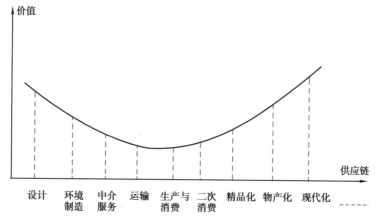

图 5.4　旅游价值链"微笑曲线"

资料来源:张朝枝,邓曾,游旺.基于旅游体验视角的旅游产业价值链分析[J].旅游学刊,2010,25(6):19-25.

价值链中的企业群体如旅游规划属于咨询行业,旅游景区建设属于建筑行业,旅游运输企业属于运输业,旅游金融企业属于金融行业等。这些企业群体在旅游产品的供给与分配中形成产业复合与价值分布趋同,复合产业部分所创造的价值更高,处于价值曲线的两端,而单纯的吃、住、游等企业却只能处于价值曲线的底部,创造的价值相对较低。旅游价值链的"微笑曲线"表现出旅游接待业的复合程度越高,价值创造也越高,这也充分体现了旅游接待业的综合关联性特征。

3)旅游利润链

利润链是一种阐述企业、员工、顾客、利润之间关系的链条。旅游利润链是指旅游接待

① YILMAZ Y,BITITCI U.Performance measurement in the value chain:manufacturing V.tourism[J].International Journal of Produtivity and Performance Management,2006(5):371-389.

业相关企业的利润增长、顾客忠诚度、顾客满意度、员工的能力、劳动生产率之间存在的关系。在包括旅游接待业在内的服务业中,"满意度"是企业经营管理中出现频率最高的名词之一。满意度包括两个方面:一是旅游市场上顾客的满意度;二是旅游企业内部员工的满意度。以酒店为例,员工的高流失率是全球酒店业的普遍现象。酒店里很多基本服务工作,如清扫、搬运、招待等,这些岗位的技术含量不高,待遇也低,当酒店不能为这些岗位提供发展机会时,员工的满意度下降,随之产生忠诚度下降、离职率上升的结果。

利润链建立了一种关系,这种关系把旅游产业链中企业的利润率、顾客忠诚度、顾客满意度与企业生产力联系在一起。具体表现为5种关系:第一,企业的利润增长是由顾客的忠诚度激发出来的,如迪士尼主题公园在全球范围内拥有一大批忠诚度极高的顾客;第二,顾客的忠诚度是顾客满意的直接结果;第三,顾客的满意度很大程度上由企业为顾客提供的服务价值决定;第四,顾客获得的服务价值大小最终要由工作效率高、对公司忠诚的员工来创造;第五,员工对公司的忠诚度取决于其对公司是否满意,满意与否主要应视公司内部是否给予了高品质的内在服务。旅游利润链内在逻辑如图5.5所示。

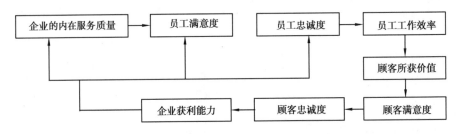

图 5.5　旅游利润链内在逻辑

旅游接待业涉及的企业类型众多,不同企业在提供产品和服务过程中的流程、装备、技能、信息等存在较大的差异。正是因为这些差异的存在,导致旅游接待业特别依赖于某些服务环节,而有些服务环节又特别依赖于企业员工的服务技能和对企业的忠诚度,这些因素往往是构成旅游利润链的关键环节。

5.4.3　服务质量

服务质量是指服务人员的服务工作能够满足被服务者需求的程度,是企业为达到顾客满意而提供的服务水平。服务质量包括服务设计、服务感知和服务评价3个环节。在服务的前期、中期、后期皆反映了服务质量的内容。

1)服务设计

服务设计是指人与人一起创造与改善服务体验的过程。设计内容包括产品开发、服务流程、服务创新3个方面。

（1）产品开发

由于旅游接待业的产品的服务属性,使得旅游产品的开发需要与顾客需求紧密结合。因此,越来越多的旅游企业开始利用各种手段最大限度地挖掘顾客潜能,包括客户管理系统、社交媒体、领先用户网站等。旅游产品的开发分为设计、投入、开发和分析 4 个阶段,4 个阶段围绕以产品为核心的包括人员、系统和技术的要素支撑(图 5.6)。旅游产品开发是根据市场需求,对旅游资源、旅游设施、旅游人力资源及旅游景点等进行规划、设计、开发和组合的活动。旅游产品开发主要包括对旅游地的规划和开发、对旅游路线的设计和组合两个方面的内容。

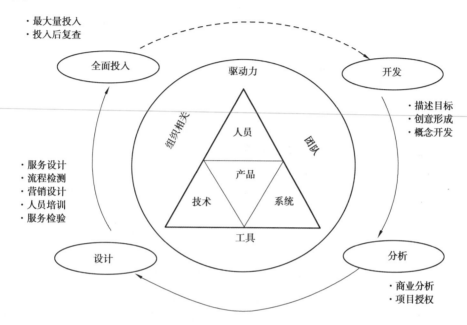

图 5.6　产品开发阶段及要素

资料来源:菲茨西蒙斯.服务管理:运作、战略与信息技术[M].张金成,等译.北京:机械工业出版社,2007.

　　旅游产品是一种体验型产品,重视对顾客的精神和心理满足,体会顾客的要求与感受。迪士尼乐园是较早将体验性作为核心进行产品开发的企业。迪士尼创造的一系列经典之作,其成功在于将其目标顾客的欲望规划得富有想象力。为了使消费者在迪士尼乐园有快乐的体验,乐园在产品创新上做足文章,为世人创造一个童话般的世界,让人们体验惊险与快乐。迪士尼乐园为旅游消费者提供了快乐的体验,消费者频频光顾乐园,使迪士尼乐园成为主题公园中的巨无霸。在国内餐饮业,热带雨林餐厅以"请你开始探险"为卖点,因带给顾客永生难忘的体验而名声大噪。另外,在旅游行业,探险露营、峡谷漂流、空中冲浪等娱乐项目备受青睐,所有这一切都体现了体验式旅游产品的魅力与价值。

　　(2)服务流程

　　服务流程是指企业把投入变成产出的一系列任务。一系列任务中的投入任务包括人员、资金、材料、设施等的投入,而旅游接待业中的产出主要是服务,其中包括旅游接待、顾客沟通、信息和投诉处理等。服务流程主要由提供服务所经历的步骤、顺序和活动构成。对一个旅游企业来说,即使已经设计好了很好的产品和服务提供系统,制定了周密的营销策略方案,但最终旅游消费者是否满意,还取决于旅游活动过程中旅游消费者的满意度。因此,服务流程的管理是最终产生满意度和忠诚度的必要环节。

　　旅游企业的服务流程作为一个"投入—交换—产出"的过程,其结果是一种以满意程度为衡量标准的体验和感受,具有无形性的特征。对旅游企业来说,可以被描述成一种行为的结果或一种努力。因此,旅游企业可通过绘制服务流程图(图5.7)来描述和分析企业向旅游消费者提供服务的过程,以及完成该过程所需要素的组合方式信息图,可展示服务行为、工作方式、服务程序和路径、设施、产品配送、资金流向等信息。

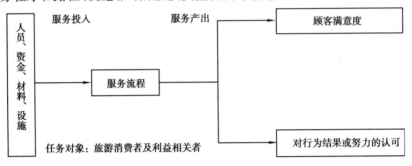

图 5.7　服务流程图

(3)服务创新

　　服务创新是企业为适应顾客需求的多样化而提高产品及服务的价值改善过程。获取和利用顾客知识是旅游企业服务创新的重要方式之一。因此,如何利用和转化顾客知识成为旅游企业在新产品开发过程中亟须解决的问题。旅游企业可以通过在创新过程中与顾客的紧密合作来提升创新绩效。顾客不只是创新思想的重要来源,也作为"合作生产者"参与到创新之中。除与顾客的交互外,服务企业还必须与设备供应商、知识技术的供应商等外部行为者发生交互关系,交互质量的好坏同样直接影响着创新的最终效果。服务创新已变为一个以顾客为导向的术语,强调为了顾客而进行的新服务开发、流程改进、营销设计等活动。更重要的是,服务创新已成为一个由单个组织无法实现的结果,必须通过紧密合作来完成,并共同创造出价值。

　　"携程旅行网"作为在线旅游服务业的代表引来了无数效仿者,堪称旅游界服务创新的典范。携程借助ICT基础设施及网络技术,推出了大量新服务产品,2004年率先推出自由行,引领业内风气;2006年推出"一小时飞人通道",使一种极速预订和登机服务模式推动了电子机票的进一步发展;2008年又首推"透明团",对团队游产品中的食、住、行、娱、游、购等环节做了透明承诺;2010年推出60天环球旅游,树立了我国高端旅游新标杆;在2011年的团购风下,携程又迅速推出"马上团"的团购产品,推动了旅游团购业服务2.0时代。从携程的创新理念及过程可看出,服务创新与价值共创的过程是两个相辅相成紧密联系的整体,服务创新在价值共创的过程中孕育而生,而服务创新又进一步推动了价值共创的良性运作。

2)服务感知

　　服务感知是指服务人员在服务过程中的心理活动过程,主要是服务对象的感受和把握,是对服务人员生动直观的感性认识。从对服务者服务素质的角度来细分,也可分为服务感觉和服务知觉两个方面。按照服务人员服务的过程,可划分为旅游服务接触、旅游消费者感知两个环节。

（1）旅游服务接触

旅游服务接触是指旅游消费者、旅游服务组织及服务人员三者间的动态交互过程。在旅游接待业,旅游消费者满意水平很大程度上取决于其在旅游服务接触过程中的体验和感受。旅游服务的生产和消费往往是同时进行的,旅游消费者需要参与生产服务过程,并与旅游服务组织及服务人员发生多层次和多方面的交互作用,旅游消费者会根据服务接触过程中的体验和感受来评价服务质量。因此,旅游接待业具有极强的服务感知性。在旅游服务接触过程中,既包括旅游消费者与服务人员之间的互动,也包括旅游消费者与设施设备、服务环境以及其他顾客等所有可感知服务要素的接触。

（2）旅游消费者感知

旅游消费者感知是指旅游消费者与旅游服务组织、服务人员在接触过程中的心理活动过程,主要表现为旅游消费者对服务质量好坏的感性认识。理查德·诺曼（Richard Normann）将服务提供者和顾客在短暂接触中形成对服务质量好坏评价的一瞬间,称为"真实的瞬间"（Moment of Truth）,并认为"真实的瞬间"对服务体验起到至关重要的作用。从实践的视角来看,我国旅游目的地建设中对服务接触的"真实的瞬间"关注不足。目前我国各地旅游公共服务体系建设主要是从供给的角度来设计,过分注重设施设备等硬件载体的建设,而没有充分关注服务接触这个被称为服务过程中"真实的瞬间"的核心要素。通过优化服务接触提升旅游服务质量,在我国还有较大的提升空间。

3）服务评价

服务评价是指依据一定标准对其所体验的各项服务的综合满意程度进行评判。服务质量是在传递服务过程中服务提供者和消费者在互动过程中产生的差异程度,它由消费者定义,由消费者所感知。由于旅游活动本身的复杂性,旅游消费者对旅游产品和服务的感知主要受各种体验的影响,而这种体验又产生于旅游活动的全过程,并受制于旅游消费者的个体特征影响,使旅游感知度的评价不同于一般服务产品。因此,游客感知度实际上是游客对其所体验的各项服务的综合满意程度。游客对旅游活动过程及其服务是否满意,主要受顾客感知质量的影响。但是,基于旅游体验的游客感知评价能够帮助管理者及时了解游客对各项旅游服务的需求以及满意程度,对于合理利用资源、丰富旅游产品、改进旅游服务、增强游客的游憩体验和促进旅游业的可持续发展等具有十分重要的理论意义和现实意义。目前,我国在规范服务质量方面的国家标准主要有《旅游景区质量等级的划分与评定》（GB/T 17775—2003）提出的《服务质量与环境质量评分细则》《景观质量评分细则》以及《游客意见评分细则》。

【阅读案例】

从无人知晓到世界知名的丽江旅游接待业

丽江,这个被外界称为"天下神奇诡秘杂糅之处""孤悬江外情形特殊之区"的县级市,经过旅游业短短的 20 年发展后,如今丽江已成为国际知名旅游城市、中国旅游竞争力百强城市、中国十大休闲城市、中国十大魅力城市。2018 年 7 月由中国旅游研究院、携程旅游大数据联合实验室发布的《2018 年中国避暑旅游大数据报告》中,2018 年最受欢迎的避暑目的地中丽江排名第二,仅次于昆明。2018 年 9 月,美国媒体发布了《2018,最值得造访的 18 个旅游目的地》榜单,云南被提名为中国唯一入选的地方,其中丽江古城受到特别青睐。丽江的旅游接待业,创造了古城保护与开发并举、文化传承与旅游发展互动、政府主导与民间资本参与经营的"丽江模式"。

1.由国内走向国际的丽江旅游品牌形象

短短 5 年就从废墟中迅速崛起。1994 年,云南省政府提出"发展大理,开发丽江,带动迪庆,启动怒江"的滇西北旅游发展战略,确定丽江古城保护的"54321"工程。1996 年丽江大地震,吸引全世界关注,并获得各方灾后重建资金资助,丽江古城基础设施得到系统优化。1997 年丽江古城申遗成功,1999 年昆明世界园艺博览会举办,对云南省尤其是丽江市旅游业发展都具有里程碑意义。

世界级资源转化为产业动能。目前,丽江拥有世界文化遗产——丽江古城、世界记忆遗产——纳西东巴古籍文献,是世界自然遗产——三江并流区的重要组成部分,集高级别的自然风光、历史文化和民族风情于一体,已成为全国主要旅游热区和世界上最令人向往的旅游目的地之一。根据云南省统计年鉴,2017 年丽江市旅游总收入 821.9 亿元,旅游业早已发展成为丽江市的支柱产业。仅在 2018 年丽江接待国内外游客 4 643 万人次,同比增长超过14%,实现旅游总收入达 998.45 亿元人民币,同比增长超过 21%。

2.多元立体的丽江旅游接待业功能

柔软时光感召下释放巨大的招徕魅力。现代时尚装点辉映下的丽江古城、束河古镇和"东方女儿国"泸沽湖,已成为一种感召现代都市人前往的力量。丽江远古悠扬的纳西古乐、摩梭风情和美妙绝伦的湖光山色为旅游者提供了独一无二的柔软时光,"我不在丽江,就在去丽江的路上"这句时髦经典的网络流行语,道出了丽江已成云南旅游的优势品牌、中国响亮的旅游名片。

国内外航线搭起的旅游客源地通道。丽江依托丰富的旅游资源,已将丽江机场打造成为"旅游名片机场,次区域枢纽机场"。目前,在丽江机场运营的航空公司有33 家,通航城市达到 67 个。2018 年,丽江机场年旅客吞吐量达到 753.166 2 万人次,全年平均客座率86.52%。航线方面,已开通丽江至首尔、新加坡、曼谷、香港、高雄和台北的航班。2019 年 1月 5 日,由丽江发往昆明的首列和谐号动车 D8784 次准时从丽江站驶出,标志着丽江进入了动车时代。

旅游接待业兴旺产生社会溢出效应。丽江直接从事旅游人员约 8.7 万人（其中导游 2 000 余人），间接从事者超过 20 万人，37 万名多农民从中受益，12 万名多当地居民通过参与旅游而步入小康。直接与旅游业相关联的第三产业法人单位达 5 829 个，占总数的 63%；以旅游业为主的第三产业对经济增长的贡献率达 55.3%。特别是束河旅游小镇，1994 年至 2015 年，GDP 从 14.79 亿元增长到 290 亿元，翻 19.6 倍；农业总产值从 9.26 亿元增长到 81.8 亿元，翻 8.83 倍；财政总收入从 7 805 万元增加到 67.4 亿元，翻 86.35 倍；农村常住居民人均可支配收入从 546 元增加到 7 924 元，翻 145 倍，创造了独特的"束河模式"。

3.企业集聚协作所形成的旅游产业链

丽江旅游接待业企业高度集聚。在旅游产业带动下，丽江旅游接待企业迅速成长，并全面进入文化产业、交通运输、乡村旅游开发等领域，为丽江经济社会转型发展注入了新的动力。丽江有玉龙雪山景区、古城景区 2 个国家 AAAAA 级景区，并有泸沽湖、蓝月谷、白水河等热门旅游景点 73 个，为每年 4 000 多万名游客提供了旅游观光景点。

主题客栈成为丽江故事发源地。根据猫途鹰网（Tripadvisor）数据，2018 年丽江共有住宿接待企业 4 071 家，其中酒店 993 家，民居客栈 2 916 家，特色酒店 117 家。丽江的客栈，是丽江的重要组成部分之一。丽江客栈逐渐出现精品客栈、特色客栈、主题文化客栈等不同客栈业态。主题文化客栈在丽江大概有上千家。很多主题文化客栈都是通过 OTA 来进行销售，游客一般都通过美团、去哪儿网、携程甚至百度等网站来寻找主题文化客栈。

上市公司成为丽江明星企业。丽江玉龙旅游股份有限公司于 2001 年由丽江玉龙雪山旅游索道有限公司整体变更设立，于 2004 年 8 月在深圳证券交易所中小企业板上市，是云南省第一家旅游上市公司，目前拥有控股子公司丽江牦牛坪旅游索道有限公司、丽江云杉坪旅游索道有限公司、云南睿龙旅游投资有限公司和昆明龙房旅游发展有限公司。丽江市旅游开发投资集团有限责任公司由丽江市人民政府国有资产监督管理委员会控股，并控股丽江市一卡通旅游结算有限公司、丽江泸沽湖开发有限公司、丽江旅投乡村旅游开发有限责任公司、丽江古城管理有限责任公司、丽江玉龙旅游股份有限公司。

4.政府主导与社会参与并重的运营模式

一卡通体系规范旅游市场秩序。丽江的大部分旅游资产都已向民营资本开放，掌握在政府手中的只有知名度最高的四大景区。丽江有四大国营旅游企业和管理部门，除丽江旅游发展委员会之外，还有丽江玉龙旅游股份有限公司、丽江古城管理有限责任公司等，分别管理不同的景区。为进行统一管理，明确四大主体的权责范围，丽江先后推出"一卡通"等收费和运营方式，并组建"丽江和合旅游集团"以规范旅游市场。丽江市"城市一卡通"系统是由用户、用户业主和一卡通公司三部分组成。在整个系统化管理的各个环节，如充值、消费、IC 卡发行等部门建立一套管理制度，保证整个系统的正常运行。

多方投入创新古城古镇保护模式。丽江市主打城市运营模式，在城市运营中，政府起主导作用。丽江市政府积极发挥市场的力量，鼓励外来投资、外来专业机构、外来文化发挥作用。如束河小镇就是丽江古城旅游开发的典型模式，2000 年丽江市政府在束河镇引入昆明鼎业集团投资 5 亿余元用于基础设施、民居客栈等建设，将文化保护与旅游配套建设结合，旅游与地产开发结合。在束河旅游小镇的开发中，丽江市政府要求企业在开发投资的同时，动员和组织当地居民从事旅游服务、经营传统旅游商品、搞农家客栈等形式参与旅游发展,让旅游社区既参与建设家园,又能从旅游中持久获益。

　　资料来源:王桀、贾晨昕根据丽江市旅游发展委员会提供的资料整理编写。

思考题

1.怎样理解旅游接待业的含义及其构成?

2.怎样理解旅游接待业的三大性质?

3.旅游接待业包括哪些必要要素?

4.产业要素对旅游接待业会产生哪些影响?

5.旅游接待业有哪些功能及如何发挥这些功能?

6.旅游接待业企业包括哪些企业?

7.与传统的旅行社比较,在线旅游商有哪些优势与劣势?

8.请举例说明哪些企业是集团化运营模式。

9.旅游核心产业链与相关产业链包括哪些内容?

10.简述服务质量在旅游接待业中的重要性。

第6章
旅游业态发展

【学习目标】

1.掌握旅游业态的含义、类型、特点。

2.认识世界旅游的区域空间格局。

3.认识世界旅游发展的不同模式。

4.了解世界不同的旅游管理体制。

5.了解旅游业态的具体表现形式。

【知识要点】

1.旅游业态,是指一定时空范围内旅游系统各要素相互作用而使旅游发展呈现出的总体状态。按照空间分布呈现为发展格局,按照时间系列呈现为发展模式,按照具体形态呈现为表现形式。

2.旅游业态发展格局,是指旅游活动在空间地域上的分布状况。根据统计需要全球划分为五大旅游区,根据集聚状况全球形成三大旅游热区,根据发展水平确定旅游接待排序前10位的国家或地区。

3.旅游业态发展模式,是指旅游活动发展所呈现的总体方式。根据发展路径呈现为旅游发展模式,根据组织方式呈现为旅游管理体制,根据发展导向呈现为旅游产业政策。

4.旅游业态表现形式,是指旅游活动发展所呈现的具体内容形态。根据产品组合方式呈现为旅游产品形态,根据供给方式呈现为旅游服务方式,根据需求满足方式呈现为旅游组织形式。

旅游业态是旅游业发展呈现的状态,是一个高位、复合、抽象的概念。高位是指从宏观层面分析旅游业的发展状态,描述的是旅游业态发展的最终结果;复合是指该状态形成的多维影响因素,描述的是旅游业态发展的驱动要素;抽象是指从丰富的旅游现象中提炼旅游业的产品形态、服务方式和组织形式,描述的是旅游业态发展具体表现。因此,本章首先从旅游业态的基本内涵出发,分析旅游业态的概念、类型、特征;其次,从全球视角按照世界旅游区划、世界旅游热区和世界旅游排名 3 个层次分析全球旅游业态发展的总体格局;再次,从旅游发展模式、旅游管理体制和旅游产业政策 3 个层面分析旅游业态发展的驱动因素;最后,从旅游产品形态、旅游服务方式、旅游组织形式三维视角分析旅游业态发展的表现形式。

6.1 旅游业态基本含义

6.1.1 旅游业态概念

1) 业态概念的源起

业态概念源于零售业,是人类社会进步、经济发展到一定阶段的产物。早期的人类社会,人口稀少,生产力低下,商品交换范围狭窄,规模较小,流动经营和店铺经营是零售业最初的经营方式;工业革命使大规模机器生产代替了手工工场,零售店铺规模扩大,产品种类逐渐丰富,零售业的经营方式日益多样;19 世纪中叶的欧洲,百货商场出现;20 世纪 30 年代末,第一次世界性金融危机爆发,全球经济下滑,购买力下降,零售业经营者不断探索通过低价吸引消费者的经营模式;20 世纪 30 年代,美国人迈克尔·库伦(Michael Cullen)在美国纽约开设了世界第一家超级市场(Super Market);20 世纪中期,欧洲很多商业街道逐渐演变为购物街(Shopping Center),而美国则出现了超大型零售业建筑(Shopping Mall);20 世纪后期,随着电视、网络的普及,如邮购、网购等"无店铺经营"兴起。

为描述零售业多样化的经营形式,20 世纪 60 年代"业态"概念被提出。"业态"概念一经提出,就受到人们的重视,是因为它既有学术研究价值,又兼有区分零售商店的类型和便于统计分析的作用。20 世纪 80 年代,我国开始在商业中引入"业态"概念。2021 年,根据中华人民共和国国家标准《零售业态分类》(GB/T 18106—2021),将零售业态定义为:零售企业为满足不同的消费需求进行相应的要素组合而形成的不同经营形态。

2) 旅游业态的提出

现代旅游产业产生于 19 世纪中期,1845 年世界上第一家旅行社——托马斯·库克旅行社在英国成立,标志着近代旅游业的出现和旅游业最古老且带有组织性行为的业态——旅行社的诞生。有组织的旅游行为的出现极大地推动了旅游业"食、宿、行、游、购、娱"六要素旅游业态的形成与发展。进入 20 世纪以来,尤其是第二次世界大战以后,经济发展、技术革新、社会进步等极大地推动旅游业迅速成为世界最具活力和潜力的新兴产业。据联合国旅游组织统计,20 世纪 90 年代开始,国际旅游收入在世界出口收入中所占比重达到 8%以上,超过石油、汽车、机电等出口收入,旅游产业正式确立了世界第一大产业的地位并保持至今。

随着旅游产业的高速增长和深度发展,旅游资源范畴不断扩大和深入,旅游产品形态在不断涌现,旅游经营方式在不断创新,旅游组织形式不断更新,产业边界逐渐模糊;世界各国采取不同发展模式和管理体制推动旅游业发展,全球旅游版图日新月异;旅游产品形态不断推陈出新,旅游企业经营方式不断创新、旅游组织形式持续更新。传统的"产业""行业"概念已很难描述旅游业的发展状态,旅游学界将"业态"一词引入了旅游研究领域,旅游业态研究成为旅游产业发展研究新的切入点。

首先,旅游业态将旅游业放在全球旅游空间格局、管理模式、政策制度等高位复合的平台上进行多维分析,为旅游学科研究开辟了一个新的视角。其次,旅游业态更为准确地反映了旅游业运行的特征。旅游业是一个典型的无边界的产业,即开放式行业。旅游业的运行需要依托其他行业的资源和借鉴其他行业的手段,并与其他行业广泛融合,相互渗透,形成了多样化的产业新形态。旅游业态准确地反映了这一动态发展和开放式的运行规律和运行特征。再次,旅游业态为制定旅游战略规划提供了综合判断的手段。作为反映旅游产品形态、旅游发展状态、旅游发展趋势的复合性概念,旅游业态更鲜明地预示着旅游发展内在逻辑和走势,更典型地昭示着旅游业发展所能给社会和人类带来的体验品质。最后,旅游业态为旅游业创新经营建立了一个实验空间,从宏观空间分布、中观政策驱动、微观产品经营跨层次对旅游业做出分析判断,贴近旅游业的真实运行状态,更准确地体现旅游业的经济运行本质,可以为旅游业创新经营提供趋势预测和典型样板示范。

3) 旅游业态的内涵

杨济诗、孙霞琴在《打造上海国际购物天堂新标志》一文中最早将"业态"概念引入旅游研究中,提出商旅结合的旅游新业态。[1] 邹再进认为旅游业态实际上是对旅游行(企)业的组织形式、经营方式、经营特色和经济效率等的一种综合描述:在空间维度上,它首先应该界定旅游产业的业种(包括业种内部的行业)范围,并探讨其结构的合理性和高级化程度;在时间维度上,它既包括对旅游业当前所处的发展阶段和生存状态的基本认识,也包括对旅游业未来发展趋势的基本预测,是包含了业种、业状和业势三大内容的一个多维复合性概念。[2] 杨玲玲和魏小安则指出旅游业态是指旅游企业及相关部门,为满足旅游者的多元化消费需求,顺应旅游市场的发展趋势,提供有特色的、有竞争力的旅游产品和服务的各种经营形态和服务形态的总和。[3] 张文建根据零售业态的概念和旅游业自身的特点,提出旅游业态是旅游组织为适应市场需求变化进行要素组合而引致的经营形式,有狭义和广义之分:狭义的旅游业态是指旅游企业或企业集团的经营形态,与企业的商业模式有密切关系;广义的旅游业态除此之外,还包括旅游业的结构类型和组织形态,在产业层面上表现为众多业种和诸多业状。[4]

在学者们的研究基础上,本书提出旅游业态概念为一定时空范围内以满足旅游需求为目的,旅游系统各要素相互作用、相互影响而使旅游业呈现出的总体状态。

为了避免概念的混淆,首先需要明确旅游业态与旅游行业、旅游企业、旅游产品之间的

① 杨济诗,孙霞琴.打造上海国际购物天堂新标志[J].上海商业,2001(6):36-38.
② 邹再进.区域旅游业态理论研究[J].地理与地理信息科学,2007,23(5):100-104
③ 杨玲玲,魏小安.旅游新业态的"新"意探析[J].资源与产业,2009,11(6):135-138.
④ 张文建.当代旅游业态理论及创新问题探析[J].商业经济与管理,2010,222(4):91-96.

关系。传统意义上的旅游产业是指为游客提供游览、住宿、餐饮、交通、购物、娱乐等服务的综合性产业,如今旅游产业要素已经扩展到为旅游活动提供直接服务或间接提供物质、文化、信息、人力、智力服务和支撑的行业或部门。而行业一般是指按生产同类产品或具有相同工艺过程或提供同类劳动服务划分的经济活动类别,多种行业形成产业。旅游产业主要包括旅行社业、住宿业、交通业、餐饮业、娱乐业、购物业、各级旅游管理机构和旅游行业组织等行业形态。而旅游企业则是指以盈利为目的进行生产经营,为社会提供旅游产品和旅游服务的经济组织,多个同类企业构成行业,例如,旅游接待业可以由旅行社、酒店、餐饮店、旅游商店、交通公司、旅游景点、主题乐园等众多企业构成。旅游产品则是指旅游生产者和经营者为满足旅游者的旅游需求对自然或人文旅游资源进行设计、开发,并辅以各种设施和服务而形成的具体旅游吸引物。例如,饭店行业产品类型繁多,常见的饭店产品类型主要有商务型饭店、度假型饭店、会议型饭店、产权式饭店、家庭旅馆、青年旅馆、长住公寓、汽车旅馆等。而旅游业态则是旅游产业、旅游企业、旅游产品的共同表现形态:在产业层面上,表现为全球旅游业发展分布;在企业层面,表现为企业在组织、经营和管理上的外部形态;在产品层面,表现为多种多样、特色各异的产品形态。

因此,旅游业态是指一定时空范围内旅游系统各要素相互作用而使旅游发展呈现出的总体状态。按照空间分布呈现为发展格局,按照时间系列呈现为发展模式,按照具体形态呈现为表现形式。

6.1.2 旅游业态类型

旅游业态呈现的是整个旅游业发展的总体状态,观察角度的不同会导致各异的分类方法。以时间为轴进行分类,可以划分为传统旅游业态和旅游新业态;以旅游业态形成原因为依据,可以划分为需求拉动型业态、政策引导型业态和技术驱动型业态;从旅游企业组织经营角度考量,可以划分为集聚型旅游业态、专业型旅游业态、在线型旅游业态、复合型旅游业态、衍生型旅游业态以及准公共型旅游业态;从全球旅游产业布局的角度,划分为区域旅游业态、发展模式业态以及表现形式业态。本章将从全球旅游产业布局视角,对旅游业态进行分类和描述。

1)区域旅游业态

区域旅游业态是指旅游活动在空间地域上的分布状况,是世界旅游全球分布在不同空间层次的表现。旅游活动在世界的分布表现在 4 个不同的空间尺度上,根据全球空间范围可划分为五大旅游区;根据旅游集聚状况,可形成三大旅游热区;按照旅游发展水平,可按国家或地区进行旅游竞争力排名;根据具体的微观表现形式,可分为旅游产品形态、旅游服务方式和旅游组织形式。

2)发展模式业态

发展模式业态是指一个国家或地区在特定时期旅游发展的总体方式,是对某一类型旅游系统发展总体状况的概括与描述。世界各国或地区经济发展水平、社会管理制度、旅游发展阶段不同,大致形成了经济发达国家模式、旅游发达国家模式、发展中国家模式和海岛模式 4 种旅游发展模式。管理体制是指一个国家或地区旅游发展的宏观管理形式,是对旅游活动进行调控的组织机构的设置。旅游管理机构的设置取决于旅游管理机构的归属、旅游管理机构的组成、旅游管理机构的权限。世界各国或地区旅游组织与管理机构大致分为最高级全国决策机构、官方行政管理机构、半官方管理机构、旅游行业组织。

3)表现形式业态

表现形式业态是指旅游活动发展所呈现的具体内容形态。根据产品组合方式呈现为旅游产品形态,具体划分为观光旅游业态、度假旅游业态、专项旅游业态和特种旅游业态 4 种类型。根据供给方式可呈现为旅游服务方式,包括综合服务、专业服务、在线服务、公共服务 4 种形态。根据需求满足方式呈现为旅游组织形式,划分为团队式、自助式和组合式 3 种形式。

6.1.3　旅游业态特征

1)多要素

旅游系统是一个多要素构成的复杂系统,旅游业态反映在这些要素相互作用、相互影响下旅游产业所整体呈现的状态。随着世界经济的快速发展,旅游需求日益增长,旅游消费呈现出动机更加多元化、方式更加多样化、时间更加分散化等特点;同时,科学技术的发展为旅游供给提供更多可能性,对旅游资源开发、旅游产品创新、旅游基础设施建设、旅游企业运营管理与服务技术创新等都会产生重大影响;世界各国均十分重视旅游产业带来的联动效应,纷纷制定政策和法规,促进和规范旅游业发展,形成各具特色的旅游产业发展模式。由此可见,在进行旅游业态研究时,不但要考虑旅游者、旅游资源、旅游企业等旅游产业内部因素,同时也要考虑旅游政策、旅游法规等旅游产业外部因素。

2)多维度

零售业态的分析可以通过零售企业经营方式的总结进行概括性描述,而旅游业区别于零售业,具有系统开放、产品无形和消费生产同时进行等特性。因此,在旅游业态中产品形态、服务方式、组织形式等仅仅反映了旅游产业微观维度的运行状态;而区域分布、发展模式、管理体制则从宏观维度描述了旅游产业的发展状态。另外,零售业态主要指零售业销售产品的方式,而旅游业态并不特指某一行业的状态,而是容纳了食、住、行、游、购、娱等多个要素,涉及丰富的行业类型。

3)动态化

当今时代,唯一不变的是变化。旅游业是目前世界上发展最快的产业之一,随时随地都处在不断发展和变化中。相应的,旅游业态也是一个动态性的概念,它总是不断地从低级向高级过渡,从简单向复杂发展,从浅层向深层推进,其发展历程就是旅游业不断成熟壮大的历程,只有用动态的眼光来看待旅游业态,才能得出旅游业态发展的普遍规律。因此,在分析旅游业态时,不仅要包括对旅游业当前所处的发展现状和状态的基本认识,而且要包括对旅游业未来发展趋势的预测。

6.2 旅游业态发展格局

旅游业态发展格局是指旅游活动在空间地域上的分布状况。根据统计需要将全球划分为五大旅游区,根据集聚状况全球形成三大旅游热区,根据发展水平确定旅游接待排序前10位国家或地区。

6.2.1 世界旅游大区

世界各区域旅游业发展处于不平衡状态,联合国旅游组织为协调各区域旅游业发展,提出世界旅游地理区划方案,将全世界划分为几个旅游大区,并公布各大区域旅游者分布状况及相关统计数据,为各国寻找旅游客源市场、制定旅游市场战略提供前提条件。该方案采取三级区划单位系统,即旅游大区—旅游地区—国家。在一些面积较大、旅游业发达国家还可进一步划分出四级区——旅游区。

1) 欧洲旅游大区

欧洲旅游大区包括4个旅游地区:北欧旅游地区(挪威、瑞典、芬兰、冰岛、丹麦及其属地),西欧旅游地区(英国、爱尔兰、比利时、卢森堡、法国和摩纳哥等),中欧/东欧旅游地区(德国、波兰、捷克、斯洛伐克、匈牙利、奥地利、列支敦士登、瑞士等/爱沙尼亚、拉脱维亚、立陶宛、俄罗斯、白俄罗斯、乌克兰、塞尔维亚、克罗地亚等),南欧/地中海旅游地区(斯洛文尼亚、罗马尼亚、保加利亚等/西班牙、葡萄牙、安道尔、意大利、希腊、马耳他、梵蒂冈等)。欧洲旅游大区从东部白令海峡一直延伸到大西洋沿岸,是沿纬线方向延伸最长的旅游大区。纬度位置较高,东、南、西三面多山地、高原,内部是平原、低地,形成以温带森林、亚热带常绿叶林、灌丛为主的自然景观。欧洲旅游大区属于西方文化区,多数居民为欧罗巴人种(白人),讲印欧语系的日耳曼语、拉丁语、斯拉夫语,信仰天主教、基督教。欧洲旅游大区是资本主义发源地,人文旅游资源非常丰富,是世界旅游业最发达大区。"旅游王国"西班牙、文明古国希腊和意大利、"世界公园"瑞士、旅游业发展最早的英国和法国都位于该大区。

2) 美洲旅游大区

美洲旅游大区包括3个旅游地区:①北美旅游地区(加拿大、美国);②中美旅游地区(中美洲、西印度群岛的所有国家);③南美旅游地区(南美洲所有国家)。美洲旅游大区地跨南北两半球,从北冰洋沿岸向南一直延伸到德雷克海峡,南北跨距15 000千米,是世界上沿经线方向延伸距离最长的旅游大区。地形上分为南北纵列的三大单元,西部科迪勒拉山系纵贯南北,东部由高原、山地、大洋中弧形群岛所组成。北美洲中部为广阔大平原,南美洲中部平原与高原相间分布。美洲旅游大区气候类型齐全,自然景观多样,属西方文化区,民族构成复杂,既有原住民印第安人和爱斯基摩人,后来又有移入的白种人、黑种人以及各种族通婚后的混血人种,反映出移民大陆的特点,讲日耳曼语和拉丁语,信仰天主教、基督教。[①] 美洲旅游大区是仅次于欧洲的旅游业发达大区,既有西方发达的科技文化,又有印第安人创造的古代文明,拥有世界闻名的古玛雅文明、印加文化。

3) 亚太旅游大区

亚太旅游大区包括 4 个旅游地区:①东亚旅游地区(中国、日本、韩国、朝鲜、蒙古国);②东南亚旅游地区(中南半岛、马来群岛所有国家);③大洋洲旅游大区(大洋洲所有国家);④南亚旅游地区(南亚所有国家)。亚太旅游大区又称东部亚洲、大洋洲旅游大区,是一个地跨南北两半球,沿经线延伸的旅游大区。亚太旅游大区是世界旅游业增长最快的大区,随着世界经济重心向东转移,亚澳陆间海成为继地中海、加勒比海之后新崛起的世界著名海滨度假地,3 个旅游地区在地理环境、文化景观等方面存在较大差异。

东亚旅游地区地处亚洲大陆东岸,以温带、亚热带季风气候为主,以温带、亚热带森林景观为特色,属于东亚文化区,是世界上人口最多的地区,以讲汉语、日本语、朝鲜语为主,宗教信仰以佛教为主,是世界古文明发祥地之一。

东南亚旅游地区在自然地理位置上位于亚洲与大洋洲、太平洋与印度洋十字路口,以热带季风和热带雨林气候为主,以热带森林景观为特色,属于东南亚文化区,绝大多数居民为黄种人,多属汉藏语系,信仰佛教。马来半岛和马来群岛居民多属马来波利尼西亚语系,除菲律宾居民信仰基督教外,大多数国家居民信仰伊斯兰教。

大洋洲旅游地区由澳大利亚大陆和广布于太平洋上的拉美尼西亚、波利尼西亚、密克罗尼西亚三大群岛组成,岛屿众多、分布零散,一共有 2 万多个岛屿,人口密度小。该地区是联系各大洲海空航线和海底电缆的经过之地,在旅游交通和通信上具有重要意义。该地区多为火山岛和珊瑚岛,以热带、亚热带海岛风光和"活化石博物馆"而著称。该地区属于西方文化区,澳大利亚、新西兰居民绝大多数是欧洲移民及其后裔,通用英语,其他国家和地区以当地人为主体,属巴布亚语系和马来波利尼西亚语系,80%的人信仰基督教。

南亚旅游地区位于喜马拉雅山以南至印度洋。高耸的喜马拉雅山脉位居本地区北部,该地区成为一个相对独立、特色鲜明的旅游区域。该地区地形分为北部山地、中部印度河—恒河平原、南部德干高原 3 部分,为典型的热带季风气候和热带季雨林景观,属印度文化区,为世界上人口最稠密地区之一,居民兼有三大人种的血缘,而以白种人与黑种人的混合型为主。语言分属印欧和达罗毗荼两大语系。该地区是婆罗门教和佛教的发源地,婆罗门教后演化为印度教,亦是世界古文明发祥地之一。

4) 非洲旅游大区

根据联合国旅游组织提出的旅游地理区划方案,非洲旅游大区包括两个旅游地区:北非旅游地区(利比亚、突尼斯、阿尔及利亚、摩洛哥、苏丹等)和撒哈拉以南非洲旅游地区(马里、尼日尔、安哥拉、赞比亚、坦桑尼亚等)。非洲大陆地势以刚果河河口至埃塞俄比亚高原北部边缘一线为界,东南半部地势较高,多为海拔 1 000 米以上的高原地区;西北半部较低,大部分为海拔 500 米以下的低高原和盆地。非洲是世界上民族成分较复杂的地区,大多数民族属于黑种人,其余属白种和黄种,主要信仰传统宗教、伊斯兰教和基督教。非洲有"热带

---

① 管彦波.美洲民族构成及地域分布[J].青岛科技大学学报(社会科学版),2010,26(2):80-87.

大陆"之称,拥有丰富而独特的自然资源和人文资源。作为一个整体,非洲经济欠发达,而旅游业作为一个重要的驱动器,推动了非洲经济的发展。非洲旅游业以接待国际游客为主,目前最大的客源市场是欧洲和美洲,亚洲游客数量也在逐年增加。

5)中东旅游大区

中东是指从地中海东部到波斯湾的大片地区,包括除阿富汗以外的西亚与非洲的埃及。中东被称为"三洲五海之地",是联系亚欧非三大洲,沟通大西洋和印度洋的枢纽与咽喉。中东地区地形,大部分是高原,平原面积狭小。气候炎热干燥,加上高原边缘耸立的高大山岭阻碍了海洋湿润空气的进入,形成了以热带沙漠为主的自然景观。中东地区的人们主要信仰伊斯兰教、犹太教和基督教。中东旅游大区也是人类文明的发源地之一,拥有悠久的历史和鲜明的文化特征。

6.2.2 世界旅游热区[①]

世界旅游地理区划在五大旅游区基础上,按照旅游业发展水平、旅游集聚状况、旅游业世界影响等因素,进一步形成了世界三大旅游热区,即西欧—地中海旅游热区,北美—加勒比海旅游热区,亚澳—陆间海旅游热区。

1)西欧—地中海旅游热区

西欧—地中海旅游热区除包括欧洲西部濒临大西洋和地中海的国家外,还包括瑞士、奥地利、德国。西欧—地中海旅游热区大都属典型的温带海洋性气候,冬季温和,夏季凉爽,雨量充沛且分布均匀,部分国家都有较长的海岸线,海上交通方便,是世界资本主义发祥地,也是近代科学文化技术最发达的地区。该地区自由经济发达,是世界著名的工业、贸易、金融中心,也是世界旅游业最发达地区之一,旅游客源输出排世界第一,接待游客量也排世界第一,是世界最大的游船中心,也是世界遗产最多的地区。意大利、法国、西班牙、英国、德国、瑞士、奥地利等都是传统旅游发达国家,拥有诸多驰名全球的旅游城市,如古城罗马、水城威尼斯、文化名城巴黎、金融中心伦敦、欧洲首都布鲁塞尔、银行之都苏黎世等。

2)北美—加勒比海旅游热区

北美—加勒比海旅游热区包括北美美国、加拿大和加勒比海沿岸及群岛。该地区地形结构特殊,科迪勒拉山系从北美直到南美,纵贯整个地区西侧,中部为一连串低地,东部多丘陵和低山,从北到南,气候类型多样,景色差异明显。北美—加勒比海旅游热区既有西方自由经济大国的现代科技文化,又有印第安人创造的古代文明,是世界自由经济主要中心之一,经济发达,交通方便,航线高速公路铁路四通八达。旅游业规模是仅次于西欧—地中海旅游热区,旅游客源输出排世界第二,接待游客量也排世界第二,是世界游船第二大中心,拥有众多的世界遗产。北美的美国和加拿大都是工业、农业、交通、科学技术高度发达的国家,也是世界上旅游业较为发达的国家;加勒比地区墨西哥、巴巴多斯、巴哈马、危地马拉等国家,不仅具有阳光、海水、沙滩"3S"自然资源,还有古老的印第安文化。该区拥有众多世界知

---

① 韩杰.现代世界旅游地理学[M].青岛:青岛出版社,1997:20-22.

名旅游城市,如游乐之城洛杉矶、壁画之城墨西哥城、拉美最佳旅游地蒂卡尔、美洲的花园哥斯达黎加、美丽的六月岛巴哈马、西印度疗养院巴巴多斯等。

3)亚澳—陆间海旅游热区

亚澳—陆间海旅游热区包括亚洲东南部与大洋洲之间的区域,通常是指中南半岛、马来群岛、澳大利亚以及散布在太平洋上的岛群。该区地处太平洋和印度洋之间,地理位置重要,为交通要道,为人类最早的发源地之一,在中国和印度两个文明古国的影响下经济文化都曾达到过较高水平。亚澳—陆间海旅游热区是世界发展最迅速的"新开发旅游区",不仅以其在国际交通与战略上重要地位引人注目,还以其千姿百态的海岛、气象万千的海洋风光吸引着世界游客,是世界输出游客数量和接待游客数量增长最快的地区,也是世界游船第三中心,拥有众多世界遗产。该区拥有诸多著名旅游城市,如中国香港、狮城新加坡、印度尼西亚巴厘岛、泰国帕塔雅和普吉岛、海港城悉尼等。

6.2.3　世界旅游排名

1)世界旅游大区排名

根据联合国旅游组织的统计数据,世界旅游大区发展存在此消彼长的关系,在2010—2018年,全球旅游发展总体格局发生了变化。如表6.1所示,欧洲旅游大区和美洲旅游大区国际旅游接待人次增速放缓,在全球国际旅游接待总人次中的占比小幅波动,但仍占据主要地位;亚太旅游大区占比从2010年的21.70%上升到了2018年的24%,上升速度较快;非洲旅游大区占比从2011年开始下滑,2015年跌至4.47%后,逐年回升;中东旅游大区占比呈现下降趋势,2018年跌至4%。按照2018年旅游大区旅游接待量进行排名,由高到低依次为:欧洲旅游大区、亚太旅游大区、美洲旅游大区、非洲旅游大区、中东旅游大区。国际旅游大区排名已经形成欧、亚太、美三足鼎立分布的格局。

表6.1　2010—2018年全球国际旅游接待量的地区分布格局(单位:百万人次)

年份	欧洲		美洲		亚太		非洲		中东	
	人次	占比/%	人次	占比/%	人次	占比/%	人次	占比/%	人次	占比/%
2010	477	50.74	150	15.96	204	21.70	49	5.21	60	6.38
2011	504	51.32	156	15.89	217	22.10	50	5.09	55	5.60
2012	534	51.54	163	15.73	234	22.59	53	5.12	52	5.02
2013	563	51.75	169	15.53	248	22.79	56	5.15	52	4.78
2014	584	51.45	182	16.04	263	23.17	56	4.93	50	4.41
2015	609	51.39	191	16.12	278	23.46	53	4.47	54	4.56
2016	615	49.76	200	16.18	309	25.00	58	4.69	54	4.37
2017	671	50.72	207	15.65	324	24.49	63	4.76	58	4.38
2018	672	51	211	16	323	24	63	5	58	4

资料来源:UN Tourism,Tourism Highlight 2010—2018.

2)世界旅游强国或地区排名

根据联合国旅游组织标准,评价世界旅游强国或地区的指标包括:①国际旅游接待人数和创汇水平名列世界前茅;②国内旅游的人次、出游率和消费居世界前列;③出境旅游的规模居世界前列;④旅游经济总量在国民经济中的比重接近世界平均水平;⑤培育一批享誉世界的旅游品牌、精品和绝品;⑥拥有一批具有国际竞争实力的骨干企业集团;⑦造就了一支宏大的高素质产业队伍。

按照联合国旅游组织2019年公布数据,从国际游客接待量、国际旅游收入、国际旅游花费3个方面排前10名的国家或地区见表6.2。其中,国际游客接待量排名前10的国家或地区分别为:法国、西班牙、美国、中国、意大利、土耳其、墨西哥、泰国、德国、英国;国际旅游收入排名前10的国家或地区分别为:美国、西班牙、法国、泰国、英国、意大利、日本、澳大利亚、德国、中国澳门;国际旅游花费排名前10的国家分别为:中国、美国、德国、英国、法国、俄罗斯、澳大利亚、加拿大、韩国、意大利。

表6.2 2019年国际旅游前10国家或地区排名

排名	国家或地区	国际游客接待量/百万人次	国际游客接待量增长率/%	国家或地区	国际旅游收入/10亿美元	国际旅游收入增长率/%	国家或地区	国际旅游花费/10亿美元	国际旅游花费增长率/%
1	法国	89	3	美国	214	0	中国	255	−4
2	西班牙	84	1	西班牙	80	3	美国	152	5
3	美国	79	−1	法国	64	2	德国	93	3
4	中国	66	4	泰国	61	3	英国	72	6
5	意大利	65	5	英国	53	10	法国	52	11
6	土耳其	51	12	意大利	50	6	俄罗斯	36	5
7	墨西哥	45	9	日本	46	8	澳大利亚	36	5
8	泰国	40	4	澳大利亚	46	9	加拿大	35	5
9	德国	40	2	德国	42	2	韩国	32	−8
10	英国	39	2	澳门（中国）	40	−3	意大利	30	6

数据来源:UN Tourism, Tourism Highlight, 2020 edition.

根据上述数据可知,从国际游客接待量的排名来看,法国、西班牙、美国一直保持前3,中国稳居第4,其中国际旅客接待量增长率增加最快的是土耳其,高达12%,从2016年第10名上升到第6名;从国际旅游收入的排名来看,美国、西班牙、法国位居前3名,澳门(中国)进入前10名,其中国际旅游收入增长最快的是英国,高达10%;从国际旅游花费来看,中国、美国、德国位居前 3 名,其中国际旅游花费增长最快的是法国,高达 11%,俄罗斯从 2016 年的 11 名上升为第 6 名,增长率达 5%。综合来看,美国、法国、英国、德国、意大利在国际游客接待量、国际旅游收入、国际旅游花费方面的排名一直保持在前 10 名。西班牙在国际游客接待量、国际旅游收入方面排名一直保持前 3 名,但是在国际旅游花费方面却未进入前 10 名。相比较而言,中国在国际旅游接待量保持在第 4 名,特别是国际旅游花费全球排名第 1,并且远超美国和德国,但是在国际旅游收入方面却未进入前 10。由此可知,中国在全球的旅游影响力越来越大,旅游接待能力和游客接待规模逐年提高,全球国际游客接待量也逐年提高,国际旅游消费稳步增长且总额保持在最高水平,为全球旅游业发展贡献了重要力量,成为全球旅游经济不断增长的重要动力源。

6.3　旅游业态发展模式

旅游业态发展模式是指旅游活动发展所呈现的总体方式。根据发展路径呈现为旅游发展模式,根据组织方式呈现为旅游管理体制,根据发展导向呈现为旅游产业政策。

6.3.1　旅游发展模式

旅游发展模式指旅游发展的实现路径。全球大致形成经济发达国家、旅游发达国家、发展中国家、海岛 4 种模式。

1) 经济发达国家模式

经济发达国家模式以美国为代表,属于这一模式的国家主要有美国、英国、法国、德国、加拿大、比利时、荷兰、挪威、日本等。这一发展模式的基本特征是:人均国民生产总值高(5 000美元以上);服务业在国内生产总值中所占比例高(50%以上);旅游收入相当于商品出口总收入比重的 10%;国际旅游收入小于国际旅游支出;旅游事业开展比较早,国内旅游与国际旅游都比较发达;发展旅游业以扩大就业、稳定经济为主要目标;旅游管理体制以半官方旅游机构为主,而管理职能主要是推销与协调;旅游经营体制以大公司为主导,小企业为基础。

2) 旅游发达国家模式

旅游发达国家模式以西班牙为代表,属于这一模式的国家有西班牙、奥地利、瑞士、葡萄牙、希腊、意大利、摩洛哥、泰国、土耳其、墨西哥等。这一发展模式的基本特征是:国民经济比较发达(人均国民生产总值 1 000 美元以上);服务业占国内生产总值比重在 50% 左右;旅游资源丰富而独特;把旅游业作为国民经济的支柱产业(10% 以上);旅游发展速度快;国际旅游收支呈顺差;以大众市场为目标。

3) 发展中国家模式

发展中国家模式以中国和印度为代表,属于这一模式的主要国家有中国、印度、巴基斯坦、尼泊尔、孟加拉国、肯尼亚、坦桑尼亚、卢旺达、不丹等。这一发展模式的基本特征是:国民经济相对落后(人均国民生产总值 500 美元以下);农业是国民经济的主体;工业与服务业均处于较低水平;有特殊的旅游资源,但旅游业发展受其经济落后的制约;远离主要客源国使旅游业规模难以扩大;旅游管理体制不完善;国有企业发挥着主要作用。

4) 海岛模式

海岛模式以斐济为代表,主要指那些面积比较小、人口比较少、在历史上曾是西方某个国家殖民地的岛国,属于这一模式的国家有塞舌尔、马耳他、巴哈马、百慕大、牙买加、特立尼达、多巴哥、塞浦路斯等。这一发展模式的基本特征是:经济状况差异大,一般为中等偏上;地理位置特殊;有发展旅游业的优越条件;旅游业逐渐成为国民经济的支柱;旅游行政管理机构地位高;在旅游业的经营中外国公司发挥着重要作用。

6.3.2 旅游管理体制

旅游管理体制是指旅游发展的组织形式。随着世界旅游业的发展,每个国家几乎都形成了专门的机构,负责制定与执行国家的旅游政策,一般称之为国家旅游组织或国家旅游管理机构。这些国家旅游组织或旅游管理机构可能是一个部、局、委员会或者理事会,但地位、权力、职能也各不相同。全球大致有全国旅游决策机构、国家旅游行政管理机构、半官方旅游机构、旅游企业行使职能 4 种类型。

1) 全国旅游决策机构

全国旅游决策机构是最高级的全国旅游决策机构,由各国政府有关部门的负责人(或代表)组成,由它制定全国性的重大旅游规划与方针政策,协调各部门关系,大部分东欧国家采取这种形式。另外一些国家也设有这样的机构,如日本的旅游对策联络会议、美国的旅游政策理事会等。

2) 国家旅游行政管理机构

国家旅游行政管理机构大致有 3 种形式。一种是一个独立而完整的部或相当于部的国家旅游局,如埃及、墨西哥、泰国、叙利亚等;另一种是与其他部门合为一个部,如中国为文化和旅游部,意大利为旅游与娱乐部,法国为工业、邮电与旅游部,葡萄牙为商业与旅游部;还有一种是旅游业归属政府的某一部负责,如日本为运输省、挪威为交通部、德国为经济事务部、美国为商业部等。

3) 半官方旅游机构

这种机构不属于政府部门,只是其主要负责人由政府部门任命,部分经费来自政府。这种形式在欧洲较为普遍。半官方旅游机构有两种形式:一种是半官方旅游局,如爱尔兰、瑞典、芬兰、丹麦等;另一种是旅游协会,如新加坡旅游促进会、中国香港旅游协会等。

4)旅游企业行使职能

旅游企业行使职能是指国家大型骨干旅游企业代行国家旅游组织的职能。如捷克的"切多克"旅行社、马来西亚的国家旅游发展公司等,都属于这种类型。

6.3.3　旅游产业政策

旅游产业政策是指旅游发展的战略措施。全球通常有入境旅游优先发展、国际旅游与国内旅游均衡发展、旅游可持续发展3种旅游产业政策。

1)入境旅游优先发展政策

入境旅游优先发展政策是指在入境旅游、出境旅游、国内旅游3种发展导向中,采取入境旅游优先于出境旅游、国内旅游发展的政策。该类政策多见于发展中国家。因为在这些国家或地区,经济不够发达,建设缺乏资金,尤其是外汇资金,因而把发展入境旅游作为获取外汇的一个重要渠道,并借此带动其他相关产业的发展。旅游优先发展实践表明,经济结构单一的岛国或旅游业处于早期阶段的国家,大多通过优先发展入境旅游,带来了可观的经济效益尤其是外汇收入,使之成为促进经济发展和平衡国际收支的重要力量;同时,也通过发展旅游业带动了相关产业的兴起和发展。

2)国际旅游与国内旅游均衡发展政策

国际旅游与国内旅游均衡发展政策是指国内旅游与出境旅游、入境旅游并行发展的政策。该类政策多见于经济发达国家。在这些国家,由于经济发达,人均收入水平高,入境旅游是其展示国家形象的重要途径,同时对出境旅游也具有强烈的需求。因此,一方面发展国际旅游业的主要目的在于树立国家自由开放的形象,对其拓宽就业渠道、扶持中小企业、稳定社会秩序等具有特殊意义;另一方面发展国内旅游能够满足国内居民不断增加的旅游消费需求,对其繁荣社会经济、增加文化自信、展示遗产地等具有独特的价值。

3)旅游可持续发展政策

旅游可持续发展政策是指旅游业发展与经济、社会和环境相协调发展的政策,以确保旅游业发展可以利用的资源能"满足当代人的需要而不危及满足后代人的需要"。旅游可持续发展,强调旅游发展要满足当代人的需要,无论是富国还是穷国,富人还是穷人,都有生存权和进行旅游的权利;旅游发展要与经济、社会、文化等方面的发展相协调,并建立在生态环境和旅游资源可承受的能力之上;旅游发展还要兼顾长远发展需要,考虑满足后代人的需要。

6.4 旅游业态表现形式

旅游业态表现形式是指旅游活动发展所呈现的具体内容形态。根据产品组合方式呈现为旅游产品形态,根据供给方式呈现为旅游服务方式,根据需求满足方式呈现为旅游组织形式。

6.4.1 旅游产品形态

旅游产品形态是指旅游产品组合呈现的基本类型。从产品形态上看,旅游业态发展表现为多种多样、特色鲜明的旅游产品类型,具体可划分为观光旅游业态、度假旅游业态、专项旅游业态和特种旅游业态4种类型。

1) 观光旅游业态

观光旅游业态是指为满足旅游者观赏游览自然风光、名胜古迹等需求的旅游产品形态。观光旅游业态是一种常规旅游产品,是旅游产业发展中的主体产品,并将在一定时期内持续占据重要地位。观光旅游业态的特点是通过游览达到美的享受,属于资源依托型旅游业态,这些资源包括异国他乡的风景名胜、人文古迹、城市美景及其风土人情等。按照观光旅游资源属性,可分为自然观光旅游业态和人文观光旅游业态。自然观光旅游产品包括山水观光、农业观光、动物观光、天象观光等;人文观光旅游业态包括民俗观光、科技观光、遗址观光、艺术观光等。按照观光旅游活动场所,可分为城市观光旅游业态和乡村观光旅游业态。

观光旅游业态开发层次较浅,追求的是通过"求新求异"获得一种对日常工作和生活常规一成不变、固定乏味的突破,从而获得与日常生活完全不同的体验。因此,观光旅游业态对旅游设施、旅游服务开发要求相对较低,而对旅游吸引物本身等级要求高。观光旅游游客的主要目的是开阔眼界、增长见识、陶冶性情、鉴赏大自然和感受异地文化等。观光旅游业态与旅游者的关系是相对分离的,缺少深层互动,旅游者仅仅是参观者。观光旅游游客一般停留时间短,加之对景点数量和等级要求较高,导致总旅程和旅时较长,属于走马观花式的旅游。观光旅游业态由于产品单一、游客参与度低、交通成本高等原因,多属于一次性旅游,重游率低。

2) 度假旅游业态

度假旅游业态是指为满足旅游者休闲消遣、放松身心等需求的旅游产品形态。度假旅游业态是一种基本旅游产品,是现代西方旅游产业中的主体产品,也是我国旅游市场增长最快的业态类型之一。度假旅游业态的特点是强调休闲和消遣,其要求自然景色优美、气候良好适宜、住宿设施优越,并且有较为完善的文体娱乐设施及便捷的交通和通信条件等。按照依托的自然资源,可分为海滨度假旅游业态、温泉度假旅游业态、森林度假旅游业态、山地度假旅游业态等,如印度尼西亚巴厘岛的海滨度假、法国普罗旺斯的乡村度假、英国巴斯的温泉度假;按照主要活动类型,可分为邮轮度假、野营度假、田园度假等;按照项目形态,可分为环城游憩带、分时度假酒店、旅游度假村、旅游度假区等。

度假旅游业态一般开发层次较高,强调游客身体的满足和心理的享受,属于较高等级的旅游需求,游客对环境、设施、项目、食宿等要求较高。度假旅游产品游客参与性强,如垂钓、温泉浴、潜水、高尔夫运动、滑雪等,追求与旅游者互相融入以满足休闲、度假、放松、安逸的心理需求。度假旅游游客停留时间长,强调身心享受,为旅游者提供紧张生活之外的闲适。度假旅游者流动性不强,活动地点和活动方式相对固定,一般停留时间在几天以上。度假旅游者重游率高,旅游目的地选择相对固定,常常反复在同一度假地消费。

3) 专项旅游业态

专项旅游业态是指为满足旅游者某一特定需求的旅游产品形态,是一种特色旅游产品,在旅游内容和方式上与传统观光、度假旅游有所区别,通常也被称为"专题旅游"。专项旅游具有主题明确、旅游者偏好突出、兴奋点集中、市场相对固定、重游率高、产品多样等特点。发展专项旅游是旅游市场成熟的标志,能为旅游业带来更大的效益。

专项旅游业态内容丰富,类型多样。旅游与第一产业融合,形成乡村旅游业态,例如,中国台湾的民宿旅游、法国的庄园旅游、澳大利亚的葡萄酒旅游等;旅游与第二产业融合,形成工业旅游业态,例如,工厂观光、工业博物馆、工业遗址公园、工业文化创意基地、工业旅游商品购物等;旅游与第三产业融合,形成文化旅游、会展旅游、体育旅游、健康旅游等产品形态,例如,德国的森林浴旅游、印度的瑜伽旅游、瑞士的抗衰老医疗旅游等。其他分类方式包括:按照旅游主题不同,专项旅游产品可划分为红色旅游产品、黑色旅游产品、绿色旅游产品等;按照旅游目的不同,专项旅游产品可划分为宗教旅游产品、会奖旅游产品、购物旅游产品等;按照市场群体不同,专项旅游产品可划分为研学旅游产品、蜜月旅游产品、银发旅游产品等。

4) 特种旅游业态

特种旅游业态是指为满足旅游者某方面特殊兴趣或需求而形成的旅游产品形态。特种旅游是一种新兴旅游业态,是传统旅游产品的发展和深化,也是独具特色旅游产品。近年来,随着人们生活水平提高,现代旅游者越来越青睐个性化、高品质、内涵独特、标新立异的旅游形式,因此追求特殊体验或经历的特种旅游业态悄然兴起。国外关于特种旅游产品认识多等同于"探险旅游产品",一般强调户外自然环境、挑战体验、危险成分和活动结果不确定性等。特种旅游在游客、环境、资源、设施、组织等方面区别于常规旅游产品,其自主性、个性化和非程序化特征明显。

特种旅游中各项活动都围绕主题展开,使游客感到整个过程内容充实,同时特种旅游业态会对热衷于该主题的游客有极大的吸引力。在旅游消费价值取向上,特种旅游者侧重于自主性、个性化、目的性。特种旅游的体验方式强调精神和体魄的因素,旅游者在运动中感知外部世界,在冒险或面对全新的环境中得到精神上的满足,旅游者本身对行程的组织有较高的自主性和能动性。特种旅游业态外延宽泛,分类标准不一,按照资源存在形态,可划分为山体探险、水体探险、洞穴探险、沙漠探险、太空探险等;按照交通工具使用,可划分为徒步旅游、自行车旅游、摩托车旅游、热气球旅游等;按照危险程度差异,可划分为探险旅游、特殊体育竞技、极限运动旅游等;按照项目空间位置,可划分为空中特种旅游(如滑翔伞、悬挂滑翔、蹦极、热气球、跳伞、太空旅游)、陆地特种旅游(如登山探险、沙漠越野、峡谷徒步、攀岩、攀冰、探洞、狩猎)、水体特种旅游(如冲浪、滑水、潜水、漂流、溯溪、溪降)。此外,以短期观赏、踏勘、参观为主要旅游形式的自然、人文景观科考旅游等,均可列入特种旅游的范围。

6.4.2 旅游服务方式

旅游服务方式是指旅游服务提供呈现的基本方式。按服务方式包括综合服务、专业服务、在线服务、公共服务4种方式。

1) 综合服务

综合服务是指提供集合的服务产品,如主题公园、旅游综合体、旅游产业园区等。综合服务通常具有较为完整的旅游服务链,围绕为旅游消费者提供食、住、行、游、购、娱服务的共同目标进行经营活动。服务链将这些提供不同产品形态的企业联合成一个整体,并形成一定的旅游品牌。从旅游业态范围角度来看,综合服务提供多元化旅游产品,以满足旅游者追求个性化、多样化的旅游体验。从经营模式角度来看,综合服务通过相关旅游部门的集合,形成旅游服务的"MALL",为旅游者提供"一站式"旅游服务。综合服务是旅游功能聚合、旅游产品多元、旅游企业专业化分工协作的必然结果。

综合服务在经济全球化、区域一体化、旅游需求深层次化的发展背景下,近年来呈现出较快发展趋势。在我国,国家及各级政府部门将综合化作为旅游业发展的一种战略,对资源富集的地区进行市场培育,打造旅游业态集聚区或旅游产业集群。例如,许多省份出台的《关于促进旅游产业集群发展的意见》等专业政策文件,使综合服务的旅游业态发展迅速。根据世界主题公园权威研究机构美国主题娱乐协会(TEA)发布的《2018年全球主题公园和博物馆报告》,常州恐龙园以27.9%的增幅,成为亚太地区前20名主题公园中游客数量增速最快的企业。长隆欢乐世界、珠海长隆海洋王国、上海迪士尼乐园分别以11.9%、10.6%和7.3%的增速,在亚太地区前20名主题公园中位列第二、第三和第四名。

2) 专业服务

专业服务是指提供分工细化的单项服务,如租车服务、导游服务、定制服务、精品酒店服务等。专业服务是随着旅游消费的不断成熟、消费层次的不断提高而产生,通过提供差异化、个性化、专业化、细分化的产品和服务满足旅游需求。专业服务一般精心服务于市场的某个部分,通过专门化经营来占据某个特定的目标市场,或严格针对一个细分市场,创造出产品和服务优势。专业服务能够降低旅游企业的经营风险,避开激烈的竞争市场;同时,体现出高知识性、高技术性、高附加值等特点。

目前,我国旅游业中发展迅速的专业服务机构包括旅游咨询公司、会议组织公司、酒店管理公司、租车公司等。以租车公司为例,随着我国国民收入的提高,交通基础设施的改善,自驾游得到迅速发展。2018 年我国汽车租赁市场规模达到 800 亿元,催生了神州租车、首汽租车、一嗨租车、国信租车等以提供专业租车服务为主要业务的企业。同时,分享经济的发展带来了一系列专业服务模式的出现,"互联网+便捷交通"为传统汽车租赁业带来了新的发展机会,依靠互联网搭建的第三方企业租赁服务平台成为不少企业和消费者的新选择。

3) 在线服务

在线服务是指依托网络技术提供的即时服务,如携程网、去哪儿网、艺龙网等。在线服务是互联网与旅游业有机结合的产物,旅游企业通过把互联网、电子设备等新兴技术应用于旅游服务,提供在线旅游咨询、在线订购与交易、电子导游、导航定位等服务内容,对旅游业的发展产生了深远的影响。在线服务具有便捷、通畅、高效、快速的特点,打破了旅游者传统的出游方式,对旅游服务方式带来颠覆性影响。在线服务的经营模式主要包括网站交易平台、网络+实体、网络+手机 3 种类型。

(1) 网站交易平台

网站交易平台模式是指由第三方在线旅游服务商搭建旅游交易平台,吸引旅游服务机构加盟,利用平台发布其产品和服务,网站负责推广,向旅游者提供网站平台订购相关产品的经营模式。这种模式对网站交易平台的知名度、影响力、整合力有着较高要求,只有具备一定的人气吸引力,才能吸引更多的旅游机构加盟。我国在线旅游市场知名度较高的网站交易平台有携程网和艺龙网。

(2) 网络+实体

网络+实体模式是由旅游机构通过搭建自营网站,结合自身产品提供旅游服务的经营模式,是传统旅游企业的线上服务部分。网络+实体将传统旅游产品和服务与网络相结合,在线下业务运营基础上,拓展线上业务,扩大旅游企业的影响力和市场份额。我国网络+实体企业中,驴妈妈旅游网、芒果网、遨游网、黄金假日等均属于此种类型。这些企业不仅拥有较高的网络知名度,还拥有自营的酒店、车队、游客中心等实体。

(3) 网络+手机

网络+手机模式是指利用互联网与手机的交互平台,为旅游者提供信息咨询、旅游产品预订等服务。据工业和信息化部信息中心 2019 年 5 月发布的数据显示,截至 2019 年 4 月底,中国手机上网用户数达到 12.9 亿户。随着 5G 时代的到来,手机上网更为方便。网络+手机服务方式吸引了众多不同行业的企业进入,如 e 游天下是我国首家移动新媒体旅游服务平台,中国移动推出的"12580"、中国电信推出的号码百事通"118114"、招商银行推出的"95555 出行易"等,都是网络+手机移动旅游预订服务平台。

4) 公共服务

公共服务是指提供设施支持的服务,如旅游集散中心、旅游信息提示、旅游咨询、旅游救援、旅游厕所等。公共服务主要由政府或其他组织(企业、非营利性组织等)运作,提供具有公共性质、满足旅游者共同需要的产品和服务。根据服务提供的主体可分为 3 类:政府主导型、企业主导型和机构主导型。政府主导的公共服务是一种传统的旅游服务模式,政府在运营和管理上进行决策、筹资和建设;企业主导的公共服务通常带有营利性质,经营企业通过投资参股、经济资助、获取经营权等方式参与公共服务;机构主导的公共服务主要由社会组织、非营利性机构等通过自筹资金(如会费、捐款、基金等),依靠自身力量提供公共服务。

目前,我国的旅游公共服务发展已经取得了较大的成绩,例如,高速公路、高速铁路、机场、车站、码头等旅游交通基础设施发展迅速,旅游咨询网站、智慧旅游终端等旅游信息服务平台相继建成。2015 年国家旅游局(现文化和旅游部)针对旅游景区厕所脏乱差问题提出"厕所革命",并出台《全国旅游厕所建设管理三年行动计划》文件,要求在 3 年内新建厕所3.3 万座,改扩建 2.4 万座,到 2017 年实现旅游景区、旅游线路沿线、交通集散点、旅游餐馆、旅游娱乐场所、休闲步行区等的厕所全部达到标准。"厕所革命"是政府主导公共服务模式的典型代表。

6.4.3　旅游组织形式

旅游组织形式是指旅游者出游呈现的基本方式。按组织形式划分为团队式、自助式和组合式 3 种形式。

1)团队式

团队式旅游是旅行社代旅游者安排全部行程的旅游组织形式,是一种有组织的集体出游方式。传统上,旅行社主要经营团队式旅游产品,即旅行社将购买同一旅游线路产品或同一包价旅游产品的旅游者组织起来,以旅行团的集体形式进行出游活动。团队式旅游的典型类型就是传统旅行社线路产品。按照国际上旅游行业的一般惯例,旅游团队一般指人数至少为 15 人的旅行团;而我国旅游行业中则是将 10 人以上的旅行团当作团队式旅游主体,凡达到这一规模的团体,旅游供应商将对其实行优惠的团体价格。

从旅游中间商的发展历史可知,团队式旅游的兴起是在 20 世纪 50 年代,当时航空技术的进步激发了大众旅游的发展,为团队旅游产品提供了市场基础。团队式旅游和旅游市场的发育程度有关,在旅游市场发育初期,旅游市场消费能力较弱,消费者选择以较低价格换取无差异产品,团队旅游因此得以组织和发展。旅行社通过批量购买单项旅游产品,然后组合成包价团队旅游产品,节约了旅游活动的费用,产生了规模经济,这是自助式旅游活动所不具备的。虽然受到旅游需求多样化的冲击,但是团队旅游在短期内不会消失,因为对于旅游者来说,团队旅游具有的规模优势仍然存在,而且团队旅游可以将旅游者从麻烦的行程安排中解脱出来,省心省力、安全感强,在旅游活动中起到促进人际交流的作用。对于旅游经营者来说,团体式旅游特别是团体包价旅游的最大优点是有利于组织旅游产品的批量生产,从而降低单位产品的生产成本。

2)自助式

自助式旅游是旅游者自行组织全部行程的旅游组织形式,是一种极具自主性的个人或小规模团体内部出游活动。在传统上,旅游者出行更多地依托于旅行社等专业的中介组织,这些中介组织把旅游者整个旅行过程中所需要的吃、住、行、游、购、娱等功能性要素组合打包,这个阶段的旅游产品多是以综合的状态出现的。而当今社会是一个技术高度渗透的社会,人们在出游时很容易通过各种网络平台获取吃、住、行、游、购、娱六要素中任何一个单项功能产品及其信息,自主决定旅游线路、活动日程和活动项目。相比团队式旅游,自助式旅游具有价格机动、个体出行、自由度高、体验深入等特点。背包旅游作为自助式旅游的主要形式之一,与参加常规包价旅游相比更加自由、环保、新颖、刺激,更能接触到真正的自然景观与人文景观,在国内也逐渐受到人们的青睐,尤其受到一些青年人的喜爱,是自助式旅游的典型类型。

对于旅游者来说,自助式旅游最大的优点就是自主性强,开展旅游活动不受固定计划安排和集体统一行动限制,而且具有高度的参与性。在旅游过程中,旅游者自主安排吃、住、行、游、购、娱等各项活动,往往都喜欢贴近并且参与到旅游目的地居民的生活中,感受当地的自然、历史、风土人情及社会风俗,或者根据自己的喜好,就某一方面或某一主题对目的地进行深度了解和体验。但是,自助式旅游的自主性也对自助旅游者的文化素质和旅行经验无形中提出了一定的要求。为了使旅程更有条理性和科学性,避免产生不必要的金钱和时间的浪费,自助旅游者在寻找资讯、收集旅游目的地信息、了解当地的风土人情和旅游景点、设计线路、选定交通工具、选择住宿设施、进行票务预订等方面都需要做好充分准备。此外,自助式旅游往往难以享受团队式旅游的价格优惠,所以费用通常会比同样行程、同样内容和同样服务等级的团队式旅游昂贵。

3) 组合式

组合式旅游是旅游者部分自助、部分依托旅行社的出游方式,兼具团队式旅游和自助式旅游的特点,旅游者能够根据需求选择购买和组合旅行社提供的单项产品和服务。在最初的包价旅游产品中,旅行社通常将旅游活动所需的绝大部分商品和服务都包括在内,但随着旅游活动的发展,旅游者的需求越来越多样化,包价范围越来越小,组合越来越复杂,使得越来越多的包价旅游产品只将旅游活动所需的一部分产品和服务包括在内,形成了组合式的旅游产品。

一般来说,组合式旅游是旅游市场发育成熟之后的产物,旅游市场消费能力提高,价格弹性降低,个性化和多样化需求就体现出来,这使越来越多的旅游者选择组合式的旅游产品,只根据本人需求有选择地购买旅行社提供的导游服务、交通集散地接送服务、代办交通票据和文娱票据、代订饭店客房、代客联系参观游览项目等单项服务项目,并自主进行组合,其中最常见的是由旅行社代订往返飞机票与酒店房间,即"机票+酒店"模式。此外,选择到达目的地后拼团、定制旅游也是组合式旅游的典型类型。相对于团队式旅游和自助式旅游,组合式旅游既具有前者的经济性和便利性,又具有后者的灵活性和自主性,摆脱了团队式包价旅游的种种限制,让旅游者在旅途中有更大的自由度,备受旅游者推崇,因此我国大多数旅行社都提供组合式旅游产品服务。

【阅读案例】

"旅游+"创新云南旅游新业态

摊开云南地图,除了人们熟知的热门景点,我们发现还有很多未知区域。围绕着热门景点和未知区域,云南旅游新业态正谋变新生。"房车、露营+旅游"快速崛起,让游客真正体验到"最美的风景在路上";"体育+旅游"多点开花,很多旅游目的地热闹了起来;"中医药+旅游""养老养生+旅游"给旅游注入更多"健康"元素。在产业转型升级的热潮下,云南旅游产业正迎着"旅游+"的朝阳,迸发出多元的云南旅游新业态。

1."自驾+":最美的风景在路上

发展自驾游,云南拥有自然、人文风光优势,美丽风光串联成的自驾游路线吸引着众多游客。2017 年 9 月,2017 中国自驾游路线评选 72 条提名路线揭晓,云南有 10 条线路入选,数量位列全国第二。神州租车大数据显示,云南已成为最受毕业生欢迎的自驾游省份。悟空自驾游在云南正式上线,神州租车在云南各城市设立的服务网点已超百家,华晨专用车挺进云南旅游的交通环线市场。相关企业相继入驻云南市场,既是对云南自驾游市场广阔前景的肯定,同时也将持续带动云南自驾游产业的发展。

自驾游的持续升温带动了房车露营产业的发展。2017 年第四届中国汽车(房车)露营大会上,云南 7 家特色营地被国家体育总局评为"全国具备体育运动休闲主题的复合型汽车(房车)营地"。随着大批旅游投资商相中云南,旅游营地项目的数量正慢慢增多。2017 年下半年,云游旅居·潘茂野趣房车营地在昆明安宁潘茂庄园开营,开营当天,吸引了很多房车旅游爱好者。

最近几年,云南房车企业已从早期的"抢滩设点"开发线路,发展到全面强化线路,用完善的线路产品牵引出房车露营地的概念。房车露营地就是设立一块综合性场地,提供车辆补给、游客休息、相关娱乐等服务。房车露营地能够延长游客停留时间,对餐饮、住宿、购物、娱乐进行综合性消费,对旅游产业的收益等方面都有很大的促进作用。据《云南省露营地与自驾游专项规划(2016—2030 年)》,其中提出全省范围内,优先构建 10 条特色突出、吸引力强、沟通内外,能够代表云南省地域特色的跨境、跨省精品自驾旅游线路,在规划期优先发展514 个露营地。

2."体育+":云南游呈现更多"嗨点"

2017 年 12 月,中国怒江皮划艇野水国际公开赛在贡山独龙族怒族自治县丙中洛镇开赛。这场比赛的参赛选手包括奥运冠军、世锦赛冠军、欧锦赛冠军,精彩程度堪比奥运会单项决赛,是 2017 年国内举办的水平最高的皮划艇公开水域赛事。依托皮划艇野水国际公开赛,怒江打造"世界顶级野水竞速胜地"新名片呼之欲出。

丽江玉龙雪山周边的东巴大峡谷上空,渐渐多了三角翼、固定翼的身影。5 年间,雪域飞鹰航空运动俱乐部的飞行员张关金已在这片天空飞了超过 300 小时。过去,很多游客想看第二次世界大战时期的机场才寻到这里,到这儿发现还可以换个角度看丽江,他们很惊喜。现在,丽江低空飞行在圈内有一定知名度,已经有不少游客专为"飞翔"来到东巴大峡谷。在罗平,每年油菜花开的时节,通过低空飞行观赏油菜花海的壮观成为近些年的新玩法。

在低空旅游领域,2017年7月弥勒浩翔科技有限公司自主设计生产的轻型载人飞机在文山机场首飞成功。该机型飞机是西南地区首款完全由民营企业自主设计生产,并按照国内最新适航标准制造的轻型载人飞机,具有完全自主知识产权。该公司发力旅游装备制造业,还研发生产了水上动力滑板等旅游装备,极大地拉动了云南旅游装备制造业的发展。2017年7月国家旅游局、国家体育总局在全国体育旅游产业发展大会上,为云南等省区15家"国家航空飞行营地示范单位"授牌。云南将力争旅游通用飞机达30架以上,并新开辟6条短途旅游运输航线和建设10个以上低空旅游体验项目。

低空旅游发展只是云南体育旅游发展中的一个缩影。在2017中国国际旅游交易会上,体育旅游馆共吸引44家企业参展。其中,既有像西双版纳太阳鸟深度旅行这样的传统旅游企业,也有来自健康、户外运动、咖啡、汽车租赁、潜水、遥控模型、场馆建造等领域的新面孔。各界人士畅所欲言,认为体育旅游是新时代旅游产业发展的新趋势和新亮点,是解决人民日益增长的美好生活需要和不平衡不充分的发展之间矛盾的重要抓手。体育旅游是一项既传统又充满活力,同时又能体现现代高科技成果,集娱乐、时尚、健身及科技性等特点于一体的新兴旅游方式及旅游产品。

3."健康+":精准服务旅游人群

2017年国庆"黄金周",石林景区毫无悬念地成为我省接待游客量最多的景区之一。景区周边,"中医药+"的新兴旅游业态正悄然兴起。"以前去石林看石头,现在去石林可以泡温泉、看中医药文化博览园、吃药膳、玩拓展训练。"国庆期间杏林大观园中医药文化养生度假区"一房难求",度假区总经理告诉记者:"去年国庆,杏林大观园接待了32 000位游客。"

"养老养生+旅游"有更精准的服务人群,在旅游转型升级的背景下,迸发出新活力。2017年,许多老年人选择来到古滇名城养老小镇度假休闲,享受晚年生活。古滇名城立足居家养老模式,依托旅游景区,在服务中体现"家"的概念,吸引着越来越多的老年消费者。2017年4月昆明一批围绕大健康发展的项目启动,包括原昆明发电厂改造升级打造养生小镇、安宁太平片区的智慧社区医疗计划、晋宁片区七彩云南古滇名城滇池国际养生养老度假区项目等。

云南近年来吸引了全国各地的候鸟式养老群体。这是因为云南有着稀缺的长寿因子,全国五大长寿带中的芒市—勐海—景洪长寿带正处于云南。云南地处低纬度高原,地理位置特殊,以受南孟加拉高压气流影响而形成的高原季风气候为主,形成了舒适宜人的康乐气候,是世界上最适宜人类居住与休闲度假的区域之一;云南省丰富的森林资源、物种资源、草甸湿地、田园风光等,为养老旅游者提供了"天然氧吧"的良好条件;在生态环境、民族迁徙、文化交往等多因素的综合作用下,云南成为众多少数民族的聚居地及其民族文化资源的富集地;云南还有多样的养生资源、良好的医疗服务、适宜的生活成本、便利的交通条件。近几年的抽样调查数据显示,云南省旅游客源市场的老龄游客比例正在逐渐增长,云南养老旅游市场初步形成。

养老旅游作为融合度假、观光、疗养、保健等多个旅游形式于一体的新型养老方式,具有覆盖面广、产业链长的特点。据《云南省养老旅游发展专项规划(2016—2030年)》,其中提出到2020年,云南省将基本建立布局合理、配套完善、服务齐全的养老旅游体系,候鸟型养老旅游目的地形象基本形成,并在优选区中提升改造60个优选项目,启动新建10个优选项目,实现资产超5 000万元以上企业达30家。

　　健康旅游,当之无愧地成为云南旅游市场中最具潜力的增长点之一。

　　资料来源:马玉、时蓓蓓根据云南网《"旅游+"创新云南旅游新业态》编写。

思考题

1.旅游业态的内涵如何界定?

2.旅游业态包括哪些基本类型?

3.旅游业态的特征是什么?

4.简述世界旅游发展格局。

5.世界旅游发展模式有哪些类型?

6.世界旅游管理体制有哪些类型?

7.旅游产品形态有哪些类型?

8.旅游服务方式有哪些类型?

9.简述旅游组织形式的类型并加以比较。

第 7 章
旅游发展影响

【学习目标】

1.掌握旅游发展对经济、社会的影响。

2.认识旅游发展对文化、环境的影响。

3.了解旅游发展对政治的影响。

【知识要点】

1.旅游经济影响,指旅游活动对相关经济要素发生的作用及作用的结果。旅游发展对经济的影响主要体现在经济规模、经济结构、经济质量3个方面。

2.旅游社会影响,指旅游活动对相关社会要素发生的作用及作用的结果。旅游发展对社会的影响主要体现在居民感知、社区参与、社会结构3个层面。

3.旅游文化影响,指旅游发展对相关文化要素发生的作用及作用的结果。旅游发展对文化的影响主要体现在文化变迁、文化交融、文化复兴3个方面。

4.旅游环境影响,指旅游活动对相关环境要素发生的作用及作用的结果。旅游对环境的正面影响包括建立保护实体、改善环境质量、培养环保意识等;旅游对环境的负面影响包括环境资源消耗、环境资源破坏、环境系统失衡等。

5.旅游政治影响,指旅游活动对相关政治要素发生的作用及作用的结果。旅游发展对政治的影响体现在世界和平、国家外交、国家认同3个方面。

旅游发展影响是指因旅游发展而引起的外部作用效应。随着大众旅游时代到来,旅游带给人类社会的影响和变化是巨大的,旅游活动已在一定程度上成为改变地区经济结构、促使社会文化变迁、导致生态环境演化、影响政治格局变化的重要因素。旅游活动因其显著的综合性特征而将影响扩散到经济、社会、文化、环境、政治等领域。从旅游发展影响的作用效应来讲,对经济、社会的影响最为直接,对文化、环境的影响居于中间,对政治的影响较为间接。本章旅游发展影响研究属于旅游学概论中研究"结果"的部分,既是对旅游发展所形成影响的总体概述,又是对旅游发展给经济、社会、文化、环境、政治带来的影响的具体阐述。

7.1 旅游经济影响

旅游经济影响又称旅游经济效应,是指旅游活动对相关经济要素发生的作用及作用的结果。旅游对经济的影响是最早引起人们关注的旅游现象,各种形式的旅游活动总是与经济因素之间存在着深刻的依存关系。旅游发展对经济的影响既体现在其对经济规模的影响上,又体现在不断优化的经济结构上,还体现在提升经济发展的质量上。本节按照"规模—结构—质量"的逻辑阐述旅游对经济所产生的影响。

7.1.1 旅游与经济规模

旅游对经济规模的影响主要体现在量的扩张以及增长的速度方面。旅游目的地通过接待旅游者获得经济收入,来访游客在旅游目的地的消费能够调整地区收入分配,进而影响旅游目的地经济总量的扩张和经济发展速度的提升。

1) 获取旅游收入

旅游收入是指旅游接待部门(或国家、地区)在一定时期内通过销售旅游商品而获取的全部货币收入。旅游收入是了解、分析旅游经济状况的重要工具和依据,从类型上来看,主要包括外汇收入、财政收入以及民间收入 3 种。旅游收入对经济规模的影响主要体现为增加经济收入,促进经济市场繁荣。

(1)外汇收入

旅游外汇收入是旅游收入的重要组成部分,特指国家旅游业对外所取得的收益。外汇是用于国家之间经济结算的以外国货币表示的一种支付手段,一个国家拥有外汇数量的多少体现着其经济实力的强弱和国际支付能力的大小。就接待入境旅游而言,其重要的经济作用之一便是可以增加一个国家的外汇收入,平衡其国际收支。[①]

旅游创汇的比较优势体现在以下几点。一是换汇率高。旅游创汇能节省商品外贸过程中必不可少的运输费、仓储费、保险费、有关税金等开支。二是结算周期短。旅游者购买旅游产品或服务采用预付或现付的方式结算,旅游接待国能立即得到外汇。三是免受关税壁垒影响。国际旅游业的发展不受贸易保护主义的干扰、出口配额的限制,规避了以高额关税作为限制商品进口的关税壁垒。四是自主程度大。发展入境旅游受到国际市场的影响较小,另外旅游目的地的旅游资源因地理上的不可移动性而具有垄断的特点。

(2)财政收入

旅游财政收入特指旅游发展为国家、地方财政所带来的收益。旅游业的发展可起到增加以国家税收为主的财政收入的作用,其中税收是国家(政府)公共财政最主要的收入形式

---

① 李天元.旅游学概论[M].5 版.天津:南开大学出版社,2003:298.

和来源,是国家(政府)提供"公共产品"的资金来源。旅游发展通过增加财政收入、公平且高效率地有效配置公共物品、补偿基础设施消耗,同时旅游财政收入的增加能为该国、该地区的整体经济发展作出巨大的贡献。

旅游税收目前主要来自 3 个方面。一是对游客直接征收的税与费,这部分主要包括入境签证费、出境时交付的商品海关税等;二是对旅游企业征收的营业税和所得税等;三是对旅游业所涉及的其他有关产业部门所征收的各种税费。此外,有些旅游地是由隶属于地方政府的直属机构运营的,其门票收入列入地方的预算外收入,所以发展了旅游业就等于直接增加了地方的财政收入,这也是许多地方不遗余力地发展"门票经济"的由来。

(3)居民收入

居民收入是居民从各种来源中所取得的现期收入的总和。旅游发展能够为当地居民提供就业机会和增加收入途径,促进旅游地居民个人或家庭经济收入的增加,为实现区域经济增长带来有益影响。

旅游发展促进居民增收体现在:一方面,开拓当地居民的创收途径,当地居民可以通过就业或创业提高经济收入;另一方面,实现国民收入的再分配,旅游是劳动密集型产业,旅游活动的开展可把旅游目的地或者客源地财富从一个地区转移到另一个地区,起到将财富在有关地区间进行再分配的作用。

旅游业大发展不仅可以为提高旅游收入创造条件,更重要的是其通过影响居民收入水平、改善旅游业的需求状况,最终推动旅游业收入的提高。但是难以平衡旅游收入方面的差距,也可能会造成旅游利益分配不均。

2)扩大旅游消费

旅游消费即旅游者在旅游过程中购买和享用旅游产品的行为和活动。在现代旅游中,各种类型的旅游活动的开展都伴有消费行为的发生。旅游产业具有扩大需求总量、提高消费能力和消费水平的特殊优势,可以因为内需的增加而使国民经济得以减轻对出口的过度依赖,使国民经济平稳健康地发展和运行。

(1)消费升级

旅游经济的运行过程是旅游活动的过程与旅游消费的过程。从实际的运行情况来看,我国旅游消费近年来保持增长态势,万亿元消费市场基础牢固。2019 年全国文化和旅游厅局长会议在北京召开,会上指出 2018 年我国旅游消费持续增长,我国年人均出游已达 4 次,旅游成为衡量现代生活水平的重要指标,成为人民幸福生活的刚需。具体来说,2018 年国内旅游市场持续高速增长,2018 全年国内旅游人数达 55.39 亿人次,收入约 5.13 万亿元,同比分别增长 10.8%和 12.3%,连续多年呈现双位数增长,空间广阔;出境旅游市场平稳发展,2018 年出境旅游人数达 1.5 亿人次,同比增长 14.7%;入境旅游市场稳步进入缓慢回升通道,2018 全年入境旅游人数达 1.4 亿人次,收入约 1 271 亿美元,同比分别增长 1.2%和 3%。全年实现旅游总收入 5.97 万亿元,同比增长 10.5%。另外我国人均购买力水平显著提升,中产阶级趋于年轻化,旅游消费升级成为发展趋势。[①]

(2)消费影响

旅游消费对当地经济产生"多级连锁"影响。旅游者首先将金钱花费在"直接"旅游部门,如酒店、餐厅和景区,然后从上到下渗透到其他经济部门。旅游消费已经成为刺激内需、缓解消费不足、催化经济快速发展的消费热点。

①通过消费总量来拉动经济增长。旅游消费总量对经济增长的拉动是通过不同旅游消费产品的消费需求弹性而发生作用的,且在外部条件变动时,需求弹性较大的旅游消费部分所占比值越大,则消费总量增幅越大,对经济增长影响也越大。

②通过产业结构调整来拉动经济增长。随着经济的增长,产出和收入增加,基本消费需求已经得到满足,刺激了消费需求的向外延伸。依据马斯洛需求层次理论,消费层次逐渐上升,新的经济增长点将不断涌现,产业结构因此调整,而在此消费结构和产业结构升级中,实现了经济增长。[②]

3)促进经济增长

旅游业的发展不仅给旅游经济自身带来发展,而且带动了整个国民经济的增长,形成了旅游活动的经济外部性,这种经济外部性有利于助推经济发展。

关于经济增长主要包含两个层面的含义:第一,是经济增长水平,也即当期经济增量,常用的指标有 GDP 或人均 GDP 等;第二,是经济增长率,也即经济增长快慢,常用指标是 GDP 增长率或人均 GDP 增长率等。经济增长水平和经济增长率既相互联系又有较大区别。前者反映的是数量和规模的概念,后者主要描述变化的速度。从经济增长水平来看,图 7.1 和图 7.2 分别是 1994—2018 年我国 GDP、国内旅游总收入情况,从中可以直观地看出,经济增长水平与国内旅游总收入总量逐年增加,都呈现线性增长的趋势,二者趋同性较强。

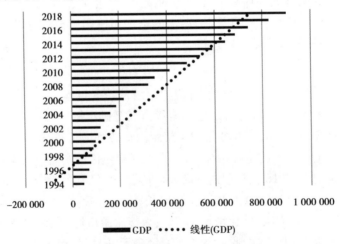

图 7.1   1994—2018 年我国 GDP 总量及趋势图

---

①   文化和旅游部.2019 年全国文化和旅游厅局长会议工作报告.

②   郭沙.旅游消费对经济增长的影响分析:基于 Panel-Data 模型[J].商业经济研究,2016(6):31-33.

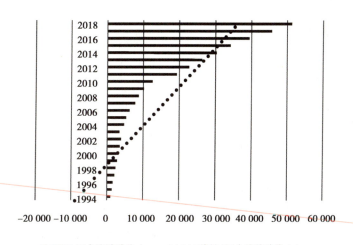

图 7.2　1994—2018 年我国国内旅游总收入及趋势图

从经济增长率来看,如图 7.3 所示,经济发展总量在不断增加的同时往往表现为经济增长速度相对较慢,逐步趋向平缓,而旅游正处在快速发展的阶段,同时受旅游业敏感特性的影响容易受到社会环境其他因素的干扰而上下波动。

图 7.3　1994—2018 年我国 GDP、国内旅游总收入增长率统计图

当然,旅游发展能助推经济发展的同时还需要明确,如果一个地方过度地依赖旅游业,必然会造成当地经济产业结构的失衡,一旦遇到特殊情况使旅游业严重受挫,势必使当地经济受到难以承受的打击,需要清楚地认识到旅游发展对经济的影响也是有双重效应的。

7.1.2　旅游与经济结构

旅游对经济结构的影响主要体现在促进经济结构优化方面。旅游业作为当今世界上规模最大的产业以及第三产业中的支柱产业,其兴起和发展不仅有利于壮大第三产业的规模,而且有利于带动相关产业发展、调整并完善国民经济的结构。

1) 带动产业关联

旅游产业关联性是指由于旅游产业自身的泛产业化、高依附度特征,与其上下游产业呈现出的极强的广泛、复杂、密切的经济技术联系。[①] 旅游产业是非物质生产部门以及第三产业中的重要产业,旅游产业不仅与众多国民经济相关产业密切联系,而且其发展也对其他相关产业具有明显的关联带动作用,其发展涉及旅游、航空、商业、电信、金融、工业、保险、交通等领域的商业合作,整合了食、住、行、游、购、娱六要素的企业,直接、间接带动其他行业的发展,如种植业、畜牧业、林业、机械制造业、加工业等。2017年我国旅游业对 GDP 的综合贡献为 9.13 万亿元,占 GDP 总量的 11.04%,旅游直接就业 2 825 万人,旅游直接和间接就业7 990万人,占全国就业总人口的 10.28%。[②]

如表 7.1 所示,具体从食、住、行、游、购、娱六要素与旅游餐饮、旅游住宿、旅游交通、旅游游览、旅游购物、旅游娱乐以及旅游综合类相关产业的产业关联情况来分析。旅游产业带动相关行业发展的根本原因在于,旅游消费要求旅游业必须提供足够的设施、设备和消耗物资。旅游业也因而成为许多其他行业产品的消费市场,从而刺激和促进这些行业生产规模的扩大发展。

表 7.1　旅游产业关联的相关产业

要素	产业	产业关联
食	旅游餐饮	餐厅、饭店、茶馆、咖啡馆、酒吧、冷饮店、农家乐、副食店、超市等
住	旅游住宿	酒店、旅馆、露营地、房车场地、建筑、建材、装潢、水电安装等
行	旅游交通	铁路旅客运输、客运火车站、城市公共交通、公路运输、客运港口、航空运输、空中交通管理、旅客票务代理、交通设备租赁、机械制造业等
游	旅游游览	主题公园、景区、游乐园、博物馆、烈士陵园、纪念馆、会展、农业观光休闲园、自然保护区、海洋馆、植物园、动物园、古村镇、民俗活动、节庆活动、园艺、林业等
购	旅游购物	旅游商品、种植业、畜牧业、加工业、零售服务免税商店、购物店、土特产品等
娱	旅游娱乐	文艺表演、表演场所、歌舞剧院、音乐厅、戏剧场、电子游艺厅、疗养康复中心、摄影服务、体育馆、洗浴中心、保健服务、文娱设备等
综合	旅游综合类	旅行社服务、旅游管理服务、旅游活动策划平台、旅游电子商务平台、通信工具等

旅游产业发展会波及与旅游具有消费互补性的产业,对整个国民经济产生间接波及。另外,旅游业不仅促进了国民经济现有部门、行业的发展,而且对调整国民经济产业结构、促进产业结构合理化和综合发展起到非常积极的作用。

---

① 田里.旅游融合发展理论与实践[M].北京:中国环境出版社,2016:23.
② 国家旅游局数据中心.2017 年全年旅游市场及综合贡献数据报告.

2）加深产业融合

旅游产业融合是旅游业与其他产业或旅游业内不同行业相互延伸、渗透、重组、替代,逐步形成新产业、新业态、新产业链的动态发展过程。[①]

自 2009 年《国务院关于加快发展旅游业的意见》(国发〔2009〕41 号)发布以来,国家政策层面的明确信号为行业、产业之间的融合发展释放出巨大的活力。旅游业与工业、农业、文化、生态、科技、城市、乡村发展的相互交叉,形成了大量的复合型旅游业态,如工业旅游、农业旅游、生态旅游、科技旅游、文化旅游、乡村旅游、城市旅游、置业旅游等。这类复合型旅游业态本质上是以"旅游+"或"+旅游"的融合型旅游供给方式满足不同游客主体的多元化需求,以求实现投资收益的最大化。具体来说,与第一产业融合会形成观光农业、体验农业和生态农业、乡村旅游、牧业旅游、森林旅游、渔业旅游等;与第二产业融合形成工业旅游、动漫旅游、购物旅游等;与第三产业融合形成旅游房地产、旅游影视基地、旅游演艺、体育旅游、养生旅游、游学旅游、文化创意旅游等。

表 7.2 旅游产业融合的产品形态

产业融合	旅游+	产品形态
旅游与第一产业	旅游+农业	观光农业、体验农业、生态农业、乡村旅游、牧业旅游、森林旅游、渔业旅游等
旅游与第二产业	旅游+工业	工业旅游、科技旅游、动漫旅游、购物旅游等
旅游与第三产业	旅游+商业、旅游+环保、旅游+健康养生、旅游+体育、旅游+演艺、旅游+教育、旅游+文化	旅游房地产、旅游影视基地、旅游演艺、体育旅游、养生旅游、游学旅游、文化创意旅游等

旅游产业通过产业融合,形成资源共享,实现协同发展,创造新增价值,推动区域经济增长。旅游产业融合所产生的效应是系统的、多方面的,从宏观经济的角度来看,旅游整合了消费、投资、净出口"三驾马车"的功能,促进了农业现代化、新型工业化、网络信息化和新型城镇化的"新四化"建设,推进了城乡统筹、增长稳定、结构优化、方式转变的均衡发展,进而协调区域经济结构、推动区域均衡发展。

3）加速产业优化

产业优化的本质是主体不变,实现功能、素质、效益等从低到高的提升过程。旅游产业是综合性产业,旅游业的发展一方面依赖于国民经济各行各业的综合发展,另一方面也可以带动和促进国民经济其他相关行业的发展。旅游产业结构优化就是要实现旅游产业与其相关产业协调发展、实现旅游产业内部各要素的合理配置与协调发展。

为了使经济社会持续健康发展,必须有一个合理的经济结构,但经济结构不是固定不变

---

① 田里.旅游融合发展理论与实践［M］.北京:中国环境出版社,2016:4.

的,它会随着经济条件的变化而变化。一是科学技术的不断进步,涌现一些新兴产业;二是人们消费结构变化,经济结构也会随之改变。近几年来,我国十分重视经济结构调整,不断加大调整力度。如图 7.4 所示,从 1952—2018 年 60 多年来第一产业比重逐渐下降,第三产业不断提升,第二产业平稳发展,目前我国一二三产业结构已经保持在"三二一"的结构顺序。产业升级、产业结构优化,成为完善区域产业结构新的生产力和新的增长点。

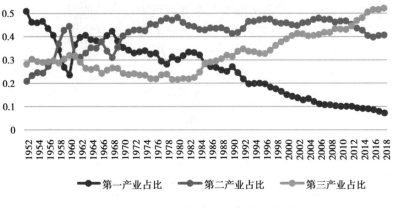

图 7.4 1952—2018 年我国三次产业比重图

由于旅游业是综合性产业,关联性强,因此旅游业在改善一个地区经济结构上发挥着很大作用,主要表现在:使服务性产业参与社会生产的程度不断扩大;有力地促进轻工业、机械工业和修理业、金属加工业、石化工业的发展,可以有效调整区域的产业结构,带动其产业化发展以及经济市场建设。

7.1.3 旅游与经济质量

旅游活动对经济质量的影响主要体现在促进经济质量的改善方面。经济增长的本质或最终目的并不是经济总量增加多少,而是这种经济增长能否持续、能否有助于社会和谐以及能否满足广大人民群众生活福利等方面的需求。旅游活动对经济发展质量的影响集中体现在加大资本投入,以保障经济运行;扩大劳动就业,实现经济稳定;促进技术流动,提升经济质量。

1) 加大资本投入

资本投入是促进旅游业优质发展的重要因素。当前旅游资本投入来源主要有政府投资、民间资本、资本市场、大型国有企业、房地产公司、矿产资源公司、银行、资产管理公司等。

旅游已成为"大众创业,万众创新"最为活跃的领域,旅游发展需要建设大量的基础设施、公共设施、接待设施及旅游资源开发等投入,资本水平决定了旅游发展的规模和速度。在我国很多经济欠发达地区具有比较优势的旅游资源,由于缺乏必要的开发资本,未能把潜在的旅游资源转化成当地亟盼的经济优势,如我国西部地区旅游资源丰富的怒江、凉山等地方因资本缺乏而发展缓慢。而一些资本雄厚和市场需求旺盛的旅游资源非优区,"创造"出资源脱离型旅游产品[1],如资本丰富的深圳锦绣中华和华侨城、杭州宋城等。因此,旅游业投

---

① 谢彦君.基础旅游学[M].2 版.北京:中国旅游出版社,2004:133-134.

资,尤其是固定资产投资,能够直接扩大旅游产业规模,对促进旅游经济增长的作用十分显著。2012 年国家旅游局印发的《关于鼓励和引导民间资本投资旅游业的实施意见》提出了坚持旅游业向民间资本全方位开放、鼓励民间资本投资旅游业等内容,充分发挥市场配置资源的基础性作用。2015 年国务院办公厅印发的《关于进一步促进旅游投资和消费的若干意见》首次把"投资"作为主题,并分别从旅游基础设施提升、旅游投资促进、保持旅游投资增长等多个角度明确了政府在旅游投资中的角色、作用和实施路径。

2) 扩大劳动就业

劳动就业是民生之本,它不仅关系到每个劳动者的生存和发展,还关系到整个社会秩序的稳定。旅游对经济质量影响的一个重要方面是通过扩大劳动就业来使得旅游影响更强、范围更广、方式更新。

旅游业本身属于劳动密集型产业,再加上产业关联度大、牵涉面广,具有较强的就业吸纳能力。作为第三产业的重要组成部分,旅游产业在提供就业机会和解决就业问题方面具有重要意义。一是就业机会不断增加。旅游业不仅直接为社会提供众多就业岗位,同时通过与其他产业的关联带动间接为社会提供就业机会。二是就业规模不断扩大。旅游行业的就业门槛低、层次多、流动性强、灵活性强,为社会提供了大量类型丰富、层次多样、内容灵活的就业岗位。三是受经济衰退的影响较小。由于旅游业具有广泛性和多样化特点,所以在经济不景气时,旅游业比其他物质生产行业相对稳定,如 1975 年美国就业人数因受经济衰退影响减少了 130 万人,旅游业反而增加 21 万人。

旅游业在为国家解决社会就业方面起着举足轻重的作用。文化和旅游部印发的《"十三五"旅游人才发展规划纲要》提出,"十三五"期间,旅游业年新增直接就业人数 100 万人左右,到 2020 年,旅游业直接就业人数由"十二五"末的 2 798 万人达到 3 300 万人,旅游人才数量由"十二五"末的 670 万人达到 825 万人。①

3) 促进技术交流

以科技为基础的智慧旅游,有效通过信息化来优质高效地整合旅游资源要素,促进技术流动,提升经济质量。技术流动即技术的转移,从历史的角度看,一项技术如果不能得到广泛的使用和推广,它就失去了存在价值和意义;从创新的角度看,技术流动能在更大范围内产生经济效益和社会效益,推进一个国家产业技术进步和产业结构的优化,促进国民经济的发展。

旅游相关的技术主要分成两类:管理技术和信息技术。管理技术、信息技术在全球的广泛使用,不仅对经济增长产生深刻影响,而且对经济效率、经济质量改善产生深远影响。

（1）管理技术

旅游客源地不仅向旅游目的地输送客源,而且在大型旅游批发经营商和旅游零售代理商的推动下,形成对旅游目的地的管理技术流动。一方面,这种管理技术流动有利于旅游目的地的旅游资源开发、旅游基础设施和接待服务设施的建设;另一方面,旅游客源地的管理

---

① 文化和旅游部《"十三五"旅游人才发展规划纲要》.

技术提供者也会得到丰厚的回报,最终实现旅游客源地与旅游目的地的"双赢"目标。

（2）信息技术

在中国40多年来旅游大发展历程中,以信息技术为代表的旅游科技已彻底变革了旅行方式和产业模式,也为旅游业创新发展注入新的活力。从携程网到去哪儿、从马蜂窝到飞猪,当前的旅行服务创业创新都是由传统旅游企业之外的资本、技术和新型人才引领的,特别是由互联网浪潮引领的,另外旅游业还具有信息量大、流动性强、主体多元、环境复杂的特点,科技尤其是信息技术对于促进优质旅游发展、旅游行业提质增效、旅游企业增强活力、旅游目的地重塑形象等都具有不可忽视的促动作用。

7.2 旅游社会影响

旅游社会影响又称旅游社会效应,是指旅游活动对相关社会要素发生的作用及作用的结果。从旅游社会影响对象来看,马西森和沃尔（Mathieson & Wall,1982）认为旅游社会影响是"作用于接待地社区居民的影响"[①],旅游社会影响焦点集中在接待地社区和居民,而不是旅游客源地;从旅游社会影响内容来看,旅游目的地的社会影响经历着从个人到区域以及到整个社会的内容层面。本节聚焦在旅游对目的地社区居民及其相互关系的影响方面,并从居民感知、社区参与、社会结构3个层面具体阐述旅游对目的地社会的影响。

7.2.1 旅游与居民感知

旅游对居民感知影响是指旅游发展促使当地居民对旅游活动的态度发生变化。居民作为旅游目的地的重要利益主体之一,其对旅游者、旅游业的感知有可能成为成功开发、营销、运作现有或未来旅游项目的一个重要的规划和政策因素。居民对旅游活动的感知伴随着旅游发展而不断演化,从旅游开发初期对旅游的认同到旅游发展中期对旅游的漠然再到旅游发展后期的旅游冲突,大体经历着从积极支持旅游业发展到不关心再到消极反对的感知态度变换过程（表7.3）。

表7.3 居民感知转换

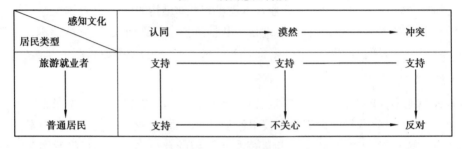

---

① 王子新,王玉成,邢慧斌.旅游影响研究进展[J].旅游学刊,2005,20（2）:90-95.

1) 产生旅游认同

旅游认同是指居民对旅游发展所带来的影响所表现出的积极感知。这种积极感知往往发生在旅游开发的初期阶段。居民感知到旅游发展给目的地带来了积极的影响,进而表现为支持旅游业的发展。

对于某一目的地而言,旅游发展对经济的积极影响在其初期表现最为明显、直接,如就业机会的增加、常规收入之外的旅游收入的增加、基础设施的完善等,这些变化容易为当地居民所感知和接触,因而居民会表现出对旅游业的支持态度;同时,在旅游发展初期,小规模的旅游者流入对社区居民的影响是暂时性的,其惯常生活方式、规律受到的干扰程度也较轻,在与来自其他文化环境的旅游者进行接触时,居民更多地会表现出新奇感,此时的主客关系是和谐的。

旅游认同阶段,居民感知具有一致性,任意类型的居民对旅游的认同都会促使居民支持旅游业的发展。对于旅游从业居民而言,他们与旅游者接触较多,对旅游的新奇和对经济利益的追求共同驱使他们支持旅游业的发展;对于普通居民而言,其对经济影响的感知弹性则相对较低,而对社会、文化等影响的感知相对较为敏感。因此在旅游发展初期,和谐的主客关系占据主导地位,因而也会有助于旅游业的快速、健康发展。

2) 导致旅游漠然

旅游漠然是指居民对旅游的发展表示出的一种漠不关心、习以为常的感知状态。居民感知从旅游认同到旅游漠然的转变往往发生在目的地旅游开发的中期阶段。该阶段的旅游发展表现出积极影响常态化、消极影响潜在化的特点,居民对旅游者的到访以及旅游业的发展所带来的变化感到习以为常、漠然,从而进一步影响居民对旅游的具体态度。

旅游发展中期,大部分当地居民把旅游当成一种常规的谋生方式,目的地的基础设施也基本完善。伴随着旅游者数量的不断增加以及旅游行为的趋同化,其对居民的吸引力也逐渐降低,不断流动的旅游者渴望接触到新奇的东西、感受到居民的热情好客,而相对静止的居民却对重复的旅游行为感到麻木,因而旅游者与居民之间的关系逐渐由和谐转变为冷漠,交往过程也伴有较强的商业性质。

居民对旅游的感知由认同转向漠然的主要原因在于旅游活动的日趋常态化,但对于不同类型的居民,相应产生的态度也会有所差异。对于旅游从业居民而言,由于旅游业已经成为目的地相对较为稳定的产业,旅游经营成为常规经济活动的一种,居民与旅游者交往也就更具商业性,对于这类居民而言,即便是感知趋于漠然仍会支持旅游业的发展;而对于普通居民来说,影响其感知变化的因素则主要体现在社会生活层面,如新奇感丧失、生活节奏改变,这都对普通居民的感知变化具有重要影响,由于这类居民并未参与到旅游发展中,旅游的消极影响尚未突出,其对旅游业的发展态度既不支持,也不反对。

3) 引发旅游冲突

旅游冲突是指旅游地居民与旅游者群体由于生活方式、风俗习惯、价值体系等的不同而引起的歧视、不尊重、不友好,以及由此导致的纠纷,甚至对立状态。这种旅游冲突一般发生在目的地旅游发展已经较为成熟的后期阶段,旅游所带来的消极影响严重影响居民的生活,居民感知从漠然转变成冲突。

由于旅游者的大量涌入,居民的正常生活秩序受到旅游者的严重干扰,生活空间范围也因旅游者的活动范围而缩小,贫富差距越来越大等情况出现。带来的旅游冲突主要表现在3个层面:一是物质层面的冲突,主要有服饰穿戴、建筑风格、生产工具使用上的冲突等;二是在行为层面的冲突,主要有语言表达、家庭结构形态、人际关系状态、生活行为形态上的冲突等;三是精神层面的冲突,主要有价值观念、宗教信仰、风俗习惯等方面的冲突。

居民消极感知到态度转变会因居民类型的不同而有所差异,对于旅游从业居民而言,即便是感知到了旅游所带来的一系列消极影响,但因其从旅游发展中获得了较大的利益,若感知获得的利益大于感知的损失,便会支持旅游的发展,反之亦然。对于普通居民,旅游发展到该阶段,这类居民往往成为旅游的受害者或者说感觉受到不公平待遇,因此他们会对旅游表现出抵触和反对。

7.2.2　旅游与社区参与

旅游对社区参与影响是指旅游发展促使当地居民参与社区事务的方式发生变化。旅游社区参与是指社区主体利用赋予的权力,通过多种方式参与社区各种事务,并承担社区发展的责任,分享社区发展成果的过程。[①]　社区参与强调在旅游的决策、规划、开发、运营、管理、监督等过程中充分考虑社区居民的意见,并将其作为旅游发展的主体,但由于社区在参与意识、参与范围、参与能力等方面存在差异,社区参与往往呈现出不同的参与层次,包括以零参与为特征的旅游社区孤岛、以参与程度低为特征的旅游社区低效以及以充分参与为特征的旅游共建共享(图7.5~图7.7)。

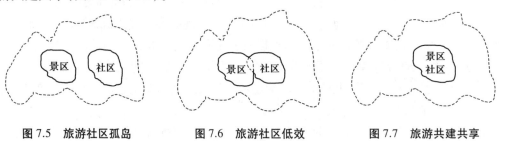

图7.5　旅游社区孤岛　　　　图7.6　旅游社区低效　　　　图7.7　旅游共建共享

1) 出现旅游社区孤岛

旅游社区孤岛是指旅游活动发生地与所在社区之间存在明显的界限(界限可以是有形的实体边界,也可以是无形的意态界限),旅游者与当地居民的社会联系被切断,旅游活动空间孤立于东道主社区空间。[②]　总体而言,旅游社区孤岛的主要特征是旅游地与周边社区之间彼此割裂、互不相容,这一特征又主要通过经济、社会、文化、生态等方面具体表现出来。

---

①　邵琪伟.中国旅游大辞典[M].上海:上海辞书出版社,2012:536.

②　毛彦斌.社区参与:可持续旅游发展的途径选择[J].经济研究导刊,2008(10):198-200.

①经济联系相割裂。在经济联系方面,旅游社区孤岛表现为旅游地与周边社区之间的割裂性,社区居民难以从旅游发展中受益。2014 年 6 月世界自然文化遗产地四川峨眉山风景区发生的村民阻路维权事件,就是一起社区居民为了维护自身权益而采取的过激行为。

②社会交往被隔离。在社会交往方面,尽管旅游地与周边社区在地理空间上相隔很近,但由于被一道有形和无形的"高墙"所隔开,彼此却像是处于两个不同的世界,形成两种迥异的社会生活方式。

③文化交流受阻隔。旅游素有"民间外交"的美誉,在促进社会文化交流方面扮演着重要的角色。但在封闭性的旅游地,由于外地游客难以深入体验当地社区生活,旅游未能有效地发挥促进主客文化交流方面的作用。

④生态景观破碎化。随着整个景观格局中的"线"被切断,"面"被打散①,旅游地变成孤立的点,在能量流动、物质循环等方面逐渐跟周边生态环境失去了联系,从而引起生物环境的退化甚至丧失,最终造成生物多样性减少。②

旅游社区孤岛的形成并非具有特定的阶段性,可能发生在旅游发展任意一个阶段,主要取决于企业的经营理念,比如对于经济实力不够的企业,其在旅游开发初期无法进行大力度投资,社区居民往往会自发地参与到旅游经营中,但是伴随着企业的发展和成熟,社区的经营机会也就面临着逐渐被剥脱的可能,从而导致旅游社区孤岛的形成。

2)产生旅游社区低效

旅游社区低效是指社区未充分参与到旅游的发展之中,参与程度低,具体表现为社区参与意识不高、参与范围小、参与途径少以及参与机制不全等。

旅游业是一个典型的劳动力密集型产业,通常被看作促进当地居民就业、带动当地社会经济发展的有效途径。但在不少地方,由于经营管理权被外来投资商控制、本地中高层次人才资源匮乏、旅游业本身季节性强等多种原因,旅游地管理方更倾向于从外部招聘专业技术和经营管理人才,而留给社区居民的就业机会实际上是很少的、层次不高。具体来说,旅游社区低效体现为以下几个方面:一是在长期相对闭塞的发展环境下,社区自身经济基础薄弱;二是教育水平相对较低,缺乏相应的人力资本;三是缺乏金融资本,导致市场介入机会和进入能力差。③

同时,旅游社区低效意味着社区处于自发参与或组织参与阶段,对于自发参与而言,其规模的不断扩大可能造成无序竞争、市场混乱、环境污染等问题,需要系统的旅游规划对其进行协调,从而进行有组织性的参与,而组织参与达到一定程度之后便会进入全面性的参与,因此,旅游社区低效的出现往往意味着社区参与的萌芽与发展,在一定程度上是社区全面参与旅游发展所必经的阶段之一。

---

① 田里,钟晖,杨懿.旅游景区孤岛效应理论研究[J].思想战线,2016,42(4):149-152.
② 丁立仲,徐高福,卢剑波,等.景观破碎化及其对生物多样性的影响[J].江苏林业科技,2005,32(4):45-49,57.
③ 章锦河,李佳佳,陈冬冬.风景名胜区旅游经济的孤岛效应分析[J].安徽师范大学学报(自然科学版),2007,30(6):712-717.

3)构建旅游共建共享

旅游共建共享是指社区、企业、政府共同参与到旅游决策、规划、开发、运营、管理、监督的全过程中,从而实现旅游主体共同发展、共同受益的目标。其中,共建强调多方主体的参与,是实现的路径,共享则强调实现各方共同利益的最大化,是共建的结果。[①] 旅游共建共享摆脱了以往社区在旅游发展中地位较低的局面,将社区置于与企业、政府同等的地位对待。尤其是全域旅游的提出打破了传统的旅游区范围,强调各个行业的融入、全城居民的共同参与,为旅游者提供全过程、全时空的体验产品。[②]

旅游共建共享具体表现为社区成为旅游发展的主体之一,一是社区的参与意识得到全面觉醒,实现了从被动参与到主动参与的转变,更加强调对自身应得权利、利益的获取,并且社区不仅仅将经济利益作为其主要关注点,更加关注旅游的社会、文化、环境等综合效益;二是社区参与范围日益扩大,在旅游共建共享时代,旅游决策需要征询、考虑社区的意见,旅游规划需要充分将社区的发展纳入其中,社区参与实现了从单一的经营参与到多元的全过程参与的转变;三是社区参与途径日益多元,随着社区主体地位的确立,零售品售卖、旅游企业充当劳工等不再是社区参与旅游发展的主要途径,部分社区居民逐渐通过独立经营、资金入股等形式参与到旅游发展中。

需要注意的是,社区、企业、政府的共同参与仅仅是旅游共建共享的前提,共享才是其最终的目的,因此,各利益相关者之间合理科学的利益分配机制对旅游共建共享的实现至关重要,不仅要保障社区在旅游发展中受益,而且企业、政府的利益诉求也不能被忽略。

7.2.3 旅游与社会结构

旅游对社会结构影响是指旅游发展促使当地社会成员之间的关系发生变化。社会结构是指在不同的社会行动者之间的相对稳定的社会关系模式。[③] 旅游的介入使得目的地原有稳定的社会关系被打破,社会结构在原来的基础上进行协调、重组和整合,新的社会结构在不同行动者之间建立起了新的社会关系。具体而言,在旅游活动的影响下,促使当地居民职业结构趋向现代化,加速传统社会阶层瓦解,推动新兴阶层崛起。

1)职业结构现代化

对于某一目的地而言,其各个行业间的职业构成相对稳定,行业之间的从业人员也具有一定的比例。旅游开发之后,旅游目的地居民大多脱离了原有的传统农业生产,从事与旅游相关的各类职业,这不仅改变了旅游目的地居民的生活,也促进了旅游目的地社会结构、职业结构的变迁。

目的地职业结构的变化会因旅游发展的进程而呈现出不同的特征,一般在旅游发展初

---

① 王翔.共建共享视野下旅游社区的协商治理研究:以鼓浪屿公共议事会为例[J].旅游学刊,2017,32(10):91-103.

② 厉新建,张凌云,崔莉.全域旅游:建设世界一流旅游目的地的理念创新——以北京为例[J].人文地理,2013,28(3):130-134.

③ 孙立平."关系"、社会关系与社会结构[J].社会学研究,1996(5):22-32.

期,旅游所带来的就业机会是潜在的,居民通过自发参与旅游经营而获得就业机会,并且居民也并未完全转变为旅游从业者,还保留着其农民、手工业者等职业身份,在该阶段职业结构受到的影响较小,仍然处于相对稳定状态。当旅游发展至一定阶段之后,旅游企业陆续进入,为当地居民提供了大量的就业机会,可能使居民彻底摆脱其原有职业而进入旅游业。同时,大量人员从事旅游行业也意味着行业之间从业人员的比例面临失衡,原有职业结构趋于瓦解,新的职业结构逐渐建立。旅游开发是目的地职业结构变化的直接原因,从事旅游业所能获得利益大于农业或手工业;除此之外,职业结构的变化还受到相关政策的影响,这主要得益于政府对旅游发展的支持政策。

旅游目的地居民职业结构的变迁,不仅促进了当地职业结构的合理化,即旅游相关职业劳动力的数量和比例适应于旅游及社会经济发展对劳动力的需求,而且促进了当地居民社会阶层结构向公平、合理和公正的现代化社会阶层结构转变。

2) 阶层结构新兴化

按照一定的等级标准将全体社会成员划分为彼此相互区别的社会集团,处于同一集团的社会成员在价值观念、行为模式等方面存在相似性,这种社会集团就是社会阶层。[1] 各个阶层所固有、稳定的划分标准以及阶层之间相对稳定的关系形成了社会阶层结构。旅游对社会阶层结构的影响则体现在阶层划分标准的变化,这一变化促使新兴阶层的出现。

在旅游介入之前,旅游目的地原有的阶层往往以家庭出身、社会地位为划分标准,形成了以地方精英为代表的传统社会阶层,在外部环境相对稳定的情况下,地方精英的主导地位也难以改变;在旅游介入以后,目的地居民获得了均等参与旅游的机会,同时也获得了常规收入渠道之外的旅游收入。旅游经营中参与方式和参与程度的差异则决定了居民在收入上的差异,这也意味着传统的地方精英主导地方发展的局面得到改变,传统的社会阶层划分标准逐渐被金钱、资本等新型标准取代,相对应形成了中产阶级这一阶层,地方传统精英阶层在新兴中产阶级的抗衡对峙下逐渐没落。

旅游目的地社会阶层主要沿着"阶层结构分化—新兴阶层崛起—传统阶层瓦解"的路径转变,最终结果是新兴中产阶层逐步取代地方精英阶层主导地方发展,新兴中产阶层往往代表着先进的思想观念、管理技术等,对于目的地社会经济水平的提升有很强的带动作用。

3) 社区结构分离化

社区结构是社区内各要素之间构成的相对稳定的关系模式。传统社区要素仅仅包括当地居民,所构成的结构以居民之间的关系模式为主,旅游的介入则使外来旅游者成为社区的新要素,由此产生了居民与旅游者之间的关系。因此,旅游对社区结构的影响主要表现在居民之间的关系模式、居民与外来旅游者之间关系模式两方面。

传统的社区居民间关系在结构上以稳定、有序为特征,而旅游的发展使得传统居民间关系被打破,主要表现在社区居民的分化、家庭关系的变动和女性角色的转变。旅游发展使得

---

① 林越英.旅游影响导论[M].北京:旅游教育出版社,2016:83.

居民参与到旅游发展中,成为旅游从业人员,但并非所有居民都希望或有条件参与到旅游经营中,由此产生了旅游从业者和普通居民两类群体,传统的居民群体因此分化,这两类群体受到旅游影响的程度不同,其所表现出来的价值观念、行为方式、思维模式也就相应会发生变化;而旅游对社区家庭关系的影响则主要表现在夫妻关系领域,尤其是家庭中女性的角色转变最为明显,旅游所创造的大量就业机会使得女性参与到旅游中来。居民与旅游者之间的关系因受到多种因素的影响而始终处于动态变化的过程中,这些关系包括融洽、冷漠、冲突等,双方关系变化的主要原因在于文化背景的不同。

旅游对目的地社区结构的影响是复杂的,整体表现为从稳定走向变动,传统的社区关系被打破,新的社区关系建立,但是稳定的社区结构的实现需要新的社区关系以常态化、稳定化的模式运行,而旅游发展的不稳定性又决定了这种常态化、稳定化的运作难以实现,进而可能使目的地社区结构长期处于变迁过程中。

7.3　旅游文化影响

旅游文化影响又称旅游文化效应,是指旅游发展对相关文化要素发生的作用及作用的结果。旅游对文化的影响是不同文化背景的旅游者和旅游目的地居民互动交流的必然结果。旅游者在旅游活动中自觉或不自觉地将外来的价值观念、思想意识、思维方式和生活方式渗透到旅游目的地之中。旅游发展对文化结构、过程、结果按照自身的逻辑相应地产生变迁、交融以及复兴的影响。

7.3.1　旅游与文化变迁

旅游对文化变迁影响是指旅游活动对当地文化要素带来的改变过程。文化变迁是指文化发生变化、转移的过程及结果。旅游所带来的文化变迁主要是指在旅游活动中,旅游者与东道主即旅游目的地居民、旅游者与旅游者、旅游目的地社会与旅游客源地社会之间发生接触和交流所导致的文化变迁。[①] 旅游文化作为旅游器物文化、旅游制度文化、旅游精神文化的总称,总的来说对于旅游目的地的文化变迁可以概括为:器物文化层面已经发生了显著变迁;制度文化层面发生了部分变迁;精神文化中有些内容发生改变,但却很难发生明显变迁。

1)器物文化显著变迁

器物文化是指以物质形态存在的文化内容,属于文化的表层现象,主要包括建筑、饮食、服饰、手工技艺等。在文化变迁过程中,旅游对器物文化带来的影响最为明显和直接,主要体现在旅游对建筑景观、地方饮食、服饰穿戴等的影响上。

---

① 　林越英.旅游影响导论[M].北京:旅游教育出版社,2016:107.

（1）旅游对建筑景观的影响

建筑文化是人类文明长河中产生独具地域文化特色的亮丽风景。建筑景观本身就是吸引旅游者的主要资源，还是一个社会形态和文化内涵的载体，承载着某一区域的文化品位与特色。在现代旅游发展趋势下，很多目的地的传统建筑经历了诸多的变迁，这种变迁体现在建筑材料、建筑功能、建筑风格等的变化上。

（2）旅游对地方饮食的影响

地方饮食是在共同地域、共同历史和共同文化的作用下形成的文化内容，包括饮食风味、方式、礼仪等。地方饮食也是一种融物质与精神为一体的人文旅游资源。在旅游发展过程中，一些原本制作方式较为烦琐的传统饮食，在日常饮食中的地位逐渐降低，但在旅游的推动下，这些传统饮食得以复兴并被赋予新的文化含义。

（3）旅游对服饰穿戴的影响

服饰是一个民族外在的形象标志和文化象征。一方面，现代旅游的发展推动传统服饰逐渐走向大众，同时唤醒了保护民族传统服饰的文化自觉性，促进传统服饰保护和传承；另一方面，在一些地区传统服饰也发生了很大改变，其中不容忽视的一个原因就是为了顺应和满足旅游的"需要"。

2）制度文化部分变迁

制度文化作为旅游文化的重要组成部分，既是旅游文化变迁的表现，也是促成旅游器物文化与旅游精神文化变迁的影响因素，具有双重属性。制度文化主要对应于政策法规、组织机构、机制体制等，介于生存需求与经济需求之间，遵循的是规则理性的运行发展逻辑。

（1）旅游对政策法规的影响

政策作为制度文化最直观的外在表现，为经济的发展提供了良好的制度氛围和环境。旅游政策变迁作为旅游制度变迁的主要内容之一，是适应旅游业发展的产物，能够对旅游管理以及促进旅游可持续发展产生积极的作用。[①]

（2）旅游对组织机构的影响

旅游法规、旅游政策、旅游标准的制定、实施及管理需要强有力的组织机构来进行指导和规范。而区域性旅游制度文化在地理空间上的跨界性、在文化方面的差异性以及在要素方面的流动性，导致区域合作背景下的旅游产业面临着复杂严峻的市场环境，这就需要建立相关旅游行政管理部门、行业组织和旅游联盟来加强对区域旅游环境的优化与整治。[②]

（3）旅游对机制体制的影响

旅游政策的演变及旅游机构的设立是旅游制度变迁的显性表现，而旅游制度文化内部的机制体制的形成，则是一个全方位、深层次、多元化的长期的历史过程，区域性旅游制度文

---

① 王锋.区域创新系统中的政策变迁研究：基于政策过程理论的视角［D］.湛江：广东海洋大学,2011：21-30.

② 刘耿大,毕吕贵.苏浙沪旅游市场一体化与上海旅游业定位［J］.北京第二外国语学院学报,2004,26（3）：42-47.

化机制体制的形成更是在共同利益目标达成的前提下相互博弈的长期性历史过程。[①]

旅游制度文化是旅游产业得以健康运行、合理运作、高效运转的重要前提和基础保障。对于区域旅游制度文化而言,及时调整优化制度文化与政策导向,不仅能够起到有效规范市场秩序、合理分配有限资源、科学预测发展态势的作用,而且能够极大地促进旅游活动要素的流通与互动,达到减少交易成本的同时提升利润增量的目标。制度创新无疑成为实现旅游业可持续发展的重要保障和支撑。

3)精神文化内在变迁

文化变迁的核心是精神文化的变迁,精神文化变迁主要表现在价值观念、思想意识、伦理道德等的变化上。

(1)旅游对价值观念的影响

价值观念是人认定事物、辨别是非的一种思维或价值取向。在旅游开发之后,拥有不同价值观念的旅游者进入旅游目的地,旅游业发展潜移默化地改变了旅游地居民传统的价值观念。这种改变,一方面在原有社会价值观念传承基础上,有助于形成新的生活观念、行为方式和价值体系,促进旅游目的地居民思想意识的进步;另一方面也会引起旅游目的地居民传统文化价值观的退化甚至遗失。

(2)旅游对思想意识的影响

旅游业的发展不仅促进当地居民增收致富,而且还深刻地影响当地居民的生活方式、消费观念、服务意识、环保意识、审美意识、知识教育等思想意识。现代旅游业的发展带来了外部世界的信息,打开了人们的眼界,使当地居民的思想观念由封闭走向开放,由落后走向先进,由狭隘走向包容。

(3)旅游对伦理道德的影响

伦理道德是社会发展到一定阶段的产物,同时它也是一种社会矫正力量,对人类社会发展具有积极的作用。随着伦理道德建设的宣传和呼吁,人们开始认识到一些地区的旅游开发商只顾眼前利益、毫无节制地开发旅游资源,将会产生诸多负面影响。旅游业可持续发展就是在这种语境下提出来的,它是可持续发展理念在旅游领域的延伸。旅游业的可持续发展强调的是人与自然的和谐以及代与代之间的公平的伦理道德建设。

7.3.2 旅游与文化交融

旅游对文化交融影响是指旅游活动对当地文化要素带来的互动过程。文化交融是指不同的文化在相互碰撞、交流中进行互动、融合的过程。旅游活动通常涉及不同文化背景下的东道主与旅游者进行互动的过程,主客交流附带有文化的属性,并产生了潜在意义上的文化接触,进而促进文化传播。因此,基于旅游对文化交融过程的影响,构建文化接触、文化认同、文化传播的逻辑框架(图7.8)。

---

① 申军波.区域一体化背景下的旅游文化变迁研究[D].上海:上海师范大学,2015:44-56.

图 7.8　旅游对文化交融过程的影响

1) 加速文化接触

旅游活动中的文化接触是指因旅游活动的开展、旅游者的到访所引起的不同文化之间的碰撞。一般而言,旅游者所带来的文化在与旅游目的地所代表的当地文化进行接触的过程中,会经历从接触到互动的过程。

（1）文化接触

旅游活动有助于不同文化的接触,尤其是促进旅游目的地的对外文化交流。旅游是人群之间的直接接触,而不是以文字、有形物品或者以个别人为代表的间接沟通或信息传递;旅游体现着各种社会现象的交叉和渗透,其中不同文化主体之间的沟通内容涉及面极其广泛,几乎无所不包;以旅游为媒介的对外文化交流虽然离不开政府的引导和参与,但主要是一种民间文化交流活动。

（2）文化互动

旅游活动参与各方之间的文化背景差异越小,进行文化互动的可能性也就越大,但是旅游者求异的心理动机,使得各方之间的文化背景差异较大,在这样的情况下,文化互动则主要取决于东道主与旅游者之间的接触程度。旅游者对目的地文化了解越深入,与目的地居民接触越直接,主客关系就越趋于和谐,即便是文化背景差异较大,但和谐的主客关系也能够为彼此之间的文化互动提供有利条件,促进对彼此文化的理解与认识。

2) 增强文化认同

文化认同是指处于同一文化背景下的群体对其自身文化的归属感。在一个相对隔绝的地理环境中,地方文化的认同相对稳定,旅游活动的开展使得处于其他文化背景下的旅游者进入了先前相对封闭的环境中,并与东道主产生了接触、交流和互动,使得多种不同的文化处于同一环境中,并在彼此之间形成了对比关系,进而使得文化主体产生文化自信或文化自卑两种不同的文化认同形式。

（1）文化自信

旅游的发展能够使目的地居民对自身文化产生自信,强化其对自身文化的认同感。目的地的传统文化因旅游发展而受到了旅游者以及社会各界的关注。居民意识到当地文化的独特性、重要性,进而对当地文化产生自豪感;同时,旅游因地方文化的独特性而发展起来,居民也因此获得了巨大的经济利益,其逐渐认识到当地文化的经济价值,进一步催化了其对当地文化的自信心和自豪感,在这种群体性认识的作用下,目的地的文化认同也将得到强化。

（2）文化自卑

旅游的发展使两种差异较大的文化处于对比之中，处理不当将会使得目的地居民对自身的文化产生自卑，文化认同也会弱化。一方面，在旅游活动的开展中，当目的地居民与旅游者进行接触时，居民会逐渐意识到自身文化与主流文化之间的巨大差异，并产生一种文化"自卑感"，文化自信心、自豪感也可能因此而丧失；另一方面，当两种文化接触时，在示范效应的影响下，目的地居民往往会轻视自身文化而一味模仿旅游者，长此以往，会使居民逐渐失去对自身文化的自信，进而导致文化认同感弱化甚至丧失。

3）扩大文化传播

文化传播是指不同文化之间相互影响、相互扩散的过程。在旅游活动中，文化传播的内容主要包括文化意识传播、文化形态传播。由于文化接触涉及旅游者、东道主之间的互动与交流，因此其在文化传播中也会充当传播主体的角色。

（1）文化意识传播

在旅游活动开展中，旅游者、目的地居民的价值观、世界观等方面会潜移默化地受到双方文化的影响，并且不自觉地成为双方文化传播的主体。当旅游者首次进入到一个文化差异巨大的环境中，在与当地居民的接触与交流时必然会受到当地文化的影响，并且成为当地文化的潜在传播者，尤其是目的地中的一些朴素的、原始的、科学的文化意识，如普米族的山岳生态文化；对于东道主而言，旅游活动对当地文化的影响经历器物、制度、精神的变化路径，因此，尽管居民长期处于与不同文化的接触中，但是其文化意识受外来文化的影响的表现仍会较为缓慢、潜在。

（2）文化形态传播

在社会实践中，文化往往通过一定的物质形态表现出来，如服饰、建筑、绘画等，旅游活动则使文化的表现形态更加丰富、多元，扩散的途径更广、范围更大。对于旅游者而言，具有特色文化的旅游商品对旅游者会具有较大的吸引力，从而使得浓缩在其中的文化因旅游商品的流转而得到传播；对于目的地居民来说，尽管作为文化意识传播者的角色不突出，但是由于目的地的器物文化最先受到旅游的影响并发生变迁，旅游者也会易于接受器物层面的文化，如现代化的工具和产品、旅游活动的经营方式等，从而使得这类现代社会文化在更广泛的范围内得到传播。①

7.3.3 旅游与文化复兴

旅游对文化复兴影响是指旅游活动为当地文化要素带来的繁荣过程。文化复兴是文化历经变迁、交融之后所实现的恢复、重建、发展的过程。相对于文化变迁与交融等过程而言，文化复兴更加强调结果。在旅游的文化影响不断突出的今天，旅游在文化复兴方面的作用也日益显著，主要体现在旅游对文化保护、文化传承、文化创新 3 个层次的影响上。

---

① 孙九霞.旅游中的主客交往与文化传播[J].旅游学刊,2012,27(12)：20-21.

1）增进文化保护

文化保护是指采取各种有效措施以保持文化内涵稳定、文化载体完整的一种行为。目的地传统文化因旅游活动的开展而能够得到有效而全面的保护体现在：一方面，目的地传统文化是吸引旅游者前往的重要文化吸引物之一，为了维持旅游的发展，东道主会更加重视对本身文化的保护；另一方面，目的地的物质文化景观也因旅游的发展而得到有效维护。因此，旅游在文化保护方面的效益主要体现在对文化内涵和文化载体的保护。

（1）文化内涵保护

旅游活动的开展能够使目的地的传统文化得到有效保护。对于自然发展的地区而言，由于受到全球化、区域化影响程度不同，其传统文化会呈现出正常发展、维持原状、逐渐衰落3种状态，而旅游的介入则使文化成为旅游吸引力的来源，并能够为目的地居民带来经济利益。因此，经济利益的获取成为文化保护的重要驱动因素，正常发展、维持原状的文化会得到更多的关注和保护，并通过不同的形式对其进行保护，如文化展演的定期举行、节庆活动的定期开展。

（2）文化载体保护

旅游的发展能够使目的地传统文化的外在表现形态得到全面的保护。其中最具代表性的就是建筑文化的保护。建筑作为凝固的艺术，浓缩了一个民族、国家的文化内涵与象征，但是在经济快速发展的过程中，传统建筑面临着破坏、消失的风险，旅游则使传统建筑逐渐受到更多群体的关注与认识，传统建筑的内在文化得到全面的阐释与表达。同时，旅游的发展也使传统建筑的修缮、维护有了更多的资金来源，其内在价值也得到全面的发挥。传统文化的其余表现载体也会因旅游的发展得到有效保护，如古代遗址、传统绘画、手工技艺等，旅游的发展使其从"破坏、消失"逐步转向"保护、回归"。

2）增强文化传承

文化传承是指文化在代与代之间纵向传递、接续的过程。文化的形式不同，其传承的方式、速度也会有所差异，文化传承通常包括物质文化传承和非物质文化传承，旅游对文化传承的影响则因文化形式的差异而呈现出不同的影响程度，进而影响其传承方式、速度等内容。

（1）非物质文化传承

目的地非物质文化的传承方式、速度因旅游的发展而发生改变，在旅游介入以前，目的地文化传承是一种自然演变过程，体现在目的地社区居民生活的方方面面；在旅游介入以后，目的地原有相对独立的传承方式被打破，传承单位逐渐从家庭、社区转变至市场，民俗表演、文化演艺逐渐成为文化传承的主要方式，传承速度也不断加快。但是旅游发展也使得目的地的文化内涵发生变迁，民俗文化的表演倾向会将其中的生活内涵替换掉，使其逐渐沦为对居民没有意义的商业活动，进而影响地方文化在社区内部的传承。

（2）物质文化传承

目的地物质文化集中体现为传统村落、建筑、服饰等文化载体，旅游的介入在使目的地物质文化载体得到保护的同时，也推动了其传承过程的实现。对于物质文化而言，其形态结构相对稳定，且不易发生改变，但其中的文化内涵可能因全球化、区域化的影响而衰落、丧失，而旅游则能够充分挖掘蕴含在其中的文化内涵，并赋予其经济意义，使得这类物质文化重新得到居民的认同，受到公众的关注，进而使得居民恢复对地方物质文化的认同，推动物质文化传承的实现；如民族传承坊的建立、传承示范户的推行则使得濒临消失的物质文化重新得以传承等。

3）增速文化创新

文化创新是指基于传统文化，在社会实践和文化传承的基础上赋予原有文化新的内涵与形式。旅游对文化创新的影响则主要体现在文化内涵活化、文化载体创意化两个方面。

（1）文化活化

文化活化是指在文化逐渐丧失其内涵、价值的现实情况下，重新赋予其意义或使用场景。旅游作为文化活化最好的实现途径之一，能够使文化资源的价值得到最大限度发挥。在社会发展过程中，传统文化衰落的主要原因在于失去了其原有的使用场景，与生活脱离，而旅游的发展通过营造特定的旅游活动场景，重新使纷繁多样的传统文化受到人们的关注，并使其在旅游活动中与其他文化相互碰撞、相互交流，摒弃自身文化中的糟粕，吸引外来文化的精华，进而重新回归生活，融入生活。

（2）文化创意

文化创意是指在文化内涵活化的基础上构建新的表现形式。文化作为一种无形的事物，很难直接为人们所感知到，因此需要一定的表现形式。创意则是使文化的表现形式更加形象、生动、多元的重要途径。旅游活动为文化创意的发展提供全新的市场元素、巨大的市场空间，一方面旅游使得不同的文化相互碰撞、相互交融，进而使得文化创意不仅仅局限于某一种文化，使其表现形式更具吸引力；另一方面旅游发展带来了大量的客流，对文化商品的购买使得文化创意的发展能够长久地持续。近年来，文化创意的产业化发展使其内涵不断扩大，囊括了影视、动漫、表演等形式，与旅游的融合发展也越来越深入。

7.4　旅游环境影响

旅游环境影响又称旅游环境效应，是指旅游发展对相关环境要素发生的作用及作用的结果。旅游活动通常是以一定范围的自然环境为依托，因而旅游的发展势必会对其周围的自然环境产生影响。旅游发展对环境的影响不仅仅体现在对资源的消耗、环境的破坏、系统的失衡等消极影响方面，还通过保护实体的建立、环境质量的改善和环保意识的培养来达到保护环境的目标,因此,本节按照"理清关系—辨别冲突—扩大效益"的逻辑对旅游环境影响展开论述。

7.4.1　旅游与环境关系

根据旅游对环境的影响程度、影响性质可以将旅游与环境关系划分为相互独立或互不干扰的关系、相互支持或相互促进的关系、相互干扰或相互冲突的关系[①],每一种关系形式都有其独有的特征、表现,产生的影响也会有所区别。

1) 相互平行

旅游与环境相互平行是指旅游和环境之间相互独立、互不干扰的关系。旅游的发展独立于自然环境之外或者说不会对环境产生影响,自然环境也不会对旅游的发展产生影响。

旅游与环境处于相互平行关系的情况主要有 3 种形式。一是在旅游发展初期,虽然某一旅游目的地的资源丰富、景观奇特,但是由于可进入性条件太差,知名度也不高,到该目的地开展旅游活动的旅游者寥寥无几,并且旅游活动的规模也较小,现代旅游企业也尚未进入,在这样的条件下,自然环境仍然保持其原有状态,旅游对环境的影响可以忽略不计。二是对于在空间上与旅游景区保持隔离的自然环境,这类环境往往是作为旅游发展的宏观背景环境,在旅游的发展中很少受到旅游的影响,主要原因是两者在空间上保持独立。三是对于部分旅游活动而言,其对自然环境的依赖性较低,更多的是以社会经济为基础条件,如城市主题公园、节事活动等。

实际上,旅游与环境相互平行的关系形式在现实中的情况很少,旅游的发展一般都会依赖一定的自然环境,并与自然环境产生互动,不可避免地会产生一定的影响;同时,自然环境作为一个整体系统,一个要素的变动也会引起整个系统的变化,即使是空间上相互隔离,旅游的不断发展也会对其造成相应的影响,并且旅游者的流动也不仅仅局限于某一景区内。

2) 协调共生

旅游与环境之间协调共生是指旅游与环境之间相互支持、相互促进的关系。旅游的发展带动环境质量的提升,环境质量的提升也会吸引更多的旅游者,进一步促进旅游的发展,两者相互支持、彼此受益。

旅游与环境协调共生的关系强调两者之间的相互依存,任何一方都不能脱离彼此而存在。一方面,旅游对环境具有较强的依赖性。旅游业的发展需要在自然环境得到保护的前提下才能实现,优美的自然环境本身也是一种旅游资源,对旅游者具有一定的吸引力。另一方面,旅游的发展同样能够促进自然环境的保护和优化,使自然环境潜在价值得到最大程度的发挥。旅游与环境之间的协调共生能够推动双方朝着更加优化的方向发展。

旅游发展与环境保护内在的一致性决定了旅游与环境之间协调共生的关系,旅游发展与环境保护的内在目标都是给人提供优美、舒适的生活空间,但是在现实情况中,旅游发展

---

① 林越英.旅游影响导论[M].北京:旅游教育出版社,2016:132.

与环境保护经常脱节,尤其是以牺牲环境促进旅游发展,割裂了两者之间协调共生的关系,使得旅游发展难以持续、环境质量日益退化。

3)干扰冲突

旅游与环境之间干扰冲突是指旅游与环境之间相互制约、相互矛盾的关系。在旅游发展过程中,旅游与环境之间的干扰冲突有两种表现形式:一方受益、一方受害;双方受害。但需要注意的是,第一种形式往往是暂时的,双方受害是干扰冲突关系的最终结果。

对于旅游与环境干扰冲突关系的第一种形式,旅游通常是受益方,通过寄生于自然环境来实现自身的发展,环境则相应地受到来自旅游的负面影响,这在旅游开发的过程中尤为明显,比如旅游设施的修建极易破坏自然环境,并且这种破坏通常是难以修复的,从表面上看,以牺牲环境为代价换来了旅游的发展,但是这种发展是难以持续的,开发过程中造成的环境破坏所引起的连锁反应逐渐在旅游发展过程中凸显;同时,环境容量的有限性与旅游活动的规模化之间的矛盾也使环境受到来自旅游活动的污染和破坏,目的地环境日益恶化,旅游者逐渐减少,旅游发展最终进入衰退期,干扰冲突关系也就进入了第二种表现形式——双方受害。

当目的地环境受到的干扰和破坏积聚到一定程度时,为了促进旅游的可持续发展,目的地通常会采取一定的措施来防止旅游对其的影响,如通过加大对环境保护的资金投入、提升旅游者的环境意识,从而使干扰冲突关系转变为协调共生关系。

7.4.2 旅游与环境冲突

旅游对环境负面影响是指旅游活动对环境造成的消极作用。在旅游发展中,旅游与环境的冲突集中表现为旅游对环境造成的消极影响,主要体现在资源消耗、环境破坏、系统失衡3个方面。

1)资源消耗

旅游资源消耗是指在旅游开发和旅游活动过程中,因不正确地或过度使用自然资源而造成自然资源的损害和耗费。旅游活动对自然资源的消耗主要体现在旅游开发建设和旅游活动的过程中。

(1)旅游开发过程中的资源消耗

目的地旅游开发对土地资源的占用、植被的消耗影响是最为直接的。在现行国标《城市用地分类与规划建设用地标准》(GB 50137—2011)中,在城乡用地分类和城市建设用地分类中均没有关于旅游的用地划分,导致在进行旅游规划和开发过程中,旅游设施占用林地、耕地的现象时有发生,如开发主题公园和高尔夫球场等占用大片土地,导致农田、耕地面积减少。另外,由于部分旅游设施的建设需要大量的木材,在管控不严的情况下,旅游开发商可能因节约成本而就地取材,从而使当地植被不断减少。旅游开发过程对资源的消耗往往是巨大的,并且在消耗过程中也极易产生其他的环境问题。

（2）旅游活动过程中的资源消耗

旅游活动对自然资源的消耗主要发生在旅游经营者为旅游者提供服务的过程中。开展旅游经营活动的目的在于为旅游者提供服务以满足其需求，而经营者所提供服务的性质决定了其活动是否会对自然资源产生消耗。一般而言，这类服务通常以一种或多种自然资源为依托，如酒店，大量旅游者的到来会增加淡水资源的使用，长期过度使用淡水资源则可能使其面临短缺的风险。旅游经营活动对自然资源的过度消耗主要原因在于旅游者的大量进入，如果在旅游者规模有限的情况下，资源消耗的问题则不会太明显。

2）环境破坏

旅游环境破坏是指由不合理的旅游开发和旅游活动所引起的环境状况恶化或环境质量下降的现象。由于旅游对自然环境的影响具有关联性和延展性的特点，旅游环境破坏也表现出旅游建设性直接破坏和旅游环境污染间接破坏两种类型。

（1）旅游建设性直接破坏

旅游对环境的直接破坏是指由旅游开发所导致的明显的环境破坏，如水土流失、植被破坏等，这类破坏现象往往是伴随着旅游设施的建设活动而产生。需要注意的是，环境破坏与资源消耗往往具有连续性，直接的环境破坏通常是发生在资源消耗的基础上，如对植被的消耗可能造成水土流失，对土地的占用可能造成土壤退化等。合理的资源消耗对环境的破坏很小，依靠环境本身的自净能力便能恢复，因此，在旅游开发过程中，为了避免或减少环境破坏，一方面是需要合理规划相关设施的建设活动，另一方面是要将资源消耗程度控制在适当的范围之内。

（2）旅游环境污染间接破坏

旅游对环境的间接破坏是指旅游环境污染，即旅游开发和旅游活动所产生的废弃物质或有毒物质进入自然环境所造成的环境质量下降。自然环境对废弃物质或有毒物质通常具有一定的自净能力，但是当这种物质积累到一定程度并超过环境的自净能力时，便会出现环境污染，从而使环境质量下降。旅游造成环境质量下降通常具有普遍性，主要由旅游开发活动所引起，其中旅游环境污染的主要原因在于旅游者"量"的扩展使旅游经营扩大规模，进而引起环境质量"质"的改变。

3）系统失衡

生态系统是特定空间内所有生物及其环境组成的具有一定结构和功能的统一整体。系统失衡是指生态系统的结构和功能受到人为干预而发生的变化。旅游的介入打破原来平衡的系统，使得生态系统结构和功能都出现失衡。

（1）生态结构改变

生态系统结构主要包括形态结构和营养结构。[①] 旅游对生态系统形态结构的打破主要

---

① 　李振基.生态学[M].北京:科学出版社,2000:54.

表现在旅游对系统内生物种类、种群数量等的影响。一般情况下,系统内生物组分的数量和比例基本上处于稳定状态,非生物环境也相对较为稳定,在系统的自调节能力下,其形态结构始终处于动态平衡中。旅游的介入则打破了这一稳定状态,通过资源消耗、环境破坏使系统内生物多样性降低,环境质量下降,进而使系统的形态结构发生变化。旅游对生态系统营养结构的打破则表现在旅游对系统内食物链、食物网的破坏,在一个稳定的生态系统中,营养的传递将各组分连接在一起,形成稳定的食物链、食物网关系,而旅游的介入则很容易使其中的任意一个节点受到干扰,进而导致整个食物链、食物网的破坏,营养结构被打破。

(2)生态功能紊乱

生态系统的功能包括能量流动和物质循环,旅游通过打破生态系统的结构,使其功能进一步发生紊乱,造成能量流动不通畅,物质循环不连贯。在生态系统中,能量流动和物质循环都是通过食物链和食物网实现,两者之间的主要区别在于单向流动和环状循环。一方面,旅游的介入使得生态系统形态结构发生改变,从而使得能量流动过程中一个或多个环境被打破,从而造成能量流动和物质循环无法实现;同时,旅游对环境造成的污染往往又会通过能量流动和物质循环得到转移和扩散,进而使整个生态系统面临污染的风险。因而,旅游介入生态系统极易造成其结构破坏和功能紊乱,尤其是旅游活动大规模开展的压力下,生态系统的自净能力会进一步降低,最终导致生态系统失衡。

7.4.3　旅游与环境效益

旅游对环境正面影响是指旅游活动对环境造成的积极作用。旅游与环境效益指的是旅游发展对自然环境所产生的正向积极作用,具体表现为建立保护实体、改善环境质量、培养环保意识。

1)建立保护实体

保护实体是指环境保护具体对象或称保护地。世界自然保护联盟(IUCN)1994年公布的《保护区管理类型指南》将保护地定义为"以生物多样性、自然和相关文化资源为保护对象,通过法律及其他有效手段进行管理的陆地和海洋"。[①] 旅游业的发展,尤其是生态旅游的发展,促进了环境保护实体对象的建立,体现为根据保护对象的不同建立了不同保护地,包括自然保护区、森林公园、湿地公园、地质公园等,同时,国际上普遍推行的国家公园模式也逐渐成为中国的主要保护地类型。

(1)传统保护地

传统保护地特指国内现有的保护地类型,包括自然保护区、森林公园、湿地公园、地质公园等。1956年我国第一个自然保护区——鼎湖山国家自然保护区建立,主要保护对象为南亚热带地带性森林植被;1982年我国第一个森林公园——张家界国家森林公园成立,主要保护对象为砂岩峰林森林生态系统和景观。对于保护地内旅游与保护的关系,一般情况下,对于当地政府而言,其申报各类保护地的初衷往往是通过旅游来获取经济利益,促进地方发

---

① 钟林生,肖练练.中国国家公园体制试点建设路径选择与研究议题[J].资源科学,2017,39(1):1-10.

展,因此,发展旅游往往是这些保护地建立的重要驱动力,同时,旅游的发展也能够扩大保护地内环境保护的资金来源。

（2）国家公园

1872 年国际上第一个国家公园——美国黄石国家公园建立,环境保护和旅游发展有了具体的实体形式,随后,国家公园陆续在世界范围内建立起来。我国从 2013 年提出建立国家公园体制,到 2017 年出台《建立国家公园体制总体方案》,旨在探索国家公园的中国模式。国家公园的本质在于严格保护并合理利用自然文化资源,为全民提供一个休闲游憩的场所,不同于严格意义上的自然保护区,国家公园承担着保护自然文化资源、向公众提供游憩和旅游机会的双重任务。总体来看,国家公园的建立能够极大地改变我国过去各类保护地交叉重叠、多头管理的碎片化问题,从而使得环境保护更为科学、有效,而旅游的发展则使国家公园的运营更为可行。

2）改善环境质量

环境质量是指生物对于环境所表现出来的一种适宜性,这种适宜性包括生存适宜性、繁衍适宜性。[①] 旅游通过优化环境条件、治理环境污染等途径使其更加适宜于动物、植物等生物的生存与繁衍,从而实现环境质量的改善。

（1）优化环境条件

环境条件是环境质量的外在表现,是环境系统内各要素的载体。旅游在目的地环境条件改善方面所起的作用主要包括提供环境保护所需资金、建立保护地以扩大保护范围、缓解人与环境之间的矛盾等。目的地旅游发展除了使居民收入得到增加之外,政府财政收入也会相应得到增加,从而使得当地环境保护的资金来源更加多元,投入也得到增加;同时,旅游发展也使得各类保护地的建立和运营成为现实,如国家公园、自然保护区、森林公园等,这些保护地在发挥其游憩功能的同时,也承担着保护自然生态环境的任务;另外,对于目的地社区而言,居民参与旅游发展逐渐成为社区发展的新方向,从而使居民改变了以往的对自然环境产生破坏的谋生方式,如打鱼、放牧等,进而缓和了人与环境之间的矛盾冲突,目的地环境条件得到优化。

（2）治理环境污染

环境污染是环境条件下降所引起的内在变化,相对于环境条件的改善而言,旅游在环境污染治理方面的作用则相对间接,主要通过环保工程的建立、产业的转型升级来实现。旅游发展所带来的收入除了直接投入到环境条件的改善之外,还表现在支持推动环境保护工程的建立,如污水净化工程、大气污染防治工程、固体废弃物处理和利用工程等,从而使目的地环境污染得到有效治理;同时,目的地旅游的发展也使传统制造业的产业构成比例逐渐降低,尤其是一些高污染、高耗能行业因旅游的发展而逐渐退出目的地或被取缔,从而使目的地环境污染得到有效控制。

---

① 颜文洪,张朝枝.旅游环境学[M].北京:科学出版社,2005:43.

3) 培养环保意识

旅游发展的环境效益还突出表现为环保意识的培养,尤其是生态旅游的出现与发展,使各利益相关者越来越重视环境保护,旅游的环境教育功能也在实践发展中也越来越突出。环保意识的培养主要有两种途径:传统的旅游发展、组织性的环境教育。

(1)旅游发展

对于目的地而言,环保意识萌芽于社区居民、政府对旅游经济利益的追求过程中,伴随着旅游的发展,目的地社区和居民逐渐意识到自然环境对于旅游的重要性,因而为了保障旅游的持续发展以获取经济利益,社区、政府会采取相应的措施来保护自然环境;对于旅游者而言,其在旅游活动的过程中会增加对自然环境的了解,使旅游者深入思考人与环境的关系,环保意识开始萌芽,从而进一步促使其在旅游活动过程中采取负责任的旅游行为。当然,主体环境意识的影响因素不是单一的,往往跟主体的知识背景、实践经历有关,并且这种自发获得的环保意识通常不稳定、不系统,而在环境教育进入旅游之后,环境意识的培养与增强逐渐科学化、系统化、稳定化。

(2)环境教育

环境教育自从20世纪六七十年代产生之后便引起了众多学者的关注[①],尤其是在生态旅游产生之后,环境教育便成了生态旅游发展的重要趋势,其中最关键的是环境意识的培养与增强。生态旅游环境教育通过改变旅游者的态度与观念,引发旅游者对环境问题的思考,进而改变其游憩行为。伴随着生态旅游实践的不断发展,其环境教育的内涵也不断丰富,不仅仅以面向旅游者为主,旅游经营者、管理者、决策者等逐渐成为环境教育的对象;教育的手段也不断丰富,如解说的形式不仅仅局限在解说牌、解说活动等方面,现代科学技术的运用使得解说的效果得到更大的发挥。

7.5　旅游政治影响

旅游政治影响又称旅游政治效应,是指旅游发展对相关政治要素发生的作用及作用的结果。旅游政治影响是指旅游活动对旅游目的地以及相关国家和地区在政治方面的作用效应。旅游发展中各种利益诉求与问题的不断凸显促使政治与旅游发生关系。旅游发展对政治的影响包括3个方面:一是指旅游活动与世界和平的相互关系及其对世界和平的影响;二是旅游活动对目的地国与客源地国的外交等国际关系的影响;三是通过旅游活动促使旅游者对旅游客源地国的国家认同感发生变化。本节按照"世界和平—国家外交—国家认同"的逻辑阐述旅游对政治所产生的影响(图7.9)。

① 周笑冰.环境教育的核心理念及目标[J].北京师范大学学报(人文社会科学版),2002(3):118-122.

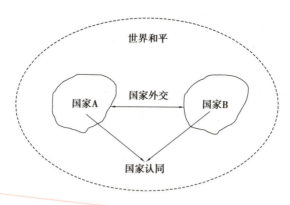

图 7.9 旅游对政治影响的内容框架

7.5.1 旅游与世界和平

旅游对世界和平影响是指通过跨文化交往促进不同国家或地区之间的相互沟通与理解。在当代国际关系中,国际旅游交往作为一种低位政治活动往往被赋予世界和平动力的含义。旅游能通过人际接触与交往促进不同文化间的渗透与宽容,促进不同政治制度和意识形态之间的沟通与理解,这种沟通与理解能缩小分歧,扩大共识,并且能在很大程度上促进世界和平与发展。所以世界旅游组织提出的"世界旅游能够成为世界和平的动力"在世界范围内已达成一种共识。旅游在增进交流、缓解冲突、促进和平方面功勋卓著。

1)增进交流

旅游活动提供了接触和交流的机会,能促进不同地区、不同民族和不同文化之间的相互了解,这种交流主要体现在个人与国家层面。

（1）个人层面的交流

第二次世界大战结束以后出现的全新背景是,科学技术日新月异,世界经济迅猛发展,旅游权作为人的一项基本权利,得到国际社会和各国政府的高度重视并落到实处。因而,许多国家的公民有了足够的闲暇时间和可自由支配的收入外出旅游,这极大地改变了人们的生活观念和生活方式,促进了作为社会个体的人与人之间、人与社会之间以及国家与国家之间的频繁交往。2019 年 3 月 29 日,全球旅游场景的 AIoT 解决方案和大数据平台——途鸽科技发布了《2018 出境游大数据报告》。数据显示:2018 年全世界跨境游共计 14 亿人次,比2017 年增长 5.5%,达到历史纪录。全球跨境旅游发展强劲,旅游业仍然是世界经济的主要推动力之一。据文化和旅游部官方数据,2018 年中国公民出境旅游人数 14 972 万人次,比2017 年增长 14.7%,出境旅游的消费超 1 200 亿美元,人均单次境外旅游消费约 800 美元（约 5 400 元人民币）。据日本旅游观光厅发布数据,2018 年中国游客在日本消费了15 370亿日元（相当于 141 亿美元）,人均消费金额为 13 913 元。中国已连续多年保持世界第一大出境旅游客源国地位。[1]

---

① 途鸽科技.《2018 出境游大数据报告》。

（2）国家层面的交流

对于国家主体来讲，发展对外旅游关系和促进旅游交往是其本能和利益的基本要求。国际旅游发展的程度可以证明国家之间政治关系的亲疏和好坏，国际旅游的流量、流向和流速等可以衡量某个国家的双边或多边关系处于何种状态。随着国家之间旅游关系的依赖程度的不断提升，国际关系中的旅游政治博弈已经越来越普遍。这种博弈的必然结果包括旅游服务贸易保护主义的启动，旅游合作框架协议的签署，在有争议的边境地区开展旅游活动以制造领土争端合法化的假象等。① 国际旅游快速增长推动了国与国之间民众的直接沟通与交流。

2）缓解冲突

旅游活动可以促进人和人之间的联系、地区和地区之间的联系，进而减少地区之间的冲突。这种冲突的缓解主要体现在旅游的发展离不开政治支持，但同时旅游活动在争议地区又是特殊的存在。

旅游活动与政策选择、政府活动、政治模式、政治路线、政治稳定等政治要素都有千丝万缕的联系。和平的国际环境、稳定的政治局势是旅游发展的首要条件和保障。旅游活动中各种纠纷的有效解决离不开国家政治权力的介入，否则会在某种程度上造成社会动荡，甚至引发社会危机。旅游对社会政治动荡的敏感性与脆弱性表现十分突出。也许旅游者的出游动机与目的会存在差异，但目的地的人身财产安全却是游客们不得不考虑的重要共同因素。② 一眼能将以色列、埃及、沙特阿拉伯和约旦四国交界处迷人景色尽收眼底的塔巴地区就是一个典型案例。

3）促进和平

1980 年联合国世界旅游组织在菲律宾首都马尼拉举行的世界旅游会议发表《马尼拉世界旅游宣言》，指出"旅游可以成为世界和平的关键力量，并能为国际理解和相互依赖提供道义和理智的基础"。基于这样的理念，"旅游：一个促进和平的重要力量"第一届全球会议于1988 年 10 月在加拿大温哥华召开，会议认为通过旅游可以增进国际相互了解、信任及善意，进而对世界和平作出贡献；旅游是降低国际政治紧张情势及促进世界和平的关键力量，并倡议成立"透过旅游促进和平国际机构"。此次会议制定了《哥伦比亚宪章》，该宪章申明认可通过发展旅游促进世界和平与理解的作用和重要性。自从强调旅游是世界和平动力的《马尼拉宣言》发表以后，世界旅游组织曾在多次国际会议及其相关法律文件中反复强调旅游对世界和平的重大贡献，并想借助世界旅游日宣传口号倡导和平主题，使旅游是世界和平动力的观念深入人心。③ 2016 年 5 月 18—21 日，在北京召开的首届世界旅游发展大会，其主题就是"旅游促进和平"。

---

① 林越英.旅游影响导论[M].北京：旅游教育出版社,2016：176.
② 唐志明.国外旅游政治学研究述评[J].政治学研究,2006(2)：120-126.
③ 林越英.旅游影响导论[M].北京：旅游教育出版社,2016：174.

无论是从社会文化角度,还是从政治角度考察旅游与和平的关系,旅游都是一种促进理解与和平的巨大力量,旅游能通过人际接触与交往促进不同文化间的渗透与宽容,促进不同政治制度和意识形态之间的沟通与理解。只要能缩小分歧,扩大共识,就能在很大程度上促进世界和平与发展。

7.5.2　旅游与国家外交

旅游对国家外交影响是指通过旅游交往促进国家之间的民间外交从而深化官方外交。旅游活动作为国家间外交的重要手段之一,对国际关系的影响至关重要。对于我国而言,因受到时代发展、国家政策、国际关系的影响,旅游的外交表现形式也有所差异,形式不同,其对国际关系的影响也不同,具体表现为旅游外事接待、国际旅游发展、国际旅游合作、旅游外交。从外交层次的角度来看,旅游外事接待、国际旅游发展主要属于民间外交的范畴,而国际旅游合作、旅游外交则更多地具有官方外交的意味。因此,本节将从民间外交、官方外交、国际关系 3 个角度阐述旅游的外交表现形式及其对国际关系的影响(图 7.10)。

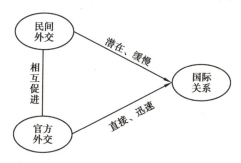

图 7.10　旅游对国家外交影响的内容框架

1)促进民间外交

旅游活动是世界上规模最大的民间交往活动,国际旅游也就相应地带有外交的属性。对于我国而言,旅游的民间外交功能主要体现在旅游政治接待、国际旅游两个方面,两者是不同时代发展的产物,并且受到国家政策、国际关系的重要影响。

(1)政治接待

在中华人民共和国成立初期,由于所处的国际政治环境较为复杂,我国旅游部门的工作以服务国家外交为主,接待外宾也是旅行社设立的主要目的。在这个阶段,旅行社的线路、产品都较为固定,主要是接待受邀的外宾参观我国的工厂、企业、学校等,展示我国社会主义建设的成就,其主要目的是学习各国人民的长处、宣传社会主义建设成就、促进各国人民之间的交流,旅游的事业属性占据主导。因此,在该阶段,旅游对民间外交的影响突出表现在其作为政治接待所起的作用。

(2)国际旅游

在 20 世纪 80 年代之后,伴随着国家旅游局与国际旅行社的全面分离,入境旅游、出境旅游逐渐放开,尤其是在 1997 年 3 月国家旅游局和公安部联合颁布《中国公民自费出国旅游管理暂行办法》,国际旅游得到了全面的发展。这个时候旅游的经济属性得到增强,发展入境旅游的主要目的在于为我国的经济建设提供大量外汇。但是由于旅游活动涉及大量人员的流动,国际旅游发展势必会增加各国人民之间的相互了解与交流,其外交功能逐渐由主动、明显转向为自发、潜在。

2)深化官方外交

国际旅游对一国经济的带动作用往往是该国发展旅游的主要驱动因素,但同时各国政府也逐渐认识到国际旅游对稳定国际关系、促进国际交往的作用。因此,在旅游的事业属性已经成功转向经济属性的中国,旅游在政治、外交领域的作用也逐渐被重视,尤其是国际旅游合作的推行、旅游外交战略的提出,均表明旅游在官方外交层面的重要作用。

（1）旅游合作

作为一种官方层面的国际合作,国际旅游合作因其具有的促进旅游发展、增进彼此认同、缓和国际矛盾的突出作用而成为国家间常规外交形式的补充。相对于普通的国际旅游而言,国际旅游合作主要由各国政府推动,其目的也更为明确,主要在于为国家提供充足的外汇来源;政治作用尚不突出,而国际旅游合作一方面能够促进国际旅游的发展,另一方面则能以旅游为载体开展政府之间的交流与沟通,进而推动彼此之间深入的、全方位的交往。

（2）旅游外交

旅游外交有广义和狭义之分,广义的旅游外交包括我国 1949 年以来所有形式的国际旅游活动,狭义的旅游外交特指前国家旅游局(现国家文化和旅游部)于 2015 年提出的"旅游外交"[①],本节所涉及的旅游外交主要是指狭义的概念。旅游外交是指一国为了加强相互交流合作、促进人类文明传播、保护本国游客在境外权益不受伤害而开展国际旅游合作的国家行为。[②] 其概念范畴不同于以往的国际旅游合作,而是囊括了所有的正式的、非正式的旅游交流与合作,尤其是在 2017 年旅游外交上升为国家战略,其在国家间政治、经贸合作方面的促进作用则更为突出,同时在传播本国文化、提升国家形象、增强国际影响力方面也发挥着重要的作用。

3)增进国际关系

国际关系的稳定是国家之间进行交流合作的基础。国际关系的深化则是国家之间进行交流合作的重要目的。纵观我国国际旅游的发展,经历了旅游外事接待、入境旅游发展、出境旅游发展、国际旅游合作、旅游外交几个阶段,而这也是国际旅游逐渐从外交边缘转向外交中心的过程,外交形式也逐渐从以民间外交为主转向到民间外交、官方外交并重,不同的外交形式对国际关系的影响也不同。

（1）民间外交对国际关系的影响较为潜在、缓慢

正如前文所述,旅游在民间外交方面所起的作用主要通过政治接待、国际旅游来实现;

---

① 国家旅游局.2015 年全国旅游工作会议:旅游外交.

② 王鹏飞,魏翔.旅游外交与构建我国新型国家关系问题探析[J].现代管理科学,2009,5(12):109-111.

政治接待的出现具有特定的时代背景,伴随着世界政治环境的转变、社会时代的发展,政治接待已经成为过去,因而在当代,国际旅游是民间外交的主要表现形式。由于国际旅游活动往往是伴随着旅游者个人的流动,是一种自发的旅游行为,并且经济属性是国际旅游的主要属性,因此其对国际政治的影响也较为潜在、缓慢,并且是一个漫长的过程。

(2)官方外交对国际关系的影响较为直接、迅速

国际旅游合作与旅游外交往往直接涉及国家政府部门之间的接触,在国家顶层设计的推动下,各类合作举措便能较好地推行开来,并且由于官方外交的有效性、全面性,国际旅游合作、旅游外交对国际关系的影响也较为直接、迅速。如中美省州(31+50)旅游局长合作对话会议机制的建立,使得双方的旅游交流规模在2007—2014年的8年间超过2 500万人次,年均增幅达7.6%,旅游流规模的扩大和增速的提升则进一步促进双方之间的交流、了解,国际关系不断深化。①

7.5.3　旅游与国家认同

旅游对国家认同影响是指通过旅游促进公民对其国家的认知及情感归属。国家认同是指一个国家的公民对自己国家的历史文化传统、道德价值观、理想信念、国家主权的认同。②这一概念涉及人类学、社会学、心理学、政治学等多个学科,从政治学的角度来理解旅游对国家认同的作用,在于把握促进国家认同的最终目的是维护国家稳定这一关键。历史、族群、制度是一个国家重要的构成要素,旅游在促进国家认同方面的作用也集中体现在历史认同、族群认同、制度认同3个方面,其中历史认同是基础,族群认同是关键,制度认同是根本。

1)强化历史认同

历史是一个国家得以存在、延续的关键,因此历史认同也往往是族群认同、制度认同的精神基础,是国家认同的根源所在。旅游对历史认同的作用主要包括唤醒历史记忆、培养历史情感。

(1)唤醒历史记忆

旅游活动的开展使人们能够亲自前往历史事件的发生地,唤醒对人们熟知的历史记忆,从而增强历史认同。一个国家的历史认同往往是以共同的历史记忆为依托,活在当代的人无法亲历古代社会变迁,唯一能够了解到过往历史的途径就是书籍、史料,群体基于对书籍、史料的学习形成了共同的关于历史的记忆,一旦历史记忆、集体意识消失,历史认同也就会随之消失。③ 而旅游活动则能够通过历史场景的还原、历史知识的讲解来唤醒人们心中曾经形成的历史记忆,进而实现历史认同的强化。

(2)培养历史情感

旅游活动在使历史记忆得到唤醒的同时,也相应增强了人们的历史情感。虽然历史情

---

① 中国国家旅游局,美国旅游推广局,美国旅游行业协会.第八届中美省州(31+50)旅游局长合作发展对话会议.
② 贺金瑞,燕继荣.论从民族认同到国家认同[J].中央民族大学学报(哲学社会科学版),2008,35(3):5-12.
③ 王仲孚.历史认同与民族认同[J].中国文化研究,1999(3):10-16,3.

感来源于历史记忆,但历史记忆并不一定会导致历史情感的产生,与自己国家、民族无关的历史记忆不会培养起自身的历史情感,只有那些发生在本民族的历史、对社会进步有推动作用的历史才会引起人们的共鸣。以红色旅游为例,旅游者在回忆革命历史事件的过程中产生了诸多回味,这些回味是对历史记忆的一种感悟和体验,进而使得旅游者的历史情感得到增强,历史认同也进而得到强化。①

2) 深化族群认同

族群认同表现为社会成员对共同渊源和文化的认可、归属。以往对旅游与族群认同的分析多从人类学、社会学的角度展开,将族群中的个体及相互关系作为主要的研究对象。但从政治学的角度来考察旅游对族群认同的影响,主要考虑的是其在维持族群稳定、缓解族群冲突方面的作用。总体来看,旅游对族群认同的影响主要通过身份、文化两个要素来实现。

(1) 族群身份认同

族群中个体身份意识因旅游活动的开展而得到强化,进而使得族群内部矛盾得到弱化,最终起到促进族群稳定的作用。共同的历史、血缘渊源构成了族群身份的基础,旅游活动使旅游者大量流入,族群个体与外来旅游者因各自的身份渊源差异而在两者之间形成了"主—客"关系的二元对立,在这个过程中,族群身份意识得到增强,其内部矛盾也因身份同一性的强化而得到有效缓解,进而促进族群的稳定。但同时需要注意,族群身份认同也因东道主与旅游者之间的接触程度而发生变化。②

(2) 族群文化认同

旅游活动使得不同族群的文化产生接触、交流,双方的文化差异在此过程中得到增强,进而产生了对本族群文化的认同、对其他族群文化的包容,族群间冲突也得到缓解。族群文化认同产生于不同文化之间的差异、对比,旅游则为不同文化之间的交流、接触提供了一个活动场景,进而使族群文化的独特性在该接触过程中得到凸显,与身份认同不同,族群文化认同的关键在于通过族群间文化差异性来强化个体对其本身文化的认同;同时族群文化间的差异性也使得个体逐渐了解到其他文化的价值内涵,并以理性、包容的态度对待,进而能够促进族群间文化交流,缓解族群间的冲突。

3) 增进制度认同

制度认同是指个体基于对特定的政治、社会、经济制度的认可而产生的一种归属感,是检验一个国家政治稳定的核心因素。③ 旅游活动对制度认同的影响主要表现为强化价值肯定、采取行动支持,这两者共同构成了制度认同的关键要素。

---

① 赵志峰,孙国东,李志伟.红色旅游社会效应研究:基于认同视角的探讨[J].四川师范大学学报(社会科学版),2016,43(1):63-71.

② 孙九霞.旅游对目的地社区族群认同的影响:基于不同旅游作用的案例分析[J].中山大学学报(社会科学版),2010,50(1):170-177.

③ 秦国民.政治稳定视角下制度认同的建构[J].河南社会科学,2010,18(1):112-114.

（1）价值肯定

一方面,价值肯定很大程度上源于对制度本身的认知,人们在了解一个国家制度的演化历史时,旅游活动因其较强的体验性而发挥着重要的作用;另一方面,对不同制度进行比较也会产生对本国制度的价值肯定。在某一国范围内,旅游在增强历史认同的同时也会强化制度认同,尤其是对制度本身历史的认同,例如,红色旅游活动对于增进旅游者对中国共产党的认知和情感具有重要作用[1],进而能够增进人们对政治制度的认同感。从另一个角度来看,国际旅游活动使得人们能够接触到不同的制度形态,并对其按照自身的标准进行比较,从而会倾向于得出自身国家制度更为优越的结论,进而促进对本国制度价值肯定的产生。

（2）行动支持

在旅游活动中,个体行为很大程度上会由其心理所决定,因而旅游者对制度的价值肯定也会外化为行动支持,进而表现在其行为痕迹之中。实际上,旅游者的价值肯定受到行动支持的转化往往具有潜在性和不确定性,一方面由于旅游者进行旅游活动的时间有限,因此很难在其旅游活动期间观察到行动支持的变化,当旅游者返回其惯常居住地之后便很难再对其进行观察;另一方面在和平稳定的政治环境下,旅游者对制度的行动支持很难有较为明显的变化,更多的是体现在其日常行为痕迹中。

【阅读案例】

中国改革开放 40 年旅游发展影响

旅游业作为中国改革开放的破冰产业,40 年来取得了巨大的成就。从全球看,中国从改革开放初期世界旅游市场中的跟随者,到今天成长为世界第一大出境旅游国、第一大国内旅游国、第三大入境旅游接待国,成为全球旅游业增长的引擎;从国内看,旅游从外交事业发展到今天成为满足人民美好生活向往的幸福产业,旅游产业定位不断提升,旅游市场的活力不断释放。旅游业发展给中国社会带来巨大影响,在部分地区旅游业成为优化地区经济结构、促进社会文化繁荣、推进生态环境改善、助推社会秩序稳定的重要因素。

1.产业地位提升,旅游业成为国民经济增长的生力军

旅游产业规模不断壮大。改革开放 40 年来,中国旅游业经历初创、成长、拓展、全面发展 4 个阶段,形成了国内旅游、入境旅游、出境旅游三大市场共同发展的格局,旅游的综合性产业特征不断凸显。截至 2018 年,国内旅游人次达 55.39 亿,相对于 1980 年增长了约 88 倍;入境旅游人次达 14 120 万,相对于 1978 年增长了约 77 倍。

旅游产业融合持续深化。在"旅游+"和"+旅游"发展战略指引下,旅游产业与其他产业的融合步伐不断加快、内涵不断深化,尤其是 2018 年开启了文化与旅游融合的新时代,推动着旅游产业融合加速升级。在"互联网+"背景下,线上线下的资源整合不断加速,借助线上渠道来进行营销与市场推广更为适应现代旅游业发展。

---

[1] 左冰.红色旅游与政党认同:基于井冈山景区的实证研究[J].旅游学刊,2014,29(9):60-72.

旅游产业地位不断提升。中国旅游业经过40年的快速发展,从外交事业到经济产业,从经济产业到综合性产业,旅游业已发展成为国民经济战略性支柱产业。2018年旅游业对国民经济的综合贡献值达9.94万亿元,占GDP总量的11.04%,高于10.4%的世界平均水平,旅游业战略性支柱地位进一步巩固。

2.大众旅游时代,旅游成为衡量社会生活水平的标准

旅游成为人们幸福生活源泉。随着中国经济与国民收入的增长,旅游不再只是特定阶层和少数人的享受,逐步成为国民大众日常生活常态,是大众追求美好生活、提升幸福指数的重要途径。从出游人次来看,1984年中国人均国民出游只有0.2次,而到2015年则首度超过3次,2018年人均国民出游达到4次。

旅游业成为社会就业的主渠道。旅游业本身属于劳动密集型产业,再加上产业关联度大、涉及面广,具有充分吸纳多层次就业和弱势群体就业的优势。2018年中国旅游业直接就业人数达2 820万人,占就业总人数的3.6%,旅游直接和间接就业7 991万人,占就业总人口的10.29%,高于10%的世界平均水平。

旅游业成为乡村脱贫致富新路径。通过开发贫困地区丰富的旅游资源,兴办旅游经济实体,吸引市场居民赴乡村旅游,不仅实现贫困地区居民脱贫还增强了城乡居民的互动与交流。对于中国西部经济落后地区,传统产业发展潜力有限,但拥有的旅游资源却较为丰富,如怒江州、迪庆州、凉山州等地区,采取旅游扶贫途径是长期有效精准扶贫的重要方式,也是实现乡村振兴的重要途径。

3.文化交流碰撞,旅游业成为文化复兴的助推器

旅游促进地方文化保护。旅游作为经济手段,为文化保护提供了广阔的市场空间,文化保护催生旅游发展,旅游发展则反哺文化保护。2018年国家设立文化生态保护区,对历史文化积淀丰厚、具有重要价值和鲜明特色的文化形态进行区域性整体保护,这也是中国独具特色的非遗保护制度。

旅游推进文化传承弘扬。旅游作为一种满足人们精神需求高级消费方式,旅游业发展能有效地推动传统文化传承。一些已经或濒临消逝的传统文化,在旅游带来的商业滋养下呈现出新的价值与活力,如婺源的晒秋、布依族的八音坐唱、丽江的纳西古乐。旅游还实现了文化传承从家庭走向社会、从社区走向市场的转化。

旅游需求催生文化创意。旅游发展将独特的历史文化、特色景观、节庆活动等要素融入文创产品的制作过程中,极大地增强文创产品的生命力。北京故宫文创产品则是旅游与文创相结合的典型代表,依托其强大的文旅IP,2013年故宫系列文创产品收入6亿元,到2017年达到15亿元。

4.建设美丽中国,旅游业成为绿色发展助推生态文明的路径

资源保护地建设不断规范。大多数旅游景区都依托于资源保护地,保护地通常承担着保护生态和提供游憩的双重任务。自从1956年中国第一个保护地——广东鼎湖山国家自然保护区成立以来,各类保护地纷纷建立。据国家林草局统计,截至2018年中国各类自然保护地已达1.18万处,占国土面积18%以上,其中国家公园体制试点10个,国家级自然保护区474处,国家级风景名胜区244处,世界自然遗产13项,自然和文化双遗产4项。

人们环保意识不断提高。旅游业发展促使地方政府、社会公众提高对自然资源价值的认识和环境保护的意识,旅游的环境教育功能也在实践发展中越来越突出。以北京八达岭国家森林公园为例,其设立的自然学校以中小学生和学龄前儿童为主要参与者,通过开展森林体验等自然教育活动来培养青少年的环境意识。

生态旅游者旅游需求旺盛。经济发展新常态下,在物质财富和精神财富极大丰富的同时,人们对环境保护、生态安全等方面的需求也日益提升。在旅游景区开展生态旅游是对旅游者进行环境保护教育的重要途径,而且可以让旅游景区周边的居民广泛地参与到生态旅游的开发建设中来。

5.对外开放扩大,旅游业成为和平崛起的重要途径

国际旅游合作不断深化。旅游合作是国家关系中共识最多、分歧最少、见效最快的领域,具有互利共赢的典型特点。开展"一带一路"国际旅游合作就是推进旅游对外交流合作的具体表现。中国出境到"一带一路"国家的旅游人次由 2013 年 1 549 万增长到 2017 年 2 741 万,5 年间增长了约 77%;"一带一路"国家赴华的旅游人次稳步增长,从 2013 年的 903 万人次增长到 2017 年 1 064 万人次,5 年间增长了约 18%。

旅游走向国家外交前沿。中国旅游业国际地位和影响力近年来大幅提升,旅游外交也从边缘走向前沿,在中国外交舞台上扮演着举足轻重的角色。旅游外交既要走出去,也要迎进来,中国先后召开了首届世界旅游发展大会、"一带一路"旅游部长会议、中日韩旅游部长会议、中国—中东欧旅游高级别会议,并成功举办了联合国世界旅游组织第 22 届全体大会等系列会议,推进旅游对外交流合作。

总之,中国旅游业经过 40 年的高速发展,旅游产业地位不断提高,旅游产业体系逐渐完善,旅游社会经济效益更加凸显,旅游国际竞争力稳步提升,中国正在由旅游大国向世界旅游强国目标迈进。

资料来源:唐夕汐、刘亮根据夏杰长、徐金海发表于《经济与管理研究》2018 年第 6 期的文章《中国旅游业改革开放 40 年的回顾与展望》编写;数据来源于中国旅游业统计公报。

思考题

1.旅游对经济有哪些方面的影响?

2.旅游发展对经济规模有哪些影响?

3.旅游发展对经济结构有哪些影响?

4.旅游发展对经济质量有哪些影响?

5.旅游对社会有哪些方面的影响?

6.旅游对居民感知有哪些影响?

7.旅游对社区参与有哪些影响?

8.旅游对社会结构有哪些影响?

9.旅游对文化有哪些影响?

10.旅游对文化变迁有哪些影响?

11.旅游对文化交融有哪些影响?

12.旅游对文化复兴有哪些影响?

13.旅游与环境的关系如何分析?

14.旅游对环境有哪些正面影响?

15.旅游对环境有哪些负面影响?

16.旅游对政治有哪些影响?

17.旅游对世界和平有哪些影响?

18.旅游对国家外交有哪些影响?

19.旅游对国家认同有哪些影响?

参考文献

第1章：

[1] 埃里克·朱洛.现代旅游史[M].王向宁,李淼,译.北京:商务印书馆,2021.

[2] 马克·布瓦耶.西方旅游史:16—21世纪[M].金龙格,等译.桂林:广西师范大学出版社,2022.

[3] 王永忠.西方旅游史[M].南京:东南大学出版社,2004.

[4] 彭勇.中国旅游史[M].郑州:郑州大学出版社,2006.

[5] 邹树梅.旅游史话[M].天津:百花文艺出版社,2005.

[6] 黄石林.旅行史话[M].北京:中国大百科全书出版社,2000.

[7] 王淑良,张天来.中国旅游史(上册)[M].北京:旅游教育出版社,1999.

[8] 王淑良,张天来.中国旅游史(下册)[M].北京:旅游教育出版社,1999.

[9] 章必功.中国旅游通史:全2卷[M].北京:商务印书馆,2016.

[10] 谢贵安,谢盛.中国旅游史[M].武汉:武汉大学出版社,2012.

[11] 王淑良,贾鸿雁,王金池,等.中国现代旅游史[M].南京:东南大学出版社,2005.

[12] 章必功.中国旅游史[M].昆明:云南人民出版社,1992.

第2章：

[13] 黄潇婷,吴必虎.旅游学概论[M].4版.北京:中国人民大学出版社,2023.

[14] 翁瑾,杨开忠.旅游空间结构的理论与应用[M].北京:新华出版社,2005.

[15] 徐红罡.旅游系统分析[M].天津:南开大学出版社,2009.

[16] 马耀峰,李天顺,等.中国入境旅游研究[M].北京:科学出版社,1999.

[17] 谢彦君.基础旅游学[M].3版.北京:中国旅游出版社,2011.

[18] 李永文.旅游地理学[M].北京:科学出版社,2004.

[19] 田里.旅游经济学[M].3版.北京:高等教育出版社,2016.

[20] 张佑印,顾静,马耀峰.旅游流研究的进展、评价与展望[J].旅游学刊,2013,28(6):38-46.

[21] 郭长江,崔晓奇,宋绿叶,等.国内外旅游系统模型研究综述[J].中国人口资源与环境,2007(4):101-106.

[22] 夏建明.运营管理[M].上海:立信会计出版社,2002.

第 3 章：

[23] 保继刚,楚义芳.旅游地理学[M].3 版.北京:高等教育出版社,2012.

[24] 田里.旅游学概论[M].天津:南开大学出版社,1998.

[25] 马勇.旅游学概论[M].北京:高等教育出版社,1998.

[26] 申葆嘉.旅游学原理[M].上海:学林出版社,1999.

[27] 郭亚军.旅游者决策行为研究[M].北京:中国经济出版社,2012.

[28] 黄潇婷.旅游者时空行为研究[M].北京:中国旅游出版社,2011.

[29] 吴必虎,唐俊雅,黄安民.中国城市居民旅游目的地选择行为研究[J].地理学报,1997, 52(2):97-103.

[30] 陈健昌,保继刚.旅游者的行为研究及其实践意义[J].地理研究,1988(3):44-51.

[31] 郭亚军,张红芳.旅游者决策行为研究[J].旅游科学,2002,16(4):24-27.

第 4 章：

[32] 吕佳颖,黄易.旅游目的地创新:案例与原理[M].杭州:浙江大学出版社,2022.

[33] 贾衍菊.旅游目的地依恋研究[M].北京:中国社会科学出版社,2021.

[34] 李雪松.旅游目的地管理[M].北京:中国旅游出版社,2017.

[35] 黄安民.旅游目的地管理[M].武汉:华中科技大学出版社,2016.

[36] 邹统钎.旅游目的地开发与管理[M].天津:南开大学出版社,2015.

[37] 田里.旅游管理学[M].沈阳:东北财经大学出版社,2015.

[38] 保继刚,楚义芳.旅游地理学[M].3 版.北京:高等教育出版社,2012.

[39] 钟行明,喻学才.国外旅游目的地研究综述:基于 Tourism Management 近 10 年文章[J]. 旅游科学,2005,19(3):1-9.

[40] 吴必虎.区域旅游规划原理[M].北京:中国旅游出版社,2001.

第 5 章：

[41] JAFARI J. The scientification of tourism[J]. Politica y sociedad, 2005,42(1): 39-56.

[42] YILMAZ Y, BITITCI U. Performance measurement in the value chain: manufacturing v. tourism[J]. International Journal of productivity and performance management, 2006, 55 (5): 371-389.

[43] JOHN R W. Introduction to hospitality management[M]. 2nd ed. Upper Saddle River: Pearson Prentice Hall, 2007.

[44] COOK R A, HSU C H C, TAYLOR L L. Tourism: the business of hospitality and travel [M]. 6th ed. Upper Saddle River: Pearson Prentice Hall, 2021.

[45] OTTENBACHER M, HARRINGTON R, PARSA H G. Defining the hospitality discipline: a discussion of pedagogical and research implications[J]. Journal of Hospitality & Tourism Research,2009,33(3):263-283.

[46] LASHLEY C. In search of hospitality: towards a theoretical framework[J]. International journal of hospitality management, 2000, 19(1):3-15.

［47］科特勒.市场营销管理.亚洲版:汉语［M］.梅清豪,译.2 版.北京:中国人民大学出版社,2000.

［48］邵琪伟.中国旅游大辞典［M］.上海:上海辞书出版社,2012.

［49］杰弗里・S.哈里森,卡西・A.恩兹.旅游接待业战略管理:概念与案例［M］.秦宇,等译.北京:旅游教育出版社,2007.

第 6 章:

［50］戴学锋,廖斌.全域旅游理论与实践［M］.北京:中国旅游出版社,2021.

［51］杨时进,江新懋.旅游概论［M］.北京:中国旅游出版社,1983.

［52］乔玉霞,张子镁,张广瑞.浅谈旅游业的体制改革［J］.财贸经济,1984(4):47-50.

［53］田里,李鹏,杨懿.中国旅游新业态发展研究［M］.北京:中国旅游出版社,2016.

［54］张文建.当代旅游业态理论及创新问题探析［J］.商业经济与管理,2010,222(4):91-96.

［55］杨玲玲,魏小安.旅游新业态的"新"意探析［J］.资源与产业,2009,11(6):135-138.

［56］邹再进.区域旅游业态理论研究［J］.地理与地理信息科学,2007,23(5):100-104.

第 7 章:

［57］晏雄,赵泽宽.文化旅游融合发展:理论、路径与方法［M］.北京:中国旅游出版社,2022.

［58］林越英.旅游影响导论［M］.北京:旅游教育出版社,2016.

［59］张文.旅游影响:理论与实践［M］.北京:社会科学文献出版社,2007.

［60］王宁,刘丹萍,马凌,等.旅游社会学［M］.天津:南开大学出版社,2008.

［61］李振基.生态学［M］.北京:科学出版社,2000.

［62］颜文洪,张朝枝.旅游环境学［M］.北京:科学出版社,2005.

［63］李景鹏.权利政治学［M］.哈尔滨:黑龙江教育出版社,1995.

［64］田里.旅游融合发展理论与实践［M］.北京:中国环境出版社,2016.